現代語訳12遍

江戸っ子の読書事情

内藤久男［訳］

MPミヤオビパブリッシング

まえがき

本書は江戸時代後期、庶民のために出版された書物や広告を現代語訳したものです。

江戸時代も元禄、享保期になると商業出版が拡大してきました。さらに文化、文政期には庶民向けの書物も大量に出版されました。しかし、新刊本は現在の価格に換算すると一冊数千円以上したそうで、庶民にはなかなか手が届かなかったようです。

そこで登場してきたのが行商スタイルの貸本屋でした。文化五年には江戸市中に六五六人、天保五年には八〇〇人を数えたそうです。貸本の値段は巻数にもよりますが、一月借りても千円未満だったようで、庶民にも十分手が届いたのです。

こうした庶民文化の拡大に、幕府は御政道に批判の目が向くことを恐れ、度々出版規制を行いました。御政道や幕府、大名家に関する本、風刺小説、キリスト教、風紀を乱す好色本などを発禁としました。そのため、庶民の間では人気本の写本が盛んになり、規制の網を潜り抜けて読んでいたようです。

長く平和で豊かな暮らしにさらに庶民の読書熱は高まりを見せ、安価で手軽に楽しめる草双紙などの文芸作品や浮世絵などが隆盛を極めます。

一方、時事性、速報性の高いニュースや庶民の関心事などを街頭で売り歩いたかわら版（読売）は四十円から二百円程度の印刷物で庶民には盛んに読まれていました。特に火事の速報をする「焼場所方角付」は焼失地や御救い小屋が記され、火事見舞いや救護のための情報収集の目的で買われていました。

本書ではいろいろなジャンルの読み物を取り上げています。本書を読むことで江戸時代の庶民の知識に対する意欲や進取の精神、娯楽や食を楽しむ豊かさや気風、生活のバイタリティなど感じ取っていただけたら幸いです。

　なお、現代語訳にあたっては著者の意向や文の趣を尊重し、原文に忠実であるよう心掛けましたが、読者に理解しやすいように加筆をしています。誤訳や意訳、誤解釈も多々あるかと思います。浅学の身ゆえのこととしてご容赦ください。

解説

江戸時代後期、文化・文政の頃になると十返舎一九の東海道中膝栗毛や式亭三馬の浮世風呂、曲亭馬琴の南総里見八犬伝など人気作により庶民の読書需要が高まり、江戸市中の書籍出版数は最盛期を迎えた。その結果、地本問屋（草双紙、洒落、滑稽、人情、読本などの戯作本を扱う）が隆盛を極めた。

さらに貸本屋も市中に八〇〇軒を超えるまでになり、庶民でも手軽に書物を手にすることができるようになった。

また書物問屋（仏教、儒学、漢文、歴史、教養、医学書などを扱う）においても、武士や僧侶、医師などの支配階層に、より高度な学問や知識が求められる時代になり、新しい知識を求めて需要が高まっていった。

化政期、町人文化が栄えるようになると寺子屋や手習い所が全国に普及し、庶民の識字率が高まるとともに江戸、大坂などの都市で商業が発展し、より豊富な知識をもった人材が必要となった。そうしたことから庶民が書物を読む能力を高めていった。

本書では、当時の庶民の間でよく読まれた教訓本、滑稽本、健康本、随筆、料理本、錦絵、広告チラシ、かわら版を掲載した。選定にあたっては仮名文字を多用し、文中に挿絵があり、庶民が容易に理解し、楽しめたであろう書籍とした。

以下、各本の概要を述べる。

教訓本　鄙都言種　森嶌中良著　寛政八（一七九六）年刊

鄙都言種（ひとことぐさ）二巻（巻の上、下）は、森嶌中良（もりしまちゅうりょう）著、寛政八年に刊行された庶民子女のための教訓書である。なお後編（二巻）が享和二（一八〇二）年に刊行されている。

著者の森嶌中良は奥医師桂川甫三の子で医者、戯作者、蘭学者、狂歌師など多くの肩書をもつ。平賀源内の門人である。戯作者としての色合いが濃く、浄瑠璃、洒落本、黄表紙、読本、蘭学書など数多くの著作を残している。

内容に章立ては特になく、巻の上では、徒然に子女が心得るべきこと、教訓、学習、戒め、さらには夫婦や親、人としての心得や果たす役割などを古今の書物や逸話から取り上げて平易に解説している。特に随所に挿絵をはさみ、何ヶ条、一則、定め書、一首、家訓などで示し、具体的に説いている。

また巻の下では迷信やうわさ、占い、流言飛語に惑わされないように人としての心構えを説き、家訓を以て生活を律し、夫婦、兄弟相和し、子の躾に心を砕くよう諭している。多分に封建的な考え方が多く、特に男女の規範について現代では相容れないこともあるが、道徳、教育観、生活態度、礼節、家族の在り方などについては至極的を射ており、なるほどと思うことが多い。

こうした教訓本は町内のご隠居や大家が、店子のよろず相談や町内のもめごと仲裁のための知識を仕入れるとか、うんちくを傾けるためとか、親が子どもの躾の教材にしようとか思いながらひそかに読んでいたのではないか。情景が目に浮かぶようである。

滑稽本　大学笑句　狂訓亭主人著　江戸時代後期（文政頃）刊

儒教の経書のうち、論語、孟子、中庸、大学の四書物を総称して四書といい、そのうちの大学について、朱子が書いた注釈の書を大学章句という。

本書の大学笑句（だいがくしょうく）はこの大学章句をもじった滑稽本であり、町人やその子弟のために倹約、金銭、道徳、勤勉などの教訓を示した心学の書である。随所に面白可笑しく町人風俗を描写した挿絵をはさみ、読者を飽きさせないよう工夫している。

巻末に士農工商心得草を付している。

著者の狂訓亭主人は、戯作者為永春水（ためながしゅんすい）の筆名である。為永春水は寛政二（一七九〇）年生まれ、文政二（一八一九）年頃から講釈師を生業としていたが、戯作者になることを目指し、式亭三馬に師事している。生涯にわたり人情本、読本など多く書いているが、天保十二（一八四一）年に人情本の内容が淫らであるとして手鎖の刑に処されている。天保十四（一八四三）年に五十四歳で亡くなっている。

本書は漢文形式の教訓を仮名書きして解説を加えており、現代にたとえれば「だれにでもわかる」シリーズ類の本なのであろう。寺子屋の師匠やお店の旦那、番頭などが手にしながら知識をひけらかすように弟子や手代に講釈する様を想像すると微笑みたくなる。

健康本　婬事養生解　高井伴寛思明著　文化十二（一八一五）年刊

婬事養生解（いんじようじょうかい）は男女の交合について心掛けるべきことを述べたものであるが、内容は至極道徳的であり、女性の心と体に配慮することを念頭にまとめられている。男女の関係については夫婦を基本とし、厳に不貞を戒めている。また、婬事の戒め事として頻度や季節による健康への影響を説いている。さらに子づくりによい日、不適な日、場所なども例示している。唯一の挿絵である胎児の成長過程図説は医書の写しであろう。

著者の高井伴寛思明は本名、高井伴寛、思明は字名である。戯作者高井蘭山として著名である。宝暦十二（一七六二）年に生まれ、往来物、女訓書、字書などの啓蒙書のほか数多くの読本を著している。天保九（一八三八）年に没している。

化政期は遊郭が華やかで性が解放的な時代であった。こうした時代背景を踏まえると、この本は結婚前の子女が正しい性知識を得て幸せな夫婦生活を営むために読まれたような気がする。裏を返せばそれだけ婬事に関する悩みが多かったのであろう。

随筆　瓦礫雑考　喜多村節信著　文化十五（一八一八）年刊

瓦礫雑考（がれきざっこう）二巻（上下）は喜多村節信（きたむらときのぶ）が著した随筆である。手習い、遊戯、衣服、文化、言葉、食物、料理、芸能、化粧など様々な分野から著者が興味をもったあるいは疑問に思う話題を選び、古の様式や謂れ、語源の由来などを古今の文献を広く引用して解説、それを図とともに検証したのち、昨今と比較して見解を述べている。著者の見解は論理的であるが、こだわりの強さが感じられる。

喜多村節信は天明三（一七八三）年生まれ。考証家で社会風俗の考証を得意とした。江戸時代の風俗に関する随筆集、嬉遊笑覧（きゆうしょうらん）を著している。安政三（一八五六）年に没している。

著者は国学者であり、見識も高い。よって述べていることも緻密かつ論理的であるため読者も文化的な教養を備えた庶民だったと思われる。大店の旦那や俳人、茶人、戯作者などの風流人たちだったのだろう。また料理や食材などについてもうんちくを傾けていることから料理人や料亭の主も興味をもったに違いない。特段役に立つとも思われないが徒然に読むとおもしろいだろう。

料理本　魚類精進早見献立帳　東籬亭主人編　天保五（一八三四）年刊

魚類精進早見献立帳は東籬亭主人（とうりていしゅじん）が編纂した料理本である。内容は季節及び月ごとの魚類、精進料理の献立及び簡単な調理方法からなっている。献立は一汁七菜、同五菜、同三菜の場合に分けて紹介している。さらに四季台引、四季重引並びに小皿引、料理の心得も記している。編者は、「この書は民間の遊宴又は仏事などにおける素人の手料理を集めたもの」としているが、献立における河海の食材には鯛や伊勢海老、鱧、あわび、鮎など、また山陸食材には松茸や香茸、ゆりね、くわい、小鳥などの高級食材がふんだんに使われ、さらに煮返し酢や煎り酒、葛引き、各種味噌、胡椒、辛子など豊富な調味料で味を引き立たせるよう工夫されており、当時この献立を活用していたならば江戸時代の庶民はかなり贅沢な料理を賞味していたと考えられるがどうだろうか。

東籬亭主人は号で、本名は池田正韶、天明八（一七八八）年生まれ。江戸後期の読み本作家である。読み本の他に都名所車、京都順覧記などの名所案内や庭訓往来などの教科書も著している。安政四（一八五七）年に七十歳で没している。

本書の読者は格式のある商家や名主の奥方、料理茶屋の女将、御家人の妻などであろう。しかし簡単な調理法も記されていることから、長屋住まいの職人の女房たちも多彩な料理にうっとりしながら一品だけでも作ろうかとこっそり読んだのではなかろうか。

錦絵　近世水滸伝　金看板伽羅五郎　銚子の五郎造　文久二（一八六二）年

錦絵は浮世絵の一種で、多色刷りの木版画をいう。多くの色を正確に摺り分け、錦のように華やかで美しいいろどりが特徴であり、浮世絵木版画の最も発達したものである。

本書に載せた錦絵・近世水滸伝は、水滸伝の豪傑を日本の侠客に見立てた役者絵の連作であり、笠川の髭造（実名は笹川の繁蔵）などの男伊達が登場する。画は三代歌川豊国、略伝史は戯作者仮名垣魯文である。

豊国は、本名角田庄五郎、天明六（一七八六）年生まれ、十五歳で歌川豊国の門下に入り、美人画や役者絵、挿絵などを数々手掛けた。その作品数は浮世絵師の中でも最も多く、一万点以上といわれている。代表作には「江戸名所百人美女」「豊国漫画図絵」などがある。

豊国は時代をとらえる感性に優れ、美意識を如実にあらわした粋で艶やかに描く美人画や舞台の躍動感が伝わる役者絵は絶大な支持を得た。

この近世水滸伝は、いずれも侠客の半身像を当時人気の歌舞伎役者の似顔で描き、上部に侠客の略伝史を添えている。仮名垣魯文は文政十二（一八二九）年生まれ、作品に滑稽富士詣、西洋道中膝栗毛などがある。

錦絵には美人画、役者絵、名所絵、力士絵などがあるが、役者絵は特に女性に人気があったようで、町娘に限らず多くの女性が買い求め、うっとりとしたことであろう。また侠客は粋やいなせを好む若者に人気があったようで、町火消や棒手振、職人などがそのかっこいい姿に憧れて買い求め、眺めながら見得を切ったことだろう。

広告チラシ　登龍丸　売薬　文政頃

江戸時代、広告チラシは引き札といい、元和三（一六一七）年、越後屋が呉服の宣伝に「現金安売り掛け値なし」という引き札を出したのが始まりと言われている。

この広告チラシは引き札の形態ではなく、青雲堂という書肆から出版された書物の巻末に掲載されていたものである。当時、青雲堂店主英文蔵は薬屋を兼ねていたようで、取次所も兄弟の書林・萬笈堂の英大助、平吉が指名されている。

商品の登龍丸（とりゅうがん）は咳、痰、溜飲が一夜にして治る妙薬と宣伝されている。文中には効能書、副作用がないこと、偽薬に注意などが記されている。

引き札は販売効果が大きく店頭は無論のこと、街頭や行商で配ったり、壁や湯屋に貼ったりしたという。なお、この登龍丸については錦絵付きの引き札が刷られており、それには「たんせきりゅういん一夜になおる大妙薬」と大きく見出しがついている。医者にかかることが少なかった庶民たちにはこのチラシの効能書が大いに役立ったであろう。すかさず手に入れ、ふすまに貼り付けておいたに違いない。

広告チラシ　曲亭馬琴著　雅俗要文　新刊本（文政頃）

このチラシも青雲堂という書肆から出版された書物の巻末に掲載されていたものである。これは本業の出版本の宣伝であるが、通常書物の巻末に掲載する蔵版目録と異なりかなり詳しく内容を説明している。曲亭馬琴の号である著作堂の新編、雅俗要文（がぞくようぶん）として紹介し、大きさ、紙質、ページ数も載せている。

内容は実用文・書簡文などの用語や文例を集めて作文の参考とした本である。なお、予約すれば最寄りの本屋で受け取れる旨が記されている。

文章は現代の文庫本の裏表紙に書かれている内容紹介のようであり、このように詳しい説明チラシは当時としては珍しかったと思われる。江戸時代、新刊本の宣伝は、書物問屋では軒先に売り物の書名を書いた掛け看板を何枚もさげ、また地本問屋では手に取れるように平積みのように並べて置いたようである。

庶民はいろいろ見て触って選ぶのである。

かわら版　文政の大火　文政十二（一八二九）年

かわら版とは、江戸時代、種々の事件を木版で印刷し、市中を売り歩いた一枚刷りの出版物である。心中や仇討ちなどの事件、流行り病や火事、地震などの病災害を速報として街頭で読み売りした。かわら版という呼称は幕末に使われ始めそれ以前は読売、絵草紙、一枚摺などとよばれた。値段は時代により一枚四文〜八文程度であったようである。しかしかわら版の大きさは様々で一概には言えない。

本書に載せたかわら版は文政十二年の大火の記事で、大きさは縦四十六センチ、横六十五センチの大判で、焼失地域の説明と逃げ惑う市民の様子を記すとともに、焼失地域、御救い小屋の場所を明示した地図を掲載している。

文政の大火は記録によると焼失家屋三十七万、死者二千八百人余りであったという。

本書掲載のかわら版では、出だしに「文政十二丑の年三月二十一日、朝四つ時頃より、外神田佐久間町二丁目、材木小屋より出火し、折しも北風が激しく柳原土手下へ飛火し、云々」とある。

かわら版は、身分や老若男女にかかわらず誰でもその記事に興味を持った人々が買い求めた。したがって読者層は多様だったに違いない。人気があった記事は黒船来航、安政江戸地震、仇討ち、妖怪話などだったようである。妖怪のようなガセネタも話の種にしてしまう江戸っ子の気風におおらかさを感じる。

〈現代語訳12遍〉江戸っ子の読書事情

目次

まえがき　3

解説　5

教訓本　鄙都言種（上）　17

教訓本　鄙都言種（下）　51

滑稽本　大学笑句　85

健康本　姪事養生解　123

随筆　瓦礫雑考（上）　143

随筆　瓦礫雑考（下）　195

料理本　魚類精進早見献立帳　245
錦絵　近世水滸伝（金看板伽羅五郎　松本錦升）　315
錦絵　近世水滸伝（銚子の五郎造　片岡仁左衛門）　319
広告チラシ　登龍丸　売薬　323
広告チラシ　曲亭馬琴著　雅俗要文　329
かわら版　文政の大火　333
あとがき　339

教訓本

鄙都言種　上

森嶌中良 著

寛政八（一七九六）年刊

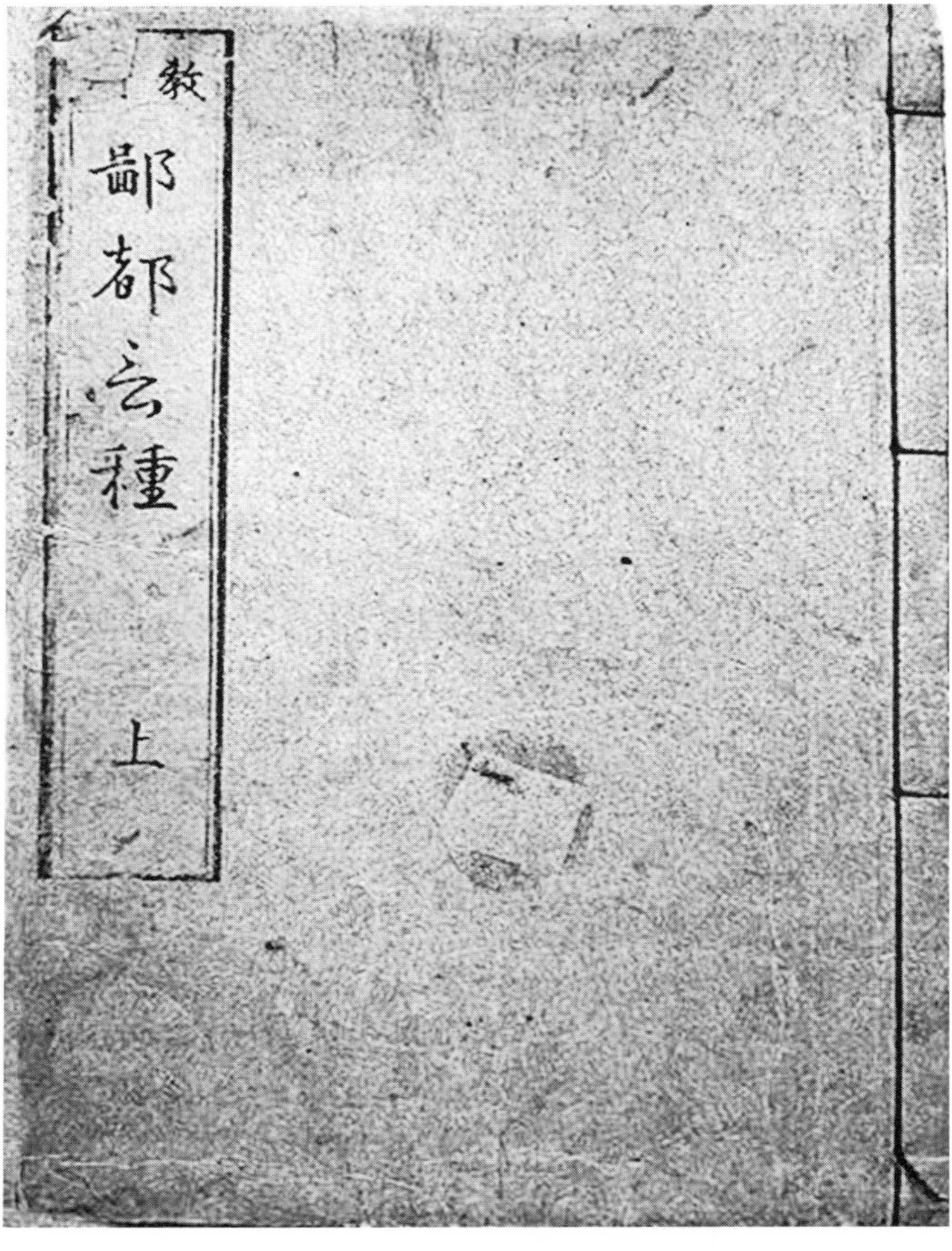
教
鄙都言種
上

教訓　鄙都言種（ひとことぐさ）上

序

中椒堂《しんしょうどう》（注…須原屋市兵衛の号）は童子画を好む癖がある。武者絵でも、戯画でも得ると壁に貼りつける。また鳩車竹馬《きゅうしゃちくば》は弄翫《ろうがん》（注…てあそび）に換えてしまう。

主人が考えるに、房玄齢《ぼうげんれい》（注…中国唐の政治家）は教えとなる語を抄書して、屏風に貼って子に与えていた。そしてついに、好まれればどこにでも行って教えを施すことを決意し、身を惜しまなかったという。そこで予に託して教誡《きょうかい》（注…教え戒める）となる節を抄録（注…抜き書き）して蕙齋子《けいさいこ》（注…鍬形蕙齋の子）に請いて画を加え、小子に與《あた》えようと悦び手渡した。父の膝前に来てあれこれ問うことに、その説を読み、その意を諭せば自ずから得るものが有るに違いないと思い、主人悦んで曰く、この書、ただ我が児のためのみにすべきではない。活字にして鄙都言種《ひとことぐさ》と題字し、公にする事となり、序を予に頼んできた。そのためその経緯をはじめに書く事にした。

寛政乙卯仲秋　　森羅子　述

鄙都言種巻之上

○書籍の濫觴《らんしょう》（注…始まりのこと）

我国へ書物が渡ってきたのは、人王十六代応神天皇十六年、百済国の王仁《わに》〔割註…和迩とも出り、わにと読む〕が論語十巻、千字文一巻、併せて十一巻の書を貢いだ事が古事記に記されている。三歳の小児も覚えやすき書で、しかも勉強になることなので、幼少の子どもには千字文を読ませるのがよい。〔割註…訓点千字文というがよろしい〕

○読みで叶わぬ書

和漢の書籍、内張りに挿絵、牛に汗するほどあるが、孝経《こうきょう》ほど有難い書はない。人間と生まれたる者、一遍は講釈を聞いたほうがよい。というのも禁裡《きんり》様とはじめて素読をされる時は、孝経を第一に読んだそうで、江家次第《ごうけしだい》という書に記されている。上は天子より下は軽輩にいたるまで、その身分に応じた孝行のしかたが記されている。

この書、唐土《もろこし》で絶えていたのを嵯峨の釈迦を日本へ盗み帰った奝然《ちょうねん》という法師が、宋の大宗《たいそう》に古文孝経を差し上げた事が宋史の日本伝に記されている。それより後、またまたこの書を失ったが、近年知不足齋《ちふそくさい》という唐人、春台先生校合の孝経を長崎にて求め、聖人の書が再び中華に入れた事を悦び、やがて彼の国で板に彫り、知不足齋叢書という書の内へ収めた。

○似我蜂《じがはち》

似我蜂という虫はほかの虫の子を取り、已の巣に入れ、我に似よ似よと絶えず鳴いていると、巣の中の虫は変じて蜂となるという。されば如何なる愚痴無知の者であっても一向《ひたすら》に教訓を加えれば、善人になることが事あるのだろう

か。この蜂を唐土では蜾蠃《から》とも、蒲盧《ほろ》ともいう。詩経に、「螟蛉《めいれい》（注…青虫）の子あり。蜾蠃これをやしなう。汝の子を教えるに穀をもってこれに似る」また中庸《ちゅうよう》に「それ政事は蒲盧の如くなり」ともある。政の第一は民を善道に諭《さとし》、みちびけとある。孔子の繰り返し繰り返し、人を教えて倦《あ》きせずと曰いたるはこれである。

○子路、学を志す

子路、はじめて孔子に会った時、人は生まれのままですみたるものな

り。近くで申すならば南山に竹がある。揉《たわ》めずに自分で直し、斬って矢とすればいかなる堅物をも達《とお》す。人も左の如くであれば、学問はせずとも物事だろうといえば、孔子善《よ》って（注…いいかいよく聞け）、その所に栝《はず》（注…歪みを直す道具）をつけ、羽をそぎ、磨いだ鏃《やじり》を削れば走ることも疾《はや》いし、入る事も深かろうと、子路これを覚《さと》り、再び教えを受ける事を乞うたという。

○父が教えなければ子は愚か

誰殿の子息はその方とは同年であるが、行儀もよく、詞《ことば》もきれいに物も書く。文字も読むのに、おのれめはその半分にも行おらぬと叱る人がいる。これは先の親が油断なく仕込んだ子を、自分が捨育《すてそだ》てにしたわんばく者にあてはめての異見である。それにしても無理千万である。生得怜《しょうとくれい》（注…もって生まれた賢さ）であり、読書を好む子もいるけれども、それは十人のうちの二、三人である。そもそも父が仕込まなければ行うものではない。それゆえ明心宝鑑《めいしんほうかん》に、子、賢しといえども教えざれば明らかならずとある。

○子を教えるときの心掛け

我が子が読物に出精し、手習いをよくするのを見て、心では誉めながらもうわべでは眉毛をしかめ、もっと勉強しろなどと言い、一向に讃《ほ》めることもせず、叱り散らす人がある。実は走り馬に鞭を打つ親の欲心なのであるが、後々子心にやる気をなくさせ、ふて心が出て害の元となる。功が有っても賞を与えなければ、善行は勧まずという本分を会得して、折々に褒美としてほしがるものをも買ってやることもよい。しかしそれがすぎれば又、元に戻ってしまうこともある。

○子に教える九ヶ条

珊瑚網《さんごもう》という書に子に教える九つの則《のり》がある。

学問に勤めよ。友達を選べ。多言《たげん》（注…口数が多い）を慎め。応対をいやがるな。礼儀と恥をかく術を強くせよ。進退よく威儀を繕え。嬉遊《きゆう》をわざとするな。心正しくして、あれこれ気を移すな。何事となく心得て、事に臨んで滞らぬようにすること。

女子に教える九則

女工（注…縫い針）を習う。小料理を心得る。読み書き算用も心得ること。心栄《ば》えはいかにも優しく、詞《ことば》は随分やわらかに。婦の操はかたく守れ。仮初にも仇《あだ》なる詞曲《しきょく》（注…端唄）を歌ってはならない。何事によらず聞いた事を人に云ってはならない。目上にはまめやかに宮仕えすること。身を軽くし面倒くさがってはいけない。

○徳利の異見《いけん》

或儒生《じゅしゃ》、他出するごとに、女房が徳利を出して夫に見せ、これを忘れないでね、というのを、或人、不思議に思い聞いたところ、その元《はじめ》、外出する度々に内方の徳利を出して見せるのは、酒癖が悪いゆえ、他所へ行っても酒を飲むなという異見なのですか。もしくは孔子、周の桓公《かんこう》の廟で見えた攲器《きき》（注…傾いた器）を徳利に准《なぞら》え、虚《から》ならば攲《そばだ》ち（注…そびえ立つ）、中分なれば正しく、満ちればひっくり返るといえる。持盈《じえい》（注…満ち足りた状態を維持）の道を忘れ給うなという事なのかと聞くと、喜んで言ってくれた。拙者もとより大の下戸なので禁酒の意見ではないのだ。また仰せのような攲器の引用でもない。我等、元来いたって口数が多い生まれなので、女房が異見の徳利なのだ。十分に水を入れれば、有るがごとく亡《なき》がごとく、足らず前に入れれば、ざわざわと鳴り渡る。学者とても同じように、学業に長じた先生は却って尊大な態度はとらない。しかし半宿な輩は弱犬の高吠えするように口先で脅す。この心を忘れず一重実のある徳利のようになられよということ。女どもが心遣いしながら侍っているよ。古人が所謂《いわゆる》、よく行う者は、いまだ必ずしもよく言わずと言える語の意にかなえば、なるたけ異見に従いたいとは思うが、短才の拙者なので、一生実入もなき虚徳利なので物置の隅へ打ち入りましょう。恐れ入りましたと言わ

れたが、この儒生、学業大成して、去方の大夫になられ、国中の政を取られたという。

○茶臼の狂歌

父母が挽木《ひきぎ》（注…柄のこと）の如くゆがみなば　茶臼となりて子よ廻れかし

この歌、古今夷曲集にのっている。読人知らずとて出ている。きっと、父母の老いに心がみだれる母、よく仕えよとした狂歌と思われる。

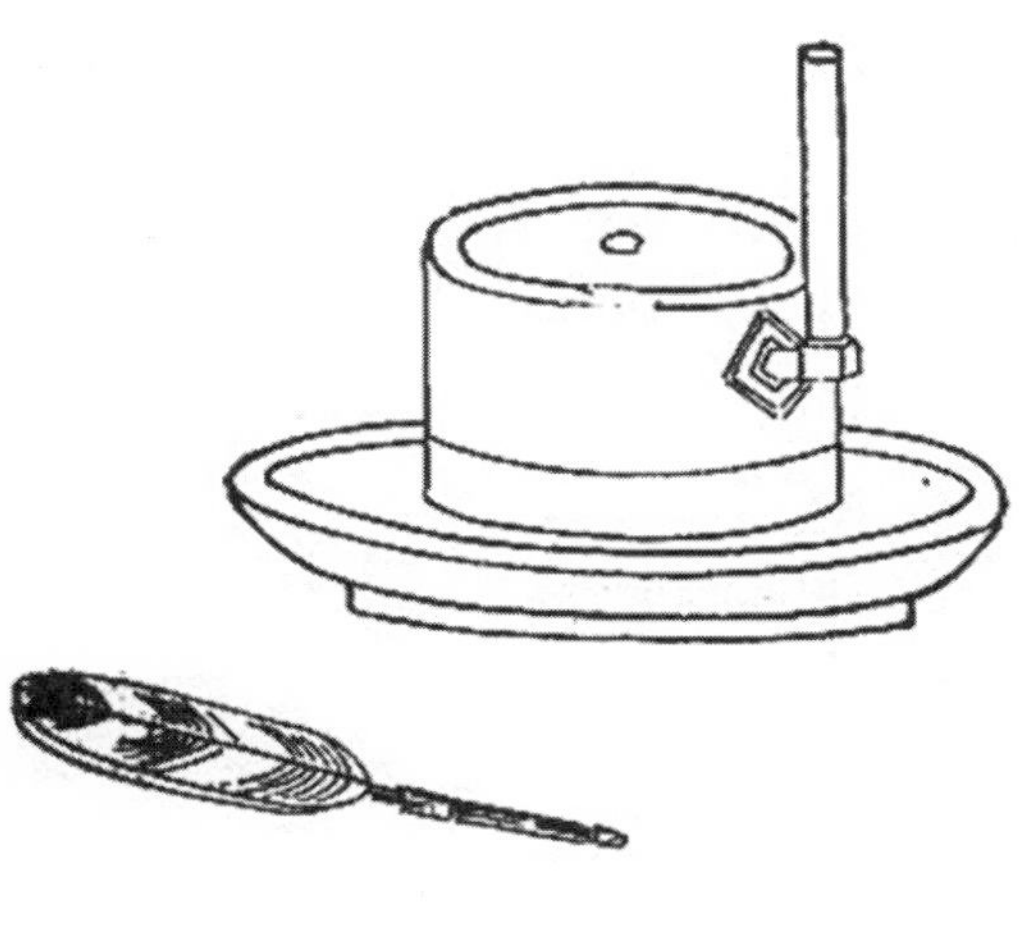

○誰もが知っている事

仕宦《しかん》する人は羽振りよく、出世するのに従い油断が出る。病人は快くなっていくに従い軽はずみが出る。親に仕える人は妻子ができると、その恩愛を親から変えるものである。六論衍義《りくゆえんぎ》(注…六諭の解説書)に、今の世稍《ようや》く孝心ありと思える人も大方妻を娶り、子を持てる身になれば眼前にいる妻子の愛に引かれて、おのずから朝夕の勤めさえ怠る事を悔しいとも思わず、それによからぬ妻子に逢えば、いつとなく父母の悪口を言うため、その言葉を耳に入れ、心に積もらせると己も父母を疎む心になっていく。言うのも浅ましい事である。よく思い返して見よ。我が身十四、五歳余では妻というものも無い。この時我を養育してくれる人は

誰だろう。我を介抱してくれる人誰だろう。にもかかわらず父母に換えて妻子を思う事があるのだろうか。烏の鳥さえ反哺《はんぽ》（注…親に恩を返すこと）といい、親に育まれた恩を返すという事もある。人として不孝なことは、人としての本心絶え果てて、禽獣にも劣れるということだろう。深く恐るべき事態である。

佃軍歌
小敵よ　弱敵よとて
油断すな
あなどるゆえに
おちをこそとれ
柴田修理亮勝家

同
人は城
人は石垣
心とは城
情けは味方
仇は敵なり
大僧正武田信玄

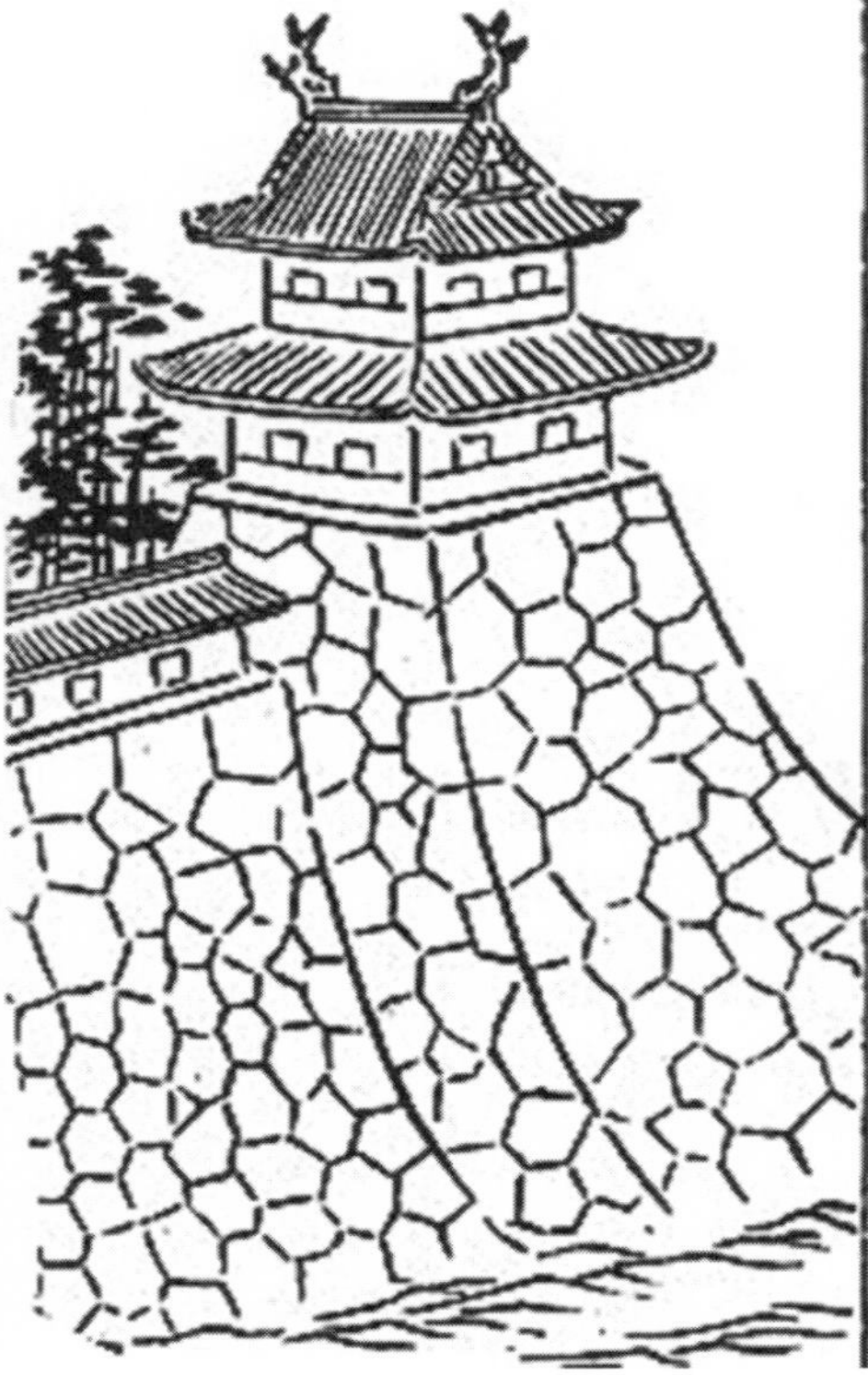

○人々が心得るべき九ヶ条

一、苦は楽の種。楽は苦の種と知ること。
一、主と親とは無理なるものと思え。下人は足りぬものと知ること。
一、子ほどに親を思え、子無き者は身になぞらえて近くを手本とすること。
一、掟に怖《おじ》よ、火に怖よ。分別のない者に怖よ。恩を忘れるな。
一、朝寝をするな、咄《はなし》を長くするな。
一、小さいこともよく考えよ。大なることは驚くな。
一、欲と色と酒とを敵と知ること。
一、九分では足らず、十分ではこぼれると知ること。
一、分別は堪忍にありと知ること。
此の九ヶ条は元禄の頃、去《さ》る高貴な君が、自ら草を染めさせて、御座所の長押《なげし》に懸けられていたという。

○黒田如水翁の定書《さだめがき》

一、茶を挽くときはいかにも静かに廻し、油断なく滞らぬように引くようにすること。
一、茶碗は下に垢が付かぬ様、度々洗うこと。
一、釜の湯、一柄杓《ひしゃく》汲み取り、又一柄杓さして、湯返しをして置くこと。遣い捨て、飲程に行うこと。
右は我流ではない。利休流なので、よくよく守ること。すべて人々、分別があっても静と思えば油断になり、滞《とどこお》らないかと問えばせわしくなる。各々生まれついた得方《えかた》(注…得意の方面)になる。また義理明白なるようにしようと思えども、欲垢にけがれ易く、又、主親の恩をはじめ朋輩、家人どもの恩にも頼ること多く、その人々の恩に報いると思う心がなければ、終には神仏の罰を蒙《こうむ》ることになる。そこで右の三ヶ条、朝夕の湯水の上にてもよくよく分別よくするよう言付ける。

慶長四年正月

○五百両の茶代

人、悦ぶ時はその悦びに堪えずして、謹んで何を差し上げよう。それには及びませんというにまかせて約束するが、日が過ぎて心が静まれば、又、分別が変わり、やるべきものもやらぬ様になり、信用を失うことが多いものである。古語に、喜んでいるときの言葉は、信を失う事が多いというのはそのとおりだ。とある。享保の頃、江戸日本橋辺りに、有徳なる町人がいた。かさけ（注…瘡気、梅毒）で節々が痛み、立ち居も人の肩腰に寄り懸かり、その上耳も遠く、眼も疎く、鼻柱も疼き、頭痛は脳を砕くようであった。諸医手を尽くしたが、いささかもよくならないので、縁を求めて何某殿というさる医者に懸かったところ、格別の治療で大方快方に向かった。或朝にわかに伴頭《ばんとう》（注…番頭のこと）を呼び出し、その方ご苦労だが、只今より御医者様へ金子五百両を持参し、厚く御礼を言って来なさいといえば、伴頭は肝をつぶし、いまだ御本復に至っていないので、御全快の際に銀の十五枚か、小判の十両ばかりも進ぜられるのがよいのではといえば、いやいや左様なことをいうものでない。

私は、先頃中に医者衆の断《ことわり》（注…道理）を聞いた。もはや廃人と覚悟を決めていたが、万一この病を直してくださる御医者があれば身代を丸ごと差し上げても飽足《あきたり》ないと思っていた。何某様のお蔭で、人手も借りず寝伏《ねふし》もでき、節々の痛みも苦にならぬようになってみれば、最早《もはや》思案が変わり、身代を根こそげ上げては、諸々の取続きができなくなる。身上の十分の一に見積って、千両でよかろうか、いやいや五百両か、それでもまだ多いかと思う心が浮かんできた。さらに日を進めて快くなるにつれて、いくら減るか知らされれば、今の内に五百両上げてしまうがよいということになり、即刻用意して進上した。この病気がよくなれば身代半分上げてもよいと言っていた病人、心変わりとはそんなものである。それはまだしも神仏に願い、この大難を遁《のが》れたらば、祠の鳥居を奉納しますなどと過分なことを言って願いを懸け、喉元通れば熱さ忘れるとやら、日にちが立てばそれなりにしてしまう人が、十人に九人はいる。近年の笑話に、貧乏人の妻が難産の時、夫は垢離《こり》（注…水で清めたりする禊《みそぎ》）をかきながら、浅草観世音の境内へ九重の浮屠《ふと》（注…仏塔）を建立するというと、女房それを聞いて、あら勿体いない。安らかに子を生むことができたとしたら、どう

やって塔を建立する手立てはあるのかといえば、夫、顔の表情も変えずに、観音様をだましているうちに、産んでしまうがよしと云ったという。話しは面従後背の輩へのあてこすりである。

○ひいきへんば（注…贔屓偏頗・えこひいき）

神社仏閣の絵馬堂に寸的《すんてき》の星を射たものを額にして懸け、或いは堅物を射た鏑矢《かぶらや》、星を打った鉄砲角《がく》など、仰々しく寶前に奉納するのは古代の射礼《じゃらい》（注…弓の儀式）に格のある事かは知らないが、今では聞きも見もしない事となった。〔割註…出陣の時など、上ざしの鏑を神前に捧げ軍の勝利を祈る事は多い〕

往古、源頼朝公、富士の裾野にて牧狩の時、御子頼家公を伴ったが、幼少ながら鹿を射留めたのを見て、頼朝公悦びの餘り、御臺《みだい》政子御前のもとへ申し送られたところ、政子御前いささかも悦んだ様子もなく、武士の子が弓矢を取り、獣を射とめたことがそこまで珍しい事なのかと申され、射ることのない人が射たればこその悦びで、弓矢の家に生まれながら逃げも走りもしない的を射たことが何程の自慢になるのかとか、奉納する人の心意気は知らないけれども、脇目から見ている

と、あたらぬものと覚悟して神佛に祈誓を懸け、闇雲に放した矢が思いのほかまぐれ当たりに当たった故というほどの事。

孝経の伝に、天地は物一つのためにその時を狂わさず、日月は物ひとつの為にその明らかなるを晦《くら》まさず、明王は一人の為に法を狂わすとある。この心をわきまえなければ偏頗《へんぱ》（注…不公平）の心は怪我にも出るにちがいない。

○浄頗梨《じょうはり》の鏡（注…生前の善悪の所業を映す鏡）

地獄というものはない。佛の方便につかう虚言であることはいうまでもない。しかしながら無いものにして人の知恵、悪事はゆめゆめしてはならない。見え見えの悪事は現世で公の御仕置きを蒙る。存生の間、親子兄弟にも隠し通せた悪事、または友達の女房と密通したことなどは、閻魔大王の前に据えた、かの浄頗梨の鏡にかけ、親類他人列座の中で、ありありと見えすかされる。その時の心の内はいかばかり恥ずかしく、苦しくなる。よって身を慎み、冥土で浄頗梨の鏡へ怖気なしに向かうようにと心懸けよと、詩経はいっている。

人に恥じず天に恐れずという。
清潔の人なるべし、
地獄無きに非ず、
恐るべし

○矜《きょう》の字

貝原久兵衛篤信翁の著した大和俗訓、為学篇《しがくへん》には、学問する人は、まず、矜《きょう》の字を禁戒《きんかい》（注：禁じ戒めること）とする。矜はほこると読む。ほこるとは我が身を自慢して人にへりくだらないことをいう。いまだ知らないことを既に知っているとし、善くないことを善とする。専ら自分の知を用いて人に言うことなく、人の諫めを聞かず、自身を責めないで人を責める。こうしたことをしていれば、悪が日々長けてくる。初学の人は先ず、この禁戒を守り、又、これを基本とすること。さもなくば学んでも益がないだけでなく、かえって害になる。この書を読み、学問する人は第一に心得るべき事である。

○娘に異見

ある人が娘を縁につけた。婚礼の夜、門出を見送りながら母親が娘の袖を扣《ひか》えて、構えて構えて聟殿の家へ行って善い事をしてはいけないといえば、娘は理解に苦しみ、善い事をするなというからには悪事をせよという事かと問えば、されば答えよう。善い事さえしなければと心得てしまったなら、さらさら悪い事を引出そうとする気遣いはあるまいと考えた。といった。

○妻と下部と

妻がどれほど賢くとも、世間向きの事を任せてはいけない。僕《しもべ》にどれほど才覚があったとしても、内證の事を扱わせてはいけないと韓山子に見える。

○**心の箴（いましめ）十七条**

○心に物あるときは、心せまく窮屈《きゅうくつ》である。物なきときは心広く、躰は豊かである。

○心に我慢あるときは愛敬を失う。我慢なきときは愛敬がそなわる。

○心に欲あるときは仁義を思わず、欲なきときは義を思う。

○心に飾りあるときは偽りを工《たく》む。飾りなきときは偽りなし。

○心に奢《おごり》あるときは人を侮る。奢なきときは人を敬う。

○心に私あるときは人を損なう。私なきときは疑いなし。

○心に誤りあるときは人を恐れる。誤りなきときは恐れる事なし。

○心に邪見あるときは人を損なう。直《すく》なる時は人のためよし。

○心に貪《むさぼ》りあるときは人に諂《へつら》う。貪りなきときは諂いなし。

○心に怒りあるときは云語《ことば》激し。怒りなきときは和らかである。
○心に堪忍なきときは物を破る。堪忍あるときは事を整う。
○心に曇りあるときは心静かでない、明らかなるときは心静かである。
○心に勇なきときは心静かでない。勇あるときは心静かである。
○心に自慢ある内は人の善悪を知らず。自慢なきときは善を知る。
○心に忿《いかり》あるときは人を咎《とが》める。忿なきときは咎める事なし。
○心に残した所があるときは願い起こる。残していないときは願いはなし。
○心に誠あるときは分を安ずる。誠なきときは分を安じない。

この十七箇条は大変興味深い。古き君の遊ばされたる御草、すさんでいるとのこと。何某殿の家に借されたのを写し得て持っていたが、我一人見るべきではないと思い、ここに記して示す。

○青砥左衛門の略伝

予、案ずるに、古来潔白の吏《り》(注…役人)は多いといえども、青砥左衛門の右に出る者はいない。後漢の羊続《ようぞく》(注…南陽郡の太守)が魚を庭に懸け、揚震《ようしん》が黄金を受けとらなかったにも劣らない事多い。世人、滑川へ銭を落とした一事のみを称ずるため、太平記三十五巻目に載っている青砥という侍の文を撮《つま》み、ここに記す。

報光寺、最勝園寺《さいしょうおんじ》二代の相州に仕えた青砥左衛門という者がいた。数十ヶ所の所領を知行して財宝は豊であったが細布《さいみ》の衣装、麻の袴を着用し、飯の菜には干魚、焼塩の外は用意せず、我が身の為にはいささかも華美な事をしないが、公方の事には千金をも惜しまず、又、貧人と見ると米銭絹布の類を施してい

た。仏菩薩のようだと言われていた。或時、主人北条相模守と地下人との間で公事に及ぶ事があった時、地下人が申すことに道理があるのだが、しかし評定衆は理を非に曲げて地下人を負かそうとしたのを、青砥が只一人、権門《けんもん》(注…門閥)にも恐れず、理の正当性を申し立て、相州殿を負かした。彼者《かのもの》、その恩に報いようと思った。銭三百貫を俵に包み、後ろの山より密かに青砥の坪の内へ入った。左衛門はそれを見て大いに驚き、事の理非を立てたのは主君を思い奉っているからである。全く贔屓の沙汰ではないのだ。引き出物を受け取るべきは、御悪名を得ぬようにしてくれたその方で、それこそ相模守殿より給わるべきなのだ。理を以て非に勝った者から、受けとる理由はないとして、一銭も取らず、そのまま持たせ返した。

或時、相模守が霧ヶ岳八幡宮に通夜に行った。暁の夢で、衣冠正しくした老翁が枕に立って、政道を直《なお》くして、世を久しく保たんと思えば心に私なく、理に暗くない青砥左衛門を重く賞し、用いることと告げ給い、たちまち夢は覚えてしまった。相模守は館に帰り、急ぎ大庄八ヶ所を左衛門に与えた。青砥は驚き、何事の恩賞にて懸かる大庄を給わったのかと問えば、夢の御告げにより宛行《あておこな》われた旨を告げられた。左衛門は頭を振り、然らばこの庄中を一ヶ所も給わりません。物の定まっていない事を如夢幻泡影《にょむげんほうえい》(注…無常)と金剛経にも説かれています。もし左衛門の首を刎ねよと御告げがあれば、辜《つみ》(注…罪)なくとも御夢のごとく行わせますか、功もなく、賞を給わることは国賊です。といって安堵の御状を返してしまった。奉行頭人、原、それを聞いて己を恥じて、理に背き、賄賂に耽る事はしなくなった。

○世の中百首

伊勢の神主、荒木田守武、大永五年の頃、一夜に百首の歌を詠《えい》じて、子弟への庭訓《ていきん》（注…教訓）とした。一首ごとに世間の二字を置くことから世中百首と題した。世に伊勢論語とも称するのも言葉つづき鄙俚《ひり》（注…いやしい）に近いゆえ、愚かな児女、浅はかな男女の耳にも入りやすく、自《おの》ずから教えとなる事が多い。中にも良いと思われるものを採り、ここに記す。

世の中の親に孝ある人はただ何につけてもたのもしきかな
世の中は物のけいこをするかなる富士の高根に名をあげよ人
けんどんに善をもなさずおくりなば思うままにはあらし世中
世の中の近づきて貴くよからんは物しり醫師《くすし》情けある人
世の中の婦志《ふし》あん短慮うちまぜて後いかばかりくやからまし
人のためよからんことのさまたげとかえすかえすもなかれ世の中
思うべきものは身よりも名なりけり名は末代の人の世の中
世の中に人の恩をば恩として我する恩は恩と思うな
世の中にせましき物は我は顔、うらごと、盗み、勝負、諍い
世の中に物くさくして物しらでものをばもたで物にかかりて

○有りがたいもの

清少納言の枕草紙に書かれている。舅《しゅうと》にほめられる聟。又姑に思われる娵《よめ》の君。毛のよくぬける白かねの鑷《けぬき》。主そしらぬ人の従者《ずんざ》。

○只過ぎに過ぎるもの

同書に書かれている。帆を上げている舟。人の齢。春夏秋冬。

この気遊《けずさ》みは殊更におもしろい。学びを志す諸生などよくよく味わうこと。千字文にも、寸陰是競《すんいんしけい》（注…片時の間も競う）とあり、今日学ばず来日ありという事を口癖にする人は、来日ありといえども、必ず学ばない人である。

○夜学は九を限ること

謝肇淛《しゃちょうせい》（注…明朝の文人）が著した五雑組《ござっそ》（注…随筆）には、書を読むのに子時《ねのとき》（注…午前〇時頃）を過ぎてはいけない。この時刻は諸血を心に帰すこと。眠る事をしないと血が乱れて病を生ずるという。学文《がくもん》に励んでも身を立て、道をおこない、名を後の世に揚げて父母の名までをも輝かせようとするならば、学業成就するまでは随分と身を大切にすること。病者になっては大業は成せない。

○三の鏡

唐の書に、唐大宗《とうのたいそう》、銅をして鑑とする。衣冠の邪（注…ゆがめる）を正すこと。古《いにしえ》をして鑑とする。移り替る世の形勢（注…有様）を知ること。人をして鑑とする。得失を明らかにすることと書かれている。又、明心宝鑑《めいしんほうかん》に婦人は、よく映る鑑がない時は若化粧の能《よ》いか、悪いかを見るができない。男子に良い友がいなきときは、身の行いの善悪を知る事ができないと記している。

○古の質素

太閤秀吉公、名護屋に御陣がある時、駿河の国清見寺の住僧が、御本陣の御安否うかがいとして使僧を遣わした。書翰《しょかん》（注…手紙）にそえて太閤へ韘《ゆがけ》（注…弓道の手袋）二指、御皮足袋二足、新庄信三郎（注…戦国時代の武将）へ青銅百文送り届けた。その時、信三郎よりの返翰《へんかん》・今、彼寺にいるという細川三齋（注…細川忠興）殿は生涯、皮足袋二足にてすまされた。或時、同席の諸侯何某殿より、明日登城に用いる足袋

が用立てできないので一足借用できないかと度々無心があったとうけたまわりました。

○加児才蔵

　福嶋左衛門大夫正則、加児才蔵（注…鎗の名手）を召し抱える時、〔割注…世に笹の才蔵と称す〕目通《めどおし》へ呼び出し、汝武士の録の食みようを知っているかというと、才蔵つつしんで、武士の録の喰様《くいよう》は、能く覚期《かくご》（注…覚悟）しておりますと答え

ると、二云ともなく拍《たた》えられた。弓矢の道に達した者でなければ、言うことが難しい返答であるな。

○為すべき事をしない

世間の人、百両の金をつけて娘を縁付けるが、十両の書物を買って息子に学ばせようとはしない。一生の力を尽くして利得を求める事は知るが、十年書を読んで終身の徳を得る事は知らない。財宝を投げ打ち、人に媚《こび》、機嫌をとるような事はするが、米銭を施して貧人を救おうとする者は稀である。

人言草　巻之上終

教訓本

鄙都言種　下

森嶌中良　著

寛政八（一七九六）年刊

下

鄙都言種（ひとことぐさ）　巻之下

○暦の日取

暦の日取りに懸り、中段はよいが、下段は悪い。ふさがりよくない日だ。などと吟味していると一年三百六十日の内に心に叶う日というのは、わずか二日か三日になるため何事も心能く決着できない人も多くいる。暦は一年の大小、日月の交食、節中、土用、彼岸などを見るためのものである。無理に中断、下段には係わらないほうがよい。というのも公事《くじ》には、日の善悪《よしあし》を用いることがないことから推知できる。暦の日取りに係わる人は、暦にも記さない不成就日、三りん坊などという悪日をも嫌う。思い立つ日を吉日とせよという歌は、この迷いを解くのにぴったりだ。

○庚申の出産

昔、或人の娵《よめ》が産気付いて、舅姑《しゅうとしゅうとめ》大きに驚き、今宵は庚申（注…庚申信仰の悪日）であり、初孫であり、いずれにしても相済ない事であるので、お産を明朝まで延ばさせようと、俄《にわか》に婦人家（注…科）の医師を招き、随分と遅らせる手当を頼み、嫗婆《おうなばばあ》（注…産婆のこと）は襷懸けで、産まれようとする赤子の頭を諸手《もろて》で押し付け、汗水たらして押し込もうとすればするほど産婦はひどい苦痛に堪えかねていたが、兎にも角にも夜も明けたので産せてもよいと、子を産ませるには産ませたが、一晩中てっぺんを押さえつけられたゆえ、かわいそうに赤子は死躰で誕生し、娵も即座に血を上げて死んでしまった。死生は人間の一大事ではあるが、大吉日にはばかって死ぬ人もおらず、悪日を遠慮して生まれてこない赤子もないので、返す返すも日の善悪にはかまわぬほうがよい。

○うらやさん

愚痴をいう人、箸がころんでも、炭がはねても八卦《はっけ》（注…吉凶の占い）で占う。思い込むと八卦で占った方角で医者を捜したり、または縁辺などを取り極めたりする。八卦は聖人が意図してつくったもので手短に言えば、人の心を決断させる方便と思われる。故に軽々しくこれを用いないこと。軍の首途《かどで》（注…門出）に、人心が交錯する時、吉ならば勝軍《かちいくさ》と勇みをつけ、凶ならば大事の合戦であるからと必死の覚悟をきわめさせ、鋒先を強くさせるためのものなのである。史編が太公望を得たまえと占ったのは、周公との云合せで、鄙賤《ひせん》の漁翁を軍師に引き上げては、諸人が信服しないので、非熊《ひゆう》（注…熊に非ず）の名を利用して、夢に熊を見たといい、その上で史編を根拠付けとした。いよいよ只人ではないと思わせる計略と思われる。

○山上憶良の歌

万葉集巻之六に、山上の太夫憶良の病が重かった、その時に読んだ述懐《じゅっかい》（注…心中の思いを述べる）の歌がある。

丈夫《をのこ》やも空《むな》しかるべし万代《よろずよ》に語り続《つ》ぐべき名は立てずして（注…男子というもの何もせずに終わってよいのか、後世に永く語りつぐべき名を立てることないまま）

この歌、道に志す人は口にすること。

○出る杭の歌

出る杭の
うたるる
よりは
出ぬ杭の
人に
隠れて
世を
後らはや

これはどのような浅ましい腰抜けが詠んだ歌だろうか。人生とって胸懐《きょうかい》(注…胸の内)をさらけ出して事を行なわなければ、壽百歳になっても猶、夭《よう》(注…若くして死す)すという。古人の語でも恥と思っているのだろう。

○鶏の宵鳴き

寄園寄所寄《きえんきしょき》に、何とかいう人がいた。名は忘れた。鶏が宵鳴きしたのを、皆々よくない事だとひそめき合っていると、その鶏をとらえようなり、捕まえて絞め殺し、羹《あつもの》(注…吸い物)にして喰ってしまった。この鶏が宵に鳴くのは、そういうことなのだろうと思うが故なのである。己の禍を己が被れば、人にかかる禍は無しと云っていたという。

北条氏康は、狐が鳴いているのを聞いて、

夏はきつねになく虫の唐衣おのれおのれが身の上に着よ

このように読むと、翌朝城外に、狐が多く死んでいたという。同日の談とのこと。この了簡で看破《みやぶ》れば、犬の長吼え、鳥の鳴きも、気に懸かけるは阿房《あほう》（注…愚か）な事である。

○人の好むところ

利を好む人は、色を好むより多く、
色を好む人は、酒を好むより多く、
酒を好む人は博奕《ばくち》を好むより多く、
博奕を好む人は、学問を好むより多い。

この語は五雑組に出ている。

○沖　釣

飲酒博奕《ばくち》に劣らず、悪《にく》むべき楽しみは沖釣である。霜を侵して艫綱《ともつな》を解き、早朝に海上へ乗出す。これ第一に身に毒である。竿も届かない深さの沖で船を浮かばせ、親子兄弟のことも忘れ果てて棹を垂れて釣をする。海原は鏡のように凪《なぎ》っていても、天は気まぐれ、急に風雲が起こり、たちまち暴風の大難に逢い、海の藻屑となる人も多い。今日の日和はたしかだといえども証がなければ当てにならない。海雀《うみすずめ》のような船頭といえども風を止め、浪を鎮める術はないので頼みにするのは難しい。千金にも替えられない大切な躰に、船賃まで添えて、せめて鯨でも釣るのであれば別だが、鱚《きす》、あいなめの小魚を相手に命がけの事をするは一円(注…まったく)合点がゆかない。釣りに出る人は楽しみでもあるが、留守番と

して残る妻子は雲が起これば胸を痛め、風が出れば肝を冷やし、万一疾風《はやて》にあって落ちた時は号哭悲汲《ごうこくひきゅう》、目も当てられない。父母在す時は遠くに遊ばずともいう。孝子は高に登らず深きに臨まず、ともあれば、両親がいる人などは別けて入らぬほうがよい楽しみである。

○**酔狂人《すいきょうじん》**

西川求林斎《にしかわきゅうりんさい》（注…幕府の儒者）が云っている。狐狸にとりつかれた人は、はなれて後も諸人をいやしめ、一分《いちぶん》（注…体面）おとろえて人との交りもできず、酒にとりつかれて犯乱し、醒めた後は人を賤しめることもなく、いつものどおりで恥じる様子も無い。物の為に本心を失う事は、狐狸と酒とで何も異なるところはない。

○大行は細謹を顧みず

史記の中で樊噲《はんかい》曰く、大行（注…大事）は細謹（注…小さな慎み）を顧みず、大禮（注…重大な儀式）は小譲（注…小さな遠慮）を辞せずとあり、学者は自分が怠っている時、自分に非はない、と必ず此の語《ことば》を證《あかし》として口に出す。今の世の学者に何等の大行大禮かあるのか。樊噲が大行大禮というのは、天下を保つ志があれば高祖《こうそ》（注…先祖）を助けて謹をおこすことが大禮大行の至りである。今の人の大禮大行はどういうものなのか滑稽である。

養生
膏梁《こうりょう》（注…美味しい食べ物）の
　食を謹み、
酒をひかえ、
　色遠ざかれ、
　病あるまし

今大路道三法印

○過ちを飾らず

史記には、君子に過ちがあった時は、実《じつ》を以て謝し、小人に過ちあったときは、文《ふみ》を以て謝するとある。実とは、ありていに謝する事である。文とは、詞《ことば》を飾り、嘘をいう事である。論語にも、孔子顔淵《がんえん》（注…頑固）を讃《ほめ》て怒りを遷《うつ》さず、過ちを貳《に》せずと言った。貳せずとは過ちを繕い、飾らないという事である。過ちを改めないだけでなく、詞巧みにいいくるめることを、過ちを

重ねるとも云い、甚だ悪い事である。

○小児に嘘を云ってはならない

韓詩外伝《かんしげでん》には、孟子、稚《いとけ》ない時、東隣の家にて猪《いのしし》を殺すと聞いて、あれはどうするのかといえば、母は、何気なく善《よ》て（注…いいかね）お前に啖《くらわ》せようとしてだよと云ったが、母つくづく思い廻《めぐ》らし、甚だ後悔して曰く、私は、はからずも子を欺いてしまった。これは不信を教えることであると思って、やがて隣家の猪肉を買って食わせたということである。又、邵子後録《しょうしごろく》には、司馬温公《しばおんこう》が五、六歳ばかりの時、胡桃《くるみ》を弄んでいたところ、姉が皮を剥いて与えようとしていろいろ試してみたが剥けず、その間に姉は用があって出かけてしまった。そこへ婢《はしため》（注…腰元）が来て、わたしが剥いて差し上げますと

いって、湯を注いで皮をとり、与えているところに姉がまた来て、この皮は如何にして剝けたのかといえば温公は、この胡桃は自分で皮を脱いだと答えた。それを聞いた父、立ちあがると大いに憤り、倅《せがれ》め何で偽りをもうすのだといいましめた。このことを契機として生涯嘘言《うそごと》を云わなかったという。

○神は非礼を受給わらない

求林斎が云っている。今時の立願《りつがん》は、恐れながら神仏へ不浄を及ぼすほどの願いもたまたまある事もあるが、これは、神仏がどれほど御難儀にお思いになるか。渡辺綱の歌のことです。

道ならぬ事　なかなえぞ　去る友と　思いたがえて　我祈るとも

又古歌に

さりともと　祈る心もことわりに　背かぬ道を　神やうくらん

何とも有難き教えの歌なのであろう。

○或人の家訓

一、礼厚くして、人の非を咎《とが》めるな
一、天堂《てんどう》（注…極楽）を願うより、地府《ちふ》（注…地獄）を作るな
一、人の事を云うより、我の非をかえり見よ
一、立身を思うより、主恩を忘れるな
一、忠に安穏として死を恐れるな
一、手柄だてをするより下知を間違うな
一、身のために身を損なうな
一、我命は主親の物、私のために捨てるな
一、金銀をためるより借銭をするな
一、酒は飲んでも飲まれるな
一、慈悲は行っても代償を求めるな
一、着物は寒くない程
一、食物は腹一はい
一、物書けば読めるように
一、物言えば聞こえるように
一、学問は一生せよ
一、矢鉄砲はあてるのが上手
一、刀は切れるが名作

一、俗人は家職を専らとして、後生は次にすること
一、僧侶は菩薩を専らとして、世事は次にすること
この箇条は楠《くすのき》流の軍学者の家訓とのこと、友人何某より得た。

○兄　弟
寂照軒咲月《じゃくしょうけんしょうげつ》がいうには、兄弟は元々父母の肉を分けた枝であるので、たとえば手の指が並んだように見苦しくても、取って捨てるようなことはない。ここをよくわきまえて、兄は弟を憐れみ、教え、弟は兄を敬い、従う時は末々まで仲良く睦まじくするべきで、兄弟は他人のはじまりと思い誤り、財を争い、礼儀を乱し、不和になるのは愚かであり、畜生にも劣る事である。兄弟はもとは親の身である事を思い、随分と睦ましく寄り合うたびに語り、慰める時は、他人と違って詞を咎めることもなく、殊に父母も子どもの睦まじいところを見れば悦び楽しまれるので、天地の道に叶うよう心掛け、長久に目出度く栄えること。

なに事も　見ざる
聞かざる　言わざるが
よごさるとさる
人のいわれき
良周

○性急（気短）の損

貝原翁曰く、昔、二人が同じ船に乗っていた。一人は生まれつき急な性格であった。日和が悪く、舟の遅れを気にして昼夜心を悩まし、形かじけ（注…しょんぼり）していた。もう一人は性格がおだやかで、舟の遅きを気にせずよく食し、よく寝て顔色もうるわしく舟が目的地に着くと、二人同時に陸に上がった。この間、舟が遅いと心を悩ませていた人は、何の益があっただろう。只、自らを苦しめただけ、これ短気な人は戒めとすること。天下の事で、我が力では及ばない事は只、天にまかせ置くこと。心を苦める事はおろかである。

身體、髪、膚これらを父母から受けた。敢て毀《そこな》い、傷つけないことは孝の始めである。されば中務卿《なかつかさきょう》宗良親王の御歌に、

我ながら我もなつかし
なき人の分けて残せる形
身と思えば

○手ならい

子に手蹟《しゅせき》（注…文字の書きぶり）を学ばせるのに、始めのうちは和様を習わせても何流とも分からず、無茶苦茶に出来上がる。親父《おやじ》は人に見せても自慢できないため、とりとめもなく書き散らかすよりは唐様にしようと思い付き、習わせたが、どう書こうが役にも立たぬ大文字が出来上がった。人も面白がらない席書《せきがき》（注…展示会）をするようになると、子心にも和様を俗様といやしめ、式作法のある書札《しょさつ》（注…書状）などには目を遣らない。遂には唐詩選のあちこちを抜き抜きに書散らかすのみ、成人の後、手紙一通、文章を綴り、書く事もなくなっていった。決して決して町人の倅などには唐様の大文字はいらないものなのである。又、女の子が大文字を書いたものがあちこちの席書

にあるが、近頃のはやりである。これは余りお歴々の家には無い。やはり踊、三味線で座敷をつとめあると同様なことなので芸者にして退物《のけもの》にすること。兎角、世間の親というものは学問を後へ廻し、手習いだけを専一《せんいち》（注…第一）にさせるが、意を得た事なのである。

○唐様は習うべきではない

園大納言基香卿《そのだいなごんもとかきょう》、常々おっしゃるのは、書に唐と唐様の二つある。唐を学ばないのであれば日本の書法を学ぶこと。世に唐様というものは習うべからずと仰せられたという。味わいがあるなあ、この言葉。

○子供の行儀

昔話という書には、昔は二百石、三百石、また五六百石の衆も、子息が十歳ばかりの頃より十五、六歳頃まで常に両親の給仕をさせ、適切に行儀を仕込み、客が来た折は袴を着せ、小姓のように召し仕えさせ、茶の給仕、膳の給仕もさせた。歳ごとに慣例どおり、幼少より小姓のように仕え勤めさせるので成人しても我儘を言わず、親によくかしづき、仕えるようになる。

近年の子息達は、居ても座鋪《ざしき》へ出もせず、たまたま出ても親の傍にそろって並び、少しぼんやりとした子は畳をいじり、身をよじ廻らせ、あくびをし、口をいじり、ありったけの戯けを尽し、退屈すればずんと立って勝手へ入って寝たり起きたりして無駄口をきく。又、立派な生立ちの子供は親の傍に居て、時々指出口《さしでぐち》をいい、年寄あるいは初めての客へも口を利きかけ、しかも幼少で表向きの事は初心であり、咄《はなし》の拍子《ひょうし》（注…リズム）も悪く、埒もない話を仕出して客に見限られる。こうした親達の料簡には合点ゆかないとある。さらに、五、六十年以前は子どもが親に物をいう時は急度《きっと》手を突き、また親の言うことを聞

くときにも頭を下げ、手を突いたものであるが、近年の子供は父母の前で手を下げる事は扨置《さておき》、大胡坐《おおあぐら》をかく子もあり、言葉づかいもぞんざいである。何故こんなに昔と変わったのかといえば、子をきちっと仕

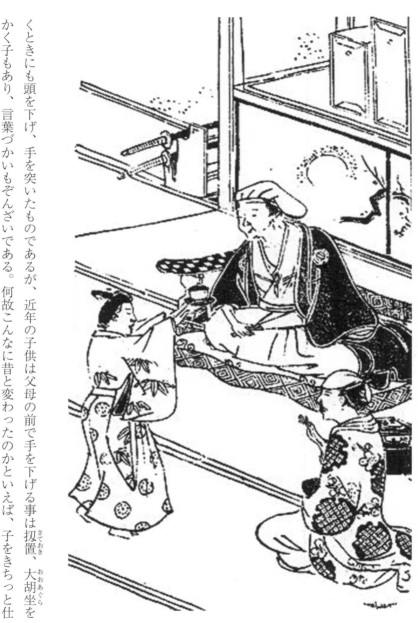

込めば親自身も嗜《たしな》まねばならず、それは気が詰まるので自分の身持ちも自堕落、子あしらいに緩みのない態度もなく、馬鹿口も遠慮なく云うので、子どもは友達のように思い、親の前では差し障りがある歌詞の浄瑠璃でも構わず語り、外目には親の浄瑠璃に息子の三絃という有様で、ついぞ父子の様が見えぬことが世間には多い。こうしたことをしているうちに親の異見なども聞かず、思いの外、悪事を仕出す人が多いと記している。

　この記録は享保十七年の頃、新見伝左衛門正朝入道法入という人が、その時代の風俗が古と替わり、浮華《ふか》（注…上辺は華やかで実質は乏しい）になっているのを歎き、憤りを感じて書いた随筆である。

○安土の額

この画の意は、男はいかにも胸を寛《ひろ》くし、心は持った棒のように直《すなお》に、物事に箆《へら》を使って諂《へつら》う事なく、自分の業で稼ぐときは〔割註…稼ぐを蚊を防ぐによせている〕、その身を揚《あ》げるとの廋詞《かくしことば》である。〔割註…身体を箕によせている〕と伝え云う。

織田信長公が江州安土に住まわれていた時、御居間の長押《なげし》にこの画をかかげさせ、近習の人々に示されたという。信長が亡くなった後、御孫の織田貞幹が再びこれを写し取り、尾張の国の寶山寺という寺に納められた。今も猶、その寺にあるという。

○写　本

事林広記《じりんこうき》に、古人は手ずから（注…自分の手）抄写し、常に書の無事を心配する。今の人は板本《はんぽん》が有り、これを数万巻所持して机の上に積み上げるけれども、読むすべを知らないと、記している。

○勤めに退屈する

およそ勤めに退屈して久しく勤められないのは大方、精力が弱いのではなく、性格が気ままで、事にあたって真面目に勤めることを嫌い、心に落ち着きがなくて短気なので、事を難しく思ってすぐに退屈するのである。心静かにして事を嫌わず次第に随《したが》い、一つずつゆっくりと勤めれば、久しく勤めても疲れず、怠りなく、油断しなければ静かにしてもはかがゆくものであると、大和俗訓に出ている。

○行なってはいけない事
雑算補《ざつさんほ》には、月光の影に尿《ゆばり》をする事。口に任せて人を罵る事。人の家の噂を聞きたがる事。人の良し悪しを言い、話の種とする事。借りたる物を返さぬ事。とある。

○真似をすること

同書には、友達の内、物を知る人。密事を婦《おんな》に語らない人。酒の後に口を利かない人。女房の詞《ことば》を信じざる人。古の事に広く、今の世の事に通達した学才のある人。妄《みだ》りに下部の云うことを取り上げざる人。とある。

○鳩渓《きゅうけい》の三の戒め

平賀鳩渓が門下の諸生に示す三つの戒めがある。一に博奕《ばくち》、二に密夫《みっぷ》(注…情夫)、三に盗みである。

○孟武伯《もうぶはく》、孝を問う

孟武伯という人、孝子《こうし》(注…孝行な子)の行いについて問うた。孔子答えて、父母には唯その病を憂えていますと言ったという。孝子が親に奉仕すれば、父母の心を休め、苦労を懸ける事が無いようにと立ち廻れば、親の憂いは些《いささ》かもない。病難ばかりは仕方がなければ、病煩《やみわずらい》の出た時ばかり、親を憂えています、ということ。

○孝の上下

庶人《しょにん》が親に孝を尽くすには、養うことが第一で、貧しい中でも温かに着せ、よい味にして食をすすめ、寝伏《ねぶ》など手一つでする事なので、格別に人目に立って、世の人にも称せられる。中より上の人々は銘々の分に応じて親々を介抱する附け人があり、食物も煮炊きをする家来がいれば手を下す必要もなく、庶人の孝とは格段の差別がある。禮記《らいき》に、小人皆その親を養う、君子、これを敬わなければ何を以て弁ずることができようかと記されている。

○父母の志を養う

琉球国の程順則《ていじゅんそく》が六諭衍義《ろくゆえんぎ》に、どれほど父母の身を孝養したとしても、その心を安心させなければ大いなる不孝というべきだろう。何事も父母の教訓に違《たが》わず、世法《せほう》を重んじ、よく身を守り、家を保つこと。子がそうなるのを見れば、父母の心中は如何ほどの安堵、如何ほどの悦びか知ることができる。これを父母の志を養うという、とある。

○鵜《う》と烏《からす》の事

求林齋曰く、童女の昔物語に、烏が鵜に言った。いかに鵜殿、御身は何とも果報な人だな、水の上に身を浮かべて息《やす》みながら、何の苦労もなく、腹の下にいる魚を安々と取って食せるいい身分である

な。我らは終日《ひねもす》飛びあるいても食にあう事は少なく、たまたま乾した魚、又は菓子（注…木の実）などを見つけても、皆、主がいて、守りが厳しいので胸を冷やし、造作なく取ることは難しい。それゆえ常に食い足らずで苦しいよ。御身を見習って、水に入って魚を取ろうとすれば、忽ちに水を喰うことになる。ああ、羨ましいかぎりの鵜殿よ。飽きて満ち足りた食を少しこっちへ施してくれないか。吝惜《りんせき》（注…物惜しみ）御心かな、というと、鵜答えて言った。烏殿、烏殿、そう思わないでくれ。それより見た目には水に浮かび、何の苦もなく食を得ていると思うだろうが、水の中では足を働かせっぱなしで少しも隙がないのだ。その苦労は大変なのだ。その上、魚も生《せい》あるものなので中々簡単に取る事は難しい。上から見ていることと水中の働きとは大いに相違ありと思い給え。大海は広いけれども、終日魚に逢わず、食にありつけない事もある。風波が激しい時は、終日巌穴《がんけつ》で食わずに暮らす折もある。兎角、浮世は自由で豊かな事ばかりあるわけではない。中々御身に施し与えるべき余裕などありませんよ。決して御身ひとりと思いなさんな。いずこも同じ秋の夕暮れなので食う物をといったので、烏もかうと云いながら飛び去ったとか。人の世の有様になぞらえて考えるべきであろう。

○身の悪は知の安っぽさ

或人曰く、他人の悪事はよく見えても己の悪事は見えず。たとえば碁を打つ時、傍《そば》ではその得失がよく見えるというのは、理解できない。自身の悪事ほどよく見えるものはない。どうしてかといえば、他人の悪事は、行った後でなければ知ることができないが、自身の悪事は、露顕しなくとも我身はよく知っている。悪事と思えばこそ人に隠すのである。その悪事を知りながら改める事ができないのは、心を以て心を制する事ができないという浅ましい性根から起こる事なのである。

○わらんぺと盗人の事

伊争保《いそほ》物語（注…イソップ物語）に曰く、或井戸のそばで童子が一人、あちらこちら眺めていると一人の盗人が走って来た。この童を見て、とっさに思った。ああうれしい、この者の衣装を剥ぎとろうと思い、そばに近づくと、童、盗人の悪念《あくねん》（注…悪だくみ）をさとって、さも悲しい気色《けしき》をして、泣きながらそこに居た。

盗人はこれを見て、何事かともわからず、普通の悲しみではないな。いとおしく思えて、指寄《さしより》（注…近づく）て、何をそんなに悲しむのかといえば、童は、何をか隠さず申しあげます。心に憂い事があるのです。只今、黄金のつるべを持ち、水を汲もうとしたところ、俄に縄が切れて井戸に落ちてしまいました。千度《ちたび》捜し求めたが見つからずたまらなく悲しい。どうやって主人に申したらいいでしょうと云えば、盗人はこれを聞いて、顔には哀れに悲しいふりを表わして慰めて云った。

何とも簡単な事ではないか。俺が井戸の底に下りて引き上げれば、お前はそんなに嘆くことはない。童はそれを聞いてうれしくて、涙を拭って頼んだ。その時盗人は着る物を脱ぎ置いて、井戸の中に下りて、あちこち捜している隙に童は、盗人の着物を取ると何処《いずこ》ともなく逃げ去った。盗人ようやくにしてつるべを見つけたが、黄金のつるべではなく、ぶら下がりながら上にあがってみたら、置いといた着物も童もどこかに行って見えなくなっていた。その時、我と我が身に怒って、独り言を云う様に、縁《へり》の上より是を天道は計らいなさった。その理由は、人の物を盗もうとする者は、かえって盗まれるものであると云い、赤裸で帰って行った。このように我も人も、前後初終を正さないで、みだりに人を謀ろうとするな。たとえ相手が賤しき者であろうとも、理を曲げようとすれば、その悔いはあるにちがいない。何事も行動に移す前に、まずあるだろう損得を考えること。これがもっとも道理に叶う。〔割註…この物語は欧羅巴洲《おうろっぱしゅう》ぴりしゃ国の伊曽保という人の一代記である〕

○子に教えること

諺《ことわざ》に、子どもは教え殺せ。馬はつかい殺せという。ついては世範《せいはん》という書に、人の子は、是非とも芸能（注…学問や芸術）を教え、業《ぎょう》とするようにすべきである。貧賤《ひんせん》な者は、業があれば飢渇《きかつ》することもない。

富貴な者は、業があればますますこれを励むことにより、酒色に耽《ふけ》るいとまがないと記されている。人の親は子に教えること。子は勤むこと。怠ってはいけない、怠るな。

人言草　巻之下　終

東都　森嶌中良著
寛政八辰年正月吉日
書林　今津屋辰三郎
扇屋利助
吉野屋新助

滑稽本

大学笑句

狂訓亭主人 著

江戸時代後期（文政頃）刊

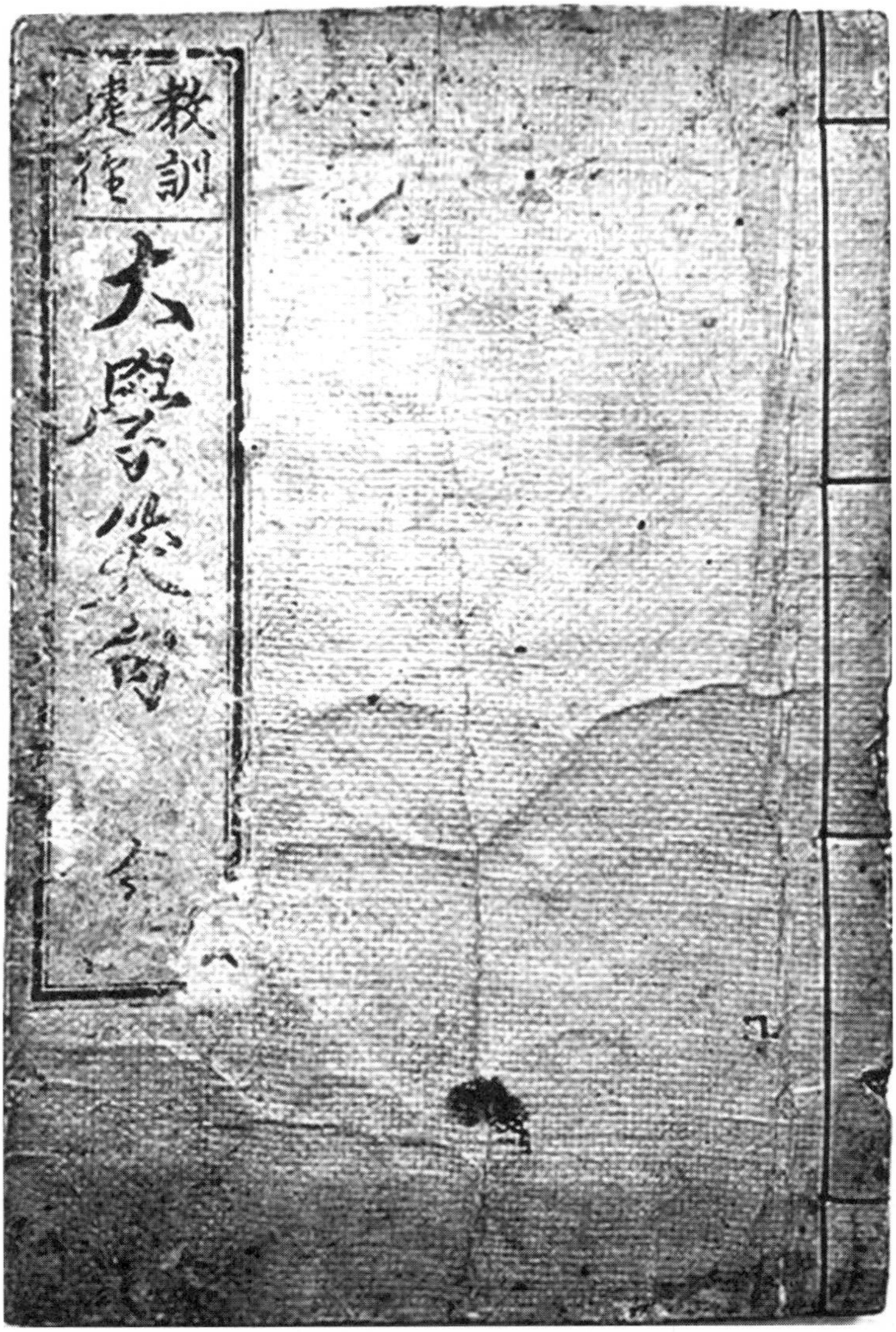
教訓
大學

心学捷径《しょうけい》（注…早道）大学笑句　全

狂訓亭主人著　一筆菴主人畫　英文藏版

心学捷径　大学笑句

夫《それ》、世の中の人心、楽を願わぬ者はない。桑門《そうもん》（注…世捨て人）も極楽という願いがある。そもそも楽は極意という。身分相応に満足する心持が必要である。などと言っては百も御承知だ。いらざるお世話と笑われるかも知れない。されど作者は気楽なので、いつもの癖の小説本の暇《いとま》に記したこの小冊、師がのたまくお講釈を聞き書きし、大学の訓点をここに転伝《てんでん》して、狂訓点にこじつけつつ自分にはわからぬ章句と思えば、即ちこれに評注を粻糟《ちょうそう》（注…あめ、かす）加えて雅俗《がぞく》の混雑、とは言っても本文に共通しない語路《ごろ》は、章句笑句の滑稽にならず。ああ我ながら拙《つたな》いと思う。古人三馬の嘘字尽《うそじづくし》、また十辺舎のこじつけ案文、両先生の名筆すら、ちと流行おくれとなった後世、殊には誤字と仮名違いで一家の口調として知れた僕《やつがれ》（注…私め）なかなか児女のために永く教訓となるべきものではないが、読まぬに勝る狂訓亭主人漫戯の滑稽心学、偏《ひとえ》に笑覧願いたい。

狂訓亭主人漫戯

春二体

「この正月の景気では、この暮れはよっぽどもうかりまかしょう」

「いつもより良く売れます。もう今日まで百万両によけいでござります」

「どうぞ今年は思う存分儲けたいものだ」

「正月になってみると格別ゆうゆうとしている」

「しかし今日は少し用がありやす」

「なになに十二月の二十日時分でさえ休まねえ碁だから」

「商売は休んでも碁盤は休まねえというか、あはははは～」

夏 二体

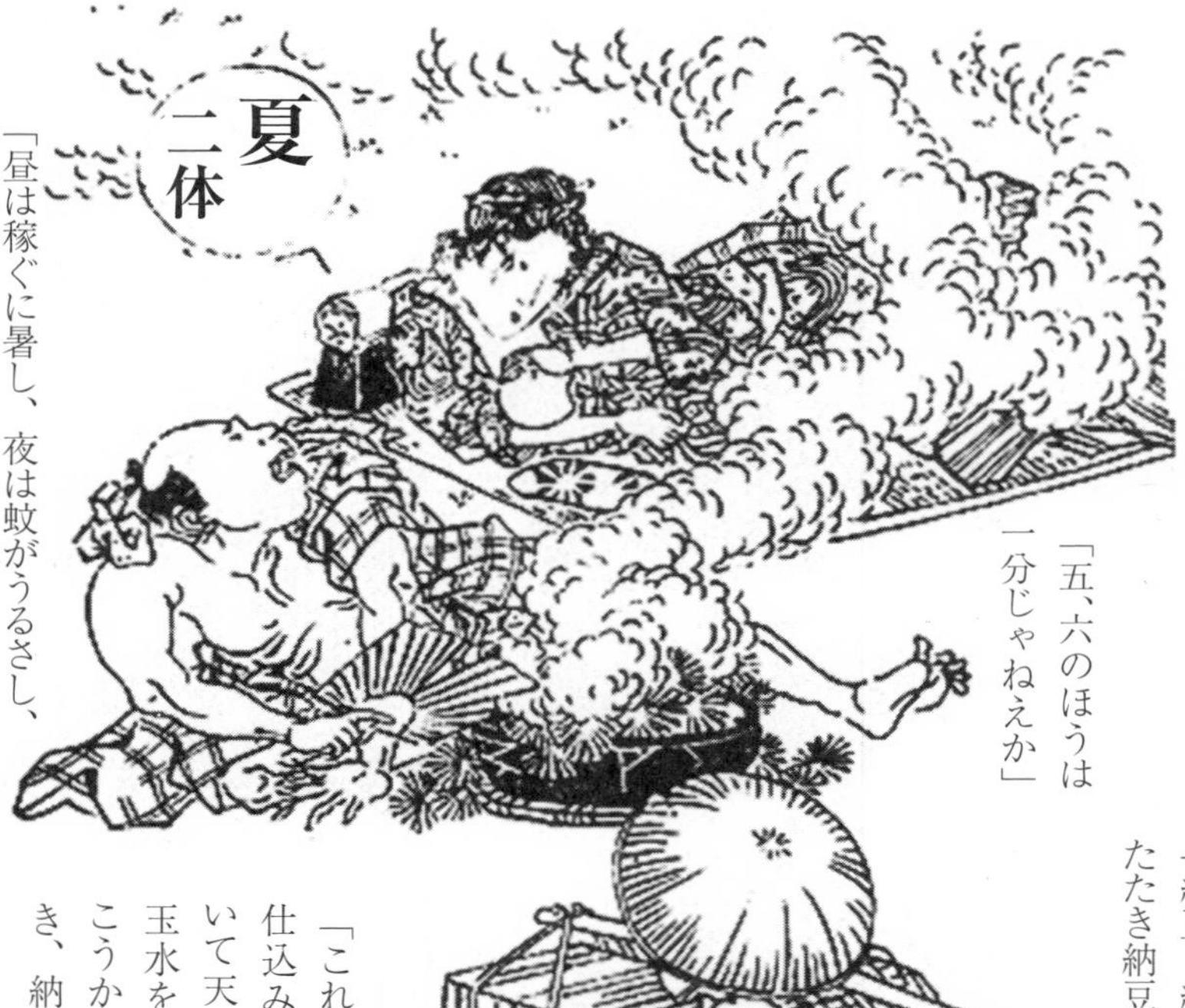

「納豆、納豆引、たたき納豆、納豆引」

「五、六のほうは一分じゃねえか」

「これから納豆仕込みをしておいて天王様へ白玉水を売りに行こうか、納豆引き、納豆引き」

「昼は稼ぐに暑し、夜は蚊がうるさし、どうも銭のできねえようにしかならねえ。すぐ風が立ったら稼ぎやしょう」

秋　二体

「今年は二、三年ぶりも採れたろう。速く積み出さねえと米の値があんまり安かろう。来年が続きそうだ」

「早く売るがよい」

「秋風起こって帷子《かたびら》とび、合せ未だできずか」

「しかし菊見は悪くねえの」

「きそうだ。早く売るがよい」

「しかし一旦お返しの上はまたすぐにお持ちなさらんか。この暮れはもちろん正月のり（注…利息）はおまえだからまけてあげよう。あははははは～」

「いえいえ、まずまず一旦お返し申し、また来春お借り申します。しかし来年は利銀《りぎん》（注…利息）を出したくございません。あはははは～」

冬 二体

「この暮れはぜひぜひお払いなさいまし。ナニ、夜が明けても引き取りはしません」

「宿でも随分如才《じょさい》には存じません。いずれ松のとれる時分までどうぞ」

「ぜひぜひ今晩は使わさいまし」

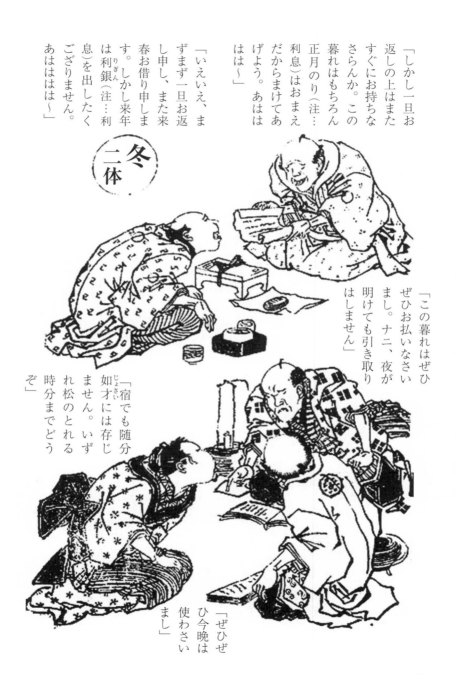

大楽の教え秡苦《はっく》の要

歳若きときのあやまりは、老いて後の悔みとなる。されど力を落とすことはない。稼げば儲かる。御代の恩徳、老いてますます盛んなるだろう。五十歳を越してから開運する人は無限に多くいる。

苦は楽の元金（注…もとで）はなくても、ただ稼げ。
微塵が積もる山吹の路
　　為永春水　花押

「静かな春でめでたい、めでたい」

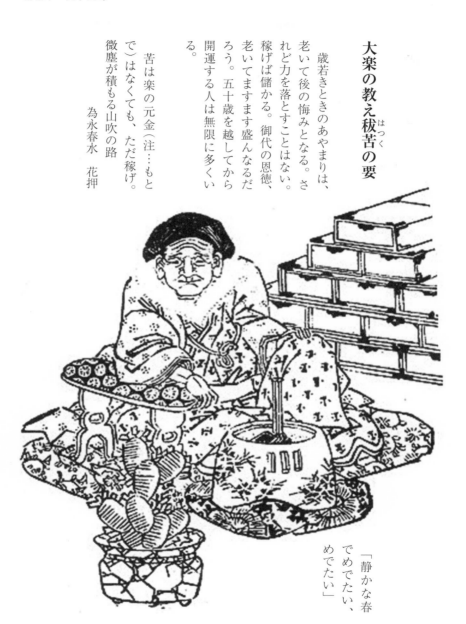

心学捷径　大学　評注

私記私欲

御亭主の曰く、勘略《かんりやく》は巧者の意味にて、兎角、徳に入るの門なり。今に於いて主人、徳を取り、世帯を持つべき者、獨《ひとり》此の金の損せざるに依れり。而《しか》して厘毛是を積み、勝手必らず之によって詰めれば則ち、迷わざるに近し。

右は万事を勘略（注…倹約）して費えをしないようにするのは所帯持ち専要なれば、勝手（注…生計）を詰めるときは美味《びみ》を好まぬようにすること。塵も積って山となれば、一文ばかりのはした銭であっても軽々しく遣ってはならない。

勘略の道は米穀を麁末《そまつ》にせぬに有り。金を大事にするに有り。金銭に止まるに有り。留まる事を知って而して後、巳待《みま》ち有り。巳待有って而して後、庚申《こうしん》有り。庚申有って而して後、甲子《きのえね》有り。甲子有って而して後、欲得る。

米、味噌は一日もなくては叶わないものであり、些かも粗末にせず、豊年万作の節でも子供などには常に飢饉のときの話を聞かせて公朝《こうちょう》（注…お上）の仁恵《じんけい》（注…慈悲）、お救い米など給わり、民の竈《かまど》の煙が消え、常に仁心《じんしん》（注…人を愛する心）を尽くされる有難さを忘れぬように教え、豊年より凶作がないことを願い、用心して天禄（注…天の恵み）を喰い延ばさなければならない。豊年のときの価のつもりでいると、たまたま凶年があってもその身は自然豊年に座していることに気づき慌てることになる。巳待ち（注…巳祭り）、庚申（注…庚申祭）、甲子をまつるとも米銭を疎かにして利益はないものと知ること。すべて美味珎膳《ちんせん》（注…めずらしくておいしい料理）をいましむこと。

物、倹約有り。事、質素あり。線香ばかり成る時は、即ち徳に近し。

後、というその怠りにひかされて今日もむなしく暮らすはかなさ。この歌のように用心と線香を立てて時をはかり、暇を惜しめということである。

右の損徳を細かにせんと欲する者は、先ず其の金を惜しむ。其の金を惜しまんと欲する者は、先ず其の家宅を調える。其の宅地を調えんと欲する者は、先ず其の身を詰める。其の身を詰めんと欲する者は、先ず其の心を約《つづま》やかに為す。其の心を約やかにせんと欲する者は、必ず先ず其の志す事を止めにする。其の志す事を止めにせんと欲する者は、先ず其の費《ついえ》を止む。費を止める者は物をい出さずにあり。

その志すことを止めにするとは、好むことを止めにすること。これは至って為し難い。酒、女、勝負事、芝居遊び、なんでも面白いことを止めれば徳のつくこと速やかである。

金尊《たっと》ぶして金箱に澤山と有り。金箱に多《た》んと有りて、而して利納まる。利納まって、而して金集まる。

金集まって、而して遣《つか》う事大切なり。

金は尊いけれど集めやすい。また利をとることは至って難しい。なお、集めるよりは使い方が大事である。死に金だからといって訳のわからぬ金の使い方を用心すること。

年始より以て歳暮に至る迠、一事に是身を詰めるを以て本《もと》と為す。其の本乱れて利集まる事はあらず。其の安く貸す所の利は早くて、其の高く貸す所の利は早き事は未だ是あらじ。

元日から大晦日まで身を詰めて倹約し、欲をかいて元金を失うことがないようにせよ。利を安く貸せば埒があかないようでも、末に至って損をせず、遅いようで早く元利とも納まるものである。

此の金の一札は但し、金主の好みにして筆者之に迷う。其年の多少、即ち双方高こうして、證文是に記す。後、近年能くする算勘《さんかん》（注…そろばん勘定）あり。今、亭主の定むる所に依り、更に礼金を考え違《たが》って公事をなすこと左の如し。

高利をば、氷を踏むと心得よ。砕けとならば危うかるべし。

ないという言い訳に、山吹を出せという身の不理屈悪し。

業平も、飯食うてからかきつばた、風雅も腹の加減あるべし。

眼に青葉山ほととぎす、気の薬、初末魚《はつがつお》(注…初鰹)をば、まずご用心。

なにゆえに捨てにし身ぞと、折おりは心に恥じよ、墨染の袖。

香々に曰く、克《よ》く徳を辨《わきま》う。大切に曰く、此の點《てん》で銘々を顧みよ。手前《てせん》に曰く、能く損徳を明らかにす。皆自ら細かにするものなり。

自分勝手に利をむさぼり、徳をとることは常であるが、他に施さず無慈悲で、少しでも損失を被ればすぐに役所へ訴え、役人に苦労をかける。これは憎むべき所業である。百万両の金も非道であれば火難、水難、横死などの災により滅びやすい。貧しくとも徳を積み、子孫にゆずれば家名の長久は疑いない。何事も前後を細かに考えて銘々の善悪を顧みることを専一とすること。

当の飯《はん》の命に曰く

さし当たっては飯を第一と思うこと。命は食にありという。

食して日々に新たなり。日々に新たにして又、日々に新たなり。

飯米は日々絶やしてはならない。身分の違いはあっても一両の米も百文の米も毎日新たに焚くものゆえ、日々に新たなりという。焚きおきの冷や飯は、冬は食えるが夏は一日限りである。何事も日々の業《わざ》を日用の米と同じように思うこと。

志に曰く、金調法《ちょうほう》なりと云えども其の実は是大切なり。此の故に亭主、其の倹を用いずと云う事なし。

金があれば何事も調法ではあるが、世帯に不足がないようにと家財雑具をやたらに買えば金は無くなるものである。金持ちは眼前に必要なものも、とりあえずはと不自由を我慢するので金はますます満ち、金の番人をする気がない人は兎角、金を気にして買いたがるものである。これは程々にすること。

私に曰く、多き金利、惟公《これかみ》の止る《とどむ》所なり。

高利は公の御法度であることを忘れてはならない。当座は利が多く得られるが王法に叛く罪であり、子孫にまで災が及ぶと知ること。

私に曰く、看板たる弁舌《べんぜつ》、賢愚《けんぐ》に止まる。

見世物の看板や口上《こうじょう》がよいと馬鹿も才智も立ち止まるものである。これもまた心のもちようで活業《かつぎょう》（注…商売）の種となる。

仕に曰く、其の止《とど》まる所の人、足止まらざるは鳥だにも鹿猿《しかざる》べし。

せっかく口上で人足を止めても見せるものが嘘事《うそごと》ならばじきに評判で知れる。それより、嘘をつかずに名鳥や鹿や猿を見せるほうがよいということを知ること。

志に曰く、ぼくぼくたる木魚、朝起きの門戸に止まる。

世捨て人さえも朝早く起きてかけ歩くさまを見て、寝過ごしたことを後悔し、どうか朝早く起きようというきっかけをつくってくれたものと思い、奮起して出精すること。

人の癖としては銭に止《とど》まり、人の疹《ちん》としては買うに止まり、他子《ひとのこ》としては向うに止まり、他《ひと》の質としては利に止まり、苦民と交わるには金に止まる。

とかく銭というと後ずさりをするのが癖である。その気で友人とも付き合うのがよい。他人が珍しいと言っても不用なものは買わないほうがよい。他人の養子として出してもまた取り返すという心をもってはならない。他の所へ質を置くときは利の用心をせよ。苦労する人と心安くして金を施すのがなによりのことと思って助けること。

志に曰く、ああ、貧乏忘れずと云えり。亭主は其の倹を倹として其の利を利とす。小人は其の楽しみを楽しんで其の利を忘る。是を以て世を没するまで忘れず。

金ができても貧乏の時のことを忘れてはならない。利をいくらとっても楽しみをすれば利のことを忘れるものである。これをもって死ぬまで利のことを忘れてはならない。

主の至惑《しわく》、狼狽《うろたえ》を聞く事、吾人《われひと》の猶《ごとし》。必ず狼狽無からしめん。嗜《たしな》み無き者は其の乎当《あて》を為す事を得ず。大いに他人の志を畏《おそ》る。此れを、元を失と謂う。

主人が惑《まよ》っていては、妻子は狼狽する。必ず狼狽させないようにすること。いつでも嗜み（注…用意）がなければ、その俄《にわか》の手当もできない。他人のために恐れをなしてまごつく。これを元金まで失うという。

小人、安居して不倹を為す事、当らずと云う所無し。金主、達って黙然として一云も無し。其の他を煩わす。人の身上を看る事、其の機関《からくり》を見るが如く然り、即ち何の徳かあらん。此れを内に勘《しまり》有れば、外、費《つ》無《いえ》きと云う。

知恵もないくせに金を借りて家をこしらえ、平気でいても金主が来ると留守をつかいぞこない無駄銭を遣って機嫌をとり、そのくせ一言もいわない。他人を苦しめて表向《みえ》ばかりに気をつかう身上は、からくりの様でつまらない。質素にして内福《ないふく》である方がよい。胸算用がよければ費もないのである。

欲徳のあたりまえなる楽しみは十人割の人というべし。

「大当り、千両千両、五十文でござい」

極重悪人《ごくじゅうあくにん》無他方便《むたほうべん》唯称名字《ゆいしょうみょうじ》必生我界《ひつしょうがかい》、釈氏定規の当てにならまじ。

花咲かば、告げんと言いし山里を、尾羽うち枯れてうたう悔しさ。

幾度《いくたび》か思い定めてかわるらん。頼むまじきは心なりけり。

「もし頭、内海だから魚が違いやす」

「こっちは内呑みだから安くまけねえ」

僧師《そうし》の曰く、八木《はちぼく》（注…米）の出る所、宗旨の争う所、夫《それ》愚なる哉《かな》。

これは、宗旨の善悪などを争いながら、お寺から取りに来る仏生袋《ぶっしょうぶくろ》（注…米袋）の大きさを、小言をいいながらやわらかに詰めるのを、和尚の小言と思われた。

冨めば銭を費やし、博《ばく》は身を亡ぼす。心太く常に裸なる故に、亭主は志を約《つづま》やかにす。

工面がよいと費えをするものである。勝負事は身を亡ぼすもの。はじめはよくても段々気が太くなる。何でも倹約が第一である。

廣行《こうこう》に曰く、杓子をもって定木とするが如し。心迷うに而《て》、富を突けば不中《あたらず》と雖《いえど》も、札を求む。未だ養子を好んで持参金を好まざるものはあらじ。

広く行いを見ると、杓子定木の人は多い。心迷い当たらないと思いながらも人は富の札を買う。養子なども持参金を欲しがらない人はいない。

一家銭有れば一門無盡《むじん》を頼む。一家意地理《いじり》じり合えば一国肝癪《かんしゃく》を興す。一人婚礼有れば一門礼を作《な》す。其の気、此の如し。此れを一言事《いちごんこと》を大いにし、一人工面《くめん》を定むという。

何事も面倒だから十人並がよい。誰も一人だけ優れてよろしいのは好まないと知ること。

私に曰く、物の要用《ようよう》（注…重要）たる其の夜、深更《しんこう》（注…深夜）たり。布子《ぬのこ》（注…綿入れ）、別《こと》に温く、其の寒気に宜し。寒気に宜しゅうして后《のち》以て、子に足袋を惜しむべし。

物は、なくてならぬものばかり整えろという。夜でも更けたとき、綿入は暖かいが、なればと寒気を凌ぐ錦（注…美しいもの）を着ても綿がなければ寒い。衣類は寒くなければすむという教えである。されど、子どもは少し寒いぐらいがよい。寝るときに足袋などはかせるのは逆上（注…頭に血が上る）してよろしくないということだ。

志に曰く、楽しい哉、金主、他人の父母なり。他人の好む所、是を好まず。他人の悪《にくむ》所、是を悪《にくむ》。是、他人の踏む也と云う。

はじめ、金主は他人のために父母のように、他人の好む所に従うようにして、後に憎まれても催促をひどくすると、他人はこれに腹を立てて踏み倒すという。

志に曰く、節成る哉、売《うり》居《すえ》礎《いしずえ》厳々《がんがん》たり。零落《れいらく》看倒し、来たって損事を看ると云えり。家を保つものは約《つましゅう》せぬ人は有るべからず。捨れば則ち卞和《べんか》（注…楚の人）の玉となる。

節なるかなとは、時節到来でもあろうということ。角屋敷の立派なものも、見倒《みたおし》（注…安く買い叩く人）の手にかかれば二束三文になり、悔しいことである。家を保って居る人は、倹約が第一と知ること。よき家も住む人が悪ければ玉を泥の中に捨て置くようなものだ。

志に曰く、家の未だ亡びざる。能く上米を喰う。宜しく貧を鑑《かんが》みるべし。身命易からずと云えり。云う心は、徳を為《す》るは損無し。損を為るは徳を為《な》す。

どうかこうかする内は上白の米を食し、菜は好みをいう。貧乏なるものをよくよく思いやるべし。身命やすらかならずという。徳をすれば損はなく、損をすれば徳をなす。

此の故に、亭主は先ず貧を慎しむ。倹なれば是《これ》、徳なり。徳有れば是、利有り。利有れば是、財有り。財有れば是、用を為す。

一軒の主は貧乏になることを気を付け、倹約すれば段々に仕出《しだ》すものである。

倹は徳也。利は平《へい》也。

倹というものは徳の元。利を平らにして儲けること。

本《もと》を外《ほか》にし、外《そと》を内にするときは、多味を集めて喰うことを施す。

本を外にして、頓着なく外を内のようにして遊ぶときは、友達の家で肴をいろいろ集め酒食におよぶ。

此の故に、財、散すれば多味《たみ》集まる。多味集まれば財、散す。

銘々出しっこをして銭を散らせば、多味の肴がいくらも来る。払いをすれば銭はなくなる。

此の故に、米上って払う時はまた下がって安く、米下がって払う時はまた上って損無し。此の故に、精を出すに大法《たいほう》（注…きまり）有り。精を出す者は多く、是を喰う者は少なければ米、常に満《た》る。

万事都合よくいって精を出しても無駄。人がいなければ米もいらない。

奉公に曰く、質《しち》、常に置いてせずと云うは、銭有れば則ち是を求め、銭無ければ則ち是を買わず。

たとえどんなに欲しい物があっても、質に入れても買おうとしてはいけない。銭のあるときでもなるたけ買わないほうがよい。

身上に曰く、若《もし》、一家に貧しき人有らん。段々真綿で首を結《し》めるが如く、其の心、窮々焉《きゅうきゅうえん》として其の誠《まこと》

有るが如し。他人は現金なる其の心、是を嫌う。唯、口に喰らうのみに非《あら》ず。誠有るが如く能く是を買わず。以って我が子孫、長久を保つ。ねがわくばまた、利有らんか。他人の金銭有るを批判して之を悪《にく》む人は、現金なるべし。是に違《たが》えて、通いとして払う事不成《あたわず》。以って我が子孫、長久を保つこと不能《あたわず》、また殆哉《あやういかな》。

この章、撰者の意、少しばかりわからず。あてずっぽうでいうと、金持ちは親身の親類といえども貧乏な人を嫌う。これは無心されることを嫌がるからである。もし、合力を少しでもするときは真綿で首をしめるように意見をいう。これ実は親切というものだ。しかしながら口先ばかりである。他人に金があれば親しみ、金がなければ遠ざかる。又、他人の銭財を数えてよけいな噂をする。これを憎む人は大略、現金で買い物をするのがよい。これに違《たが》えて借込み、盆と暮とに払いが出来かねて、我が子孫に借金を残す類は世に多い。これ、まことに殆《あやうい》ことにならないのだろうか。

「なんぶん丹田《たんでん》(注…下腹)に力がございません」

「まず当分、御内室をどこぞへ泊りにでも遣わさるさ。アハハハハ〜」

「もし、拳を嫌いなやつは車引《くるまひき》のかけ声だなどと言いやす」

「ゴウサイ　リウムデ　ソコダ　カホウカ　ハハハハハ〜」

「長く拝む暇には稼げ。祈るともただただ授けぬ福の神さま」
「甲子《きのえね》は女将さんが気が付くし、庚申《こうしん》はお袋さんが断るやつさ。嫁いびりな」
「この燈心は太くてようございます。ハハハハ〜」

唯、貧人、これを諸四隅《しょしくう》に放流して、輿《とも》に昼食を同じにせず。これを富人の欲、人を愛せず、欲、他人を悪《にくむ》と謂う。

貧乏人は繁花《はんか》の地を離れて四方の隅っこに住居し、以前は心易くしていた富人に会っても、冨人はろくに挨拶もせず、昼食を振る舞う了簡もなく、金持ちは別れて一膳飯屋にかけ入り丼飯を、貧乏人は別れて肴の多い酒店にゆうゆうと入って酒、肴、飯を喰う。この時、金持ちの散財は二十八文、貧乏人の散財は百三十六文であった。いつもこの通りではないが、喰物も食わぬ富人に出会い、尊大な面を憎み、笑い、腹立ちまぎれに昼食の入用は二度ぶりだ。金持ちはたまたま出掛けたゆえ、今日は百膳でも喰う心持ちでいたが、落ちぶれた人に出会い、嫌だ嫌だ、ここは勘弁してくれと思う。おごれば貧人の様になる。百膳も丼飯も同じことだ。ひもじくさえなければよいと気がついた。この欲心よりも貧人に会ったことを憎む。これ金持ちの癖である。

拳を打って、止《や》めること不能《あたわず》。止めて用を先だつこと不能《あたわざる》は、怠《おこた》れりなり。美味を見て退くこと不能《あたわず》。退いて遠ざかること不能《あたわざる》は、口腹拙《こうふくつたな》い（注…意地汚い）なり。

およそ人の好むことは怠りの種である。よくよく用心すること。三本、ごうさい、りやん、りう（注…拳遊戯）、どうだ恐れ入ったか、一六《いちろく》の日は在宿だから稽古に来たなどと際限のない暇つぶしである。おやおや、これはよいところへ参りました。口果報《くちがほう》（注…ご馳走に巡り合う）があるなどと無理にこじつけてご馳走になるのは卑しき業《わざ》である。との教えなり。

この故に、亭主大欲有り。必ず無心を以って之を得、兄弟寄って之を失う。

折角、父爺《おやじ》が稼ぎ出した金を、その子どもが道楽をしてこれを失うということ。

腎者《じんしゃ》はざいを以って陽を発《おこ》し、不腎者は陽を以てざいを発する。

これは身の用心のことであって、陰虚火動《いんきょかどう》（注…房事過多による衰弱する病）を鎮める薬を服用するより虚せぬ中心《うちこころ》を用いよという教えである。

猛倹子《もうけんし》の曰く、上に有る者は、鶏頭を見ず。薄情の家は着用不出《いださず》。薄氷の家には男女を不仕《つかわず》、其の男女を仕《つか》わんより、寧《むしろ》、市にて燈心を買えと云えり。是は我を以って我と不為《せず》、利を以って利と不成《せず》、一家の長として金銭を借りる者は必ず證文を立て、其の證文を立て借らしめて、證文並び出《いず》る倹者有りと雖《いえども》、如何ともする事無し。是は、利を先出《いだ》して利元を多《ふやす》と云う。

これは本文で大略悟ること。ただし、借證文がいくらでも出てきては分散のしかたもなく、困るという。その元を考えれば、金利においたをされる家は多い。なにごとも身分より控えめ、控えめとすれば損はしない。およそ第一章よりここらまでよくよく気をつければ子々孫々に至るまで安楽であること疑いなし。

俗家に長として業用を務める者は、必ず信心による信心を自使不為《みずからつかわずして》、俗家を納めんとすれば災害並び至る。銭者有りと雖、また之を如何ともすること無し。これを俗は義を以て義と不為《せず》、利を以て義と為すと謂うなり。

俗人、稼業を務めるには神仏を信心して力を励ますこと。必ず貶《けな》してはいけない。我慢で事を行えば、し損ねて不慮の難儀に出会ったとき、心細く気が挫けるものである。銭さえあれば地獄の沙汰も知れるなどなど欲にのみ耽《ふけ》り、不実をなし、銭金ばかり欲しがることの無いように。いくら道ならぬ事をしても貧福は定まっている。不実をしても始終楽にならねば悪く言われるだけ損である。されど利徳にのみ眼が眩み、恩も義も夢中にして利を眼前に求め、天罰はまた人の思いでもあり、終いに零落して後悔のときがある。必ず必ず慎み給え。

右辨《べん》之十笑は俗を治め、喧嘩を平かにすることを釋《せき》す。

巻中、全てこの心もちで異見をしるし、多く金持ちのことを述べて、また富人を戒めるものである。

凡そ、辨（注…弁）十升、前の四升は舂減《つきべり》と看《み》る。後の六升は糠俵代《ぬかたわらだい》と見る。次の五升、盆供《ぼんく》と為し、其のうち壹升は月見の団子とし、尤も大阪に掛け、是を舂《つく》べし。喰う者は其の黒きを以って是を疎かに不可為《すべからず》。

かくのごとく心を用いて身上を保ち、子孫長久となりうる。凶年不作の用心をして、常に美食を好むようなことをしてはいけない。およそ米の尊さは千万の金に勝れる。必ず疎かにしてはならない。子供衆は合点《がってん》つくとかいう。

○章句は大学の本文になぞらうと雖も、婦女童蒙のために可笑しみでもって善をすすめ、悪を懲らすための技なので一句一章、さらに大人君子（注…成徳の人）の覧に呈するようなものではない。

○されば大学の本文と照らし合わせて略抜《りゃくばつ》の章を咎めないでもらいたい。ただただ彼の書になぞらえていささか章句に似せただけなのである。

○亦、ことごとく註解せしは知れたる俗語に要らざることと非難されそうであるが、文段撰者の自得であり、他に解し難きとあれば、これを註として意見のはしとした。

大学笑句　畢《おわり》

士農工商心得草

大楽を了簡違いして大悪となる旨趣《おもむき》を俗に記して教訓の一助とする。

古人が云うには、他人に対して道を説いても言葉が多ければ過ちも有り、人に厭《いと》われるものである。慎まなければ人の非を筭《かぞ》えるように他の恥を顕わにして腹立たせ、他人に憎まれ恨みを受け、身の害となるので用心するようにと教えられたものである。ごもっともな事ながら憎まれ口も人のため、また、己の世渡りにいつもの癖である人情をそのまま出してしまう人心の悪さ、これを以て身をたしなむ用心の鑑とする。

(志) 士は志なり。志《こころざし》が大事である。

いくら当世様《とうせいよう》の衣装を好むといえども、流行を心得違いしておのずからなる野暮な出立ち、差物の立派な拵え、気の合った仲間の二人連れ、年の市の土産物だろうか、押絵の羽子板を手に持って歩きながら、

▲「いえ、もし、年の市もこの方連れが裕福でなければ賑やかでないというが、なるほど違いないな。何でもまあ、茶店、料理屋が繁盛するのも大概この方たちのお蔭でございますのさ」

●「左様さ、なに、町人どもや下輩《げはい》（注…低い身分）の者が、気楽だからという年でも商人のためになる様な事はないってね。来年も物価高であったとしても家内の都合をよくいたしたいものでございますね」

▲「お互いに左様さ。なに、下輩がかれこれと難儀だ、とよくいうが、相場

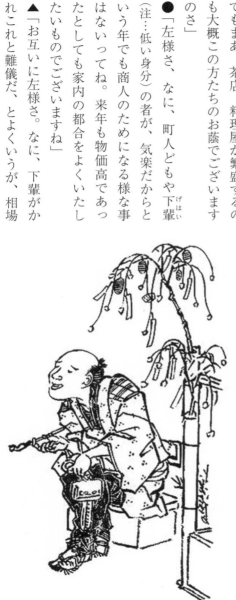

が安ければ当暮れに餅の一斗も余計にこしらえて食うかというぐらいのことさ。諸商人《あきんど》の繁盛は、この方どもが裕福でなければいけませんね」

と、話しながら行く。ちょうどその時、辻商人が柳の枝に彩色を施した餅を付けたものを売っていて、

商人が、

「縁起、吉左右《きっそう》のまゆ玉をお召しなさい。これは縁起、これは縁起、豊年の餅の花をお召しなさい。豊年、豊年」

悪人でなくても、其身《おの》が勝手には他人の難儀を知らぬ悲しさ

㊔ 農は納なり。貢《みつぎ》を納めることが専一の心得である。

路地の入口に馬を繋いだ馬方《うまかた》、茄子を籠から出して裏家の女房たちに売りながら、

馬方「こんな安い茄子は、商人が持って来はしないぜ。もう五十か百も買って塩押しにしなせえな。明日また雨でも降ると畑へ出られないから、二、三日青物（注…前菜物《ぜんさいもの》）は来ませんぜ」

女房たち「おや、また雨が降るだろうにかねえ。もうもういやな事をお言いでないよ。今年は、お米はよくできるかねえ」

馬方「なに、雨が降ったからといって案じさっしゃらないがいい。あんまりお前らが天気を案じて騒ぐから、田舎の者におどかされるのだぁ。田畑が張子で、稲が紙細工じゃああるまいし、そんなに雨が怖いわけはないわさ。しかし欲の深い百姓だの、米屋だのいう者は、欲に後先《あとさき》を忘れて不吉な事を言い触ら

すもんだから困るたぁ」
女房「ほんに、そうだねえ」
馬方「わしらの方なんぞは、今年やぁ、どんなに豊年だんべえ。何でも例年《いつも》十俵上がる田地で三十俵の余も上がるようだぁ。それだから少々大風が吹いて、稲に障《さわ》っても例年の倍は採れるから苦労にさっしゃるな。何でもお前らも田舎者も奢りが勝ちさえしなければ自然に楽だぁな。奢ると天道さまが憎まっしゃるから油断はなりましねえ。近年《ちかごろ》、相場が高くっても百姓らが奢るから、いくら米の金を取っても身上が却って悪くなるから、何でも強欲はしないがいいのさ」

或年の凶作に悩んでいた翌年の秋、予の門人、尾州一ノ宮という所の為永《ためなが》春蝶《しゅんちょう》が詠んで送ってきた狂歌が、その頃の人情によくかなっているのでここ

に記す。
桜狩り　紅葉狩りにもまさりけり　刈りて　嬉しき出来　秋の稲

狂花亭　為永春蝶

(業)工は業なり。業《わざ》を励むことが専一である
「あくび、日が長くて退屈だ。道具を研いても、煙草を呑んでも仕業《しごと》が出来過ぎてならない。どうぞ割りのいい普請をうけとって思う存分金儲けをしたいものだ。唐土天竺《からてんじく》日本が、年中同じ事ばかりしていては面白くない。一時に普請がはじまって職人が引っぱり足らないようになればいい。いつも相変わらぬ細工は精を出す気がない。何卒、忙しくなって工手間《くでま》が一日に十人前ずつ取りたいものだ」

太平の民は、太平の御恩徳を知らず、とは古人の金言である。相変わらずとは平生の願いであるべきなのか、それ、可もなく不可もないのは君子の情願《じょうがん》(注…嘆願)である。常のごとく並々のごとくであるならば有難き幸いである。凡そ、万事に用心してこれを用いるこ

とがないのは、異変がなくて目出度い事ではないか。予の友人、琴通舎英賀《きんつうしゃえいが》が或人に火事装束の陣笠の袋へ戯れに歌を詠んでくれと頼んだ時、琴通舎が即席に詠んだ狂歌。

ひごとよごと　出《いで》ぬは花の漆笠　かぶれることの　なくてめでたし

㊥笑 商は笑なり。笑顔の愛敬《あいきょう》が要《かなめ》である。

商売の利潤によって身上を立てることが町家の常ならば、利潤をはかることは憎むべき事ではないが高利を貪り、買い占めなどをすることは甚だしい罪人である。

その当座は繁昌《はんじょう》するが、子孫の繁栄は決してない。強欲非道に貪り、取り立てていた家の末々は、天罰によって困窮するか、家名は久しく相続しても血筋は絶えて、いつしか他人の物となってしまい、長久の家は決してない。

さて、当時は万事に抜目《ぬけめ》のない商人《あきんど》の安売り、頑張って新店を出し、随分と本気で売物の吟味に

念を入れ、粗略なく主人と番頭が丹誠するので評判がよく、繁昌して流行《はやり》出したはいいが、店の丁稚、小僧と二才野良《やろう》の不愛相から商売を不繁昌させる店が多くある。

主人も番頭も代物《しろもの》（注…商品）に念を入れて安売りをするのが自慢であるゆえ、案外店の売人《うりて》の善悪《よしあし》には気付かないものである。油断をしてはいけない。旦那は奥座敷にばかり引きこもり、番頭は帳合に気を入れてさし俯き、手代は小用に立ち、店が無人になる事があれば自然と買人を粗略にすることになる。

小僧が心の中で云うひとり言「あくび、閙《さわが》しい（注…忙しい）事さ。こんなにお客が続いて来ては、親方が豊年でも奉公人難儀だ。買人をちっと封じこめて、来ない様にしたいものだ。朝は早く買人が来る、夜は寝る時まで絶え間なしに買いに来るとはあんまりなこった。これほど忙しい家と知っていたら奉公に来ないものを、今に若衆が店へ出ると蔵の中へ隠れて一寝入りするぞ。これでは命が続かない。そりゃあ又、買手が来るそうだ。まことにうるせえ、うるせえ」

と言いながら今、奥の方より出《いで》来たる傍輩《ほうはい》の小僧にむかい、

丁稚「おや、吉どん、ちっと店に居ねえか。さっきから俺ばかりで困り切っていらあ。さあさあ立って売物を出しねえ」

小僧「今、用があらあな」

というちに買い物に来た人が、急ぐゆえ、白眼競《にらめくら》（注…にらめっこ）もしていられず、不承な面《つら》で、

丁稚「はい、五十文でございます。あい、もうそればかりで、残らずみな同じこってございます」

と売物を投げ出して遣る。もっとも買人にふくれっ面を憚《はばか》りなく見せつけて「再び買いに来やぁがるな」と言わぬばかりの顔色ゆえ、買人は悔しいが、詮方《せんかた》ないので這《ほ》う這うの体で逃げ帰る。斯《か》くの如くにて店が繁盛すべき道理があるものか。小商いをする商人はよくよく用心すべし。

丁稚「こうお客を見掛けて何処へ行くんだえ、上がって代物を出しねえな。なに、奥の使いに行くと、間抜けめえ。しらくも天窓《あたま》め。ざまあ見ろ」

と言うところへ買人が来ると、仇敵《あだかたき》が来たよりもなお憎み、悔しがり、腹立ちまぎれの商いの仕方。言語を以ても、筆にても尽くし難き不法である。主人か番頭が帳場に居ないと客に挨拶もせぬ小僧が、諸所《しょしょ》の商店に多く居て、買人の立腹する事が絶えない。殊《こと》に忙しく繁盛の店は賑やかであり、小僧の悪しきが知れぬものである。よくよく用心すること。

丁稚どもよく聞けよ。

「盗喰をする咎《とが》よりも罪なるは、主の得意を粗末する奴」

士農工商心得草　終

健康本

婬事養生解

高井伴寛思明 著

文化十二（一八一五）年刊

婬事養生解

婬事養生解

婬事解　編目

○男女の正しい道と情
○女は男より先だってはならない
○腎を正常に保つためにすること
○季節ごとの婬事の戒め
○命を落とさないためには腎の養生
○子ができない婦人を責めてはいけない
○子づくりによい日
○胎内の子の性の判別と五体について
○堕胎させないために
○会合をしてはいけない日について
○妊婦の婬事と胎児の成長過程図説
○結婚について

婬事解

高井伴寛思明著

○男女の正しい道と情

思いみれば婦人は人倫のはじめにある。夫婦あるがゆえに親もあり、子もある。中庸《ちゅうよう》（注…儒教の経書の一つ）では、天地の道は、端《はし》を夫婦に為すとしている。男は天であり陽、つまり剛の道、女は地であり陰、柔の道である。とすれば男子は天性、女より先立つはずものであり、剛強で直であるべきである。女子は天性、男に後れるはずのものであり柔和で順であるべきである。

周易（注…占術）には、男が女に先立つのは剛柔の道とある。

男女が結婚してはじめて好《よしみ》を結び、和合して子を生むこと。これは父祖の骨格を永く子孫に伝え、先祖の祭祀を断絶させせないためなので夫婦は仲睦ましく、しかも閨門《けいもん》（注…寝室）の内は正しくなくてはいけない。夫は外仕事を勤めとして、婦は内の事を正し、家道をきちんと治め、子孫の繁栄を願うことである。

聖賢の教えにも、婚姻は礼儀の一つであり、礼記《らいき》にも出ている。しかしながら孟子の言行にも好色を知れば小艾《しょうがい》（注…若くてかわいい人）を慕うとある。これは人情であり、仕方のないことであるが、道に従い欲情を自制すべきである。陽は動、陰は静これは性であるゆえ、男子は陽気盛んで欲情が早く、動き易くなるのは理にかなって自然である。そのため婚姻前に早くも色情の念が起こり、道を説いて情をおさめることは不可能である。男子は処女を奪って父母を悩ませるか、或いは華街の売色や歌舞の妓女に心を寄せて金銀を費やし、そのうえ悪病を伝染されて一生廃人となったり、甚だしいのは人の宝女（注…妻）と心を通じ、自分だけでなく父母の名をも汚すことになる。

また女子は、深窓《しんそう》（注…大切）に育てられながら父母の怠りを窺いながら、嬪媵《ひんよう》（注…侍女）であれば主君の眼を忍び、壮夫（注…若い男）と戯れ、あるいは侠客と馴染み、或いは歌舞伎役者、野郎狂いして、主も知らぬ子を妊娠し、しまいにはその身まで浮女《うかれめ》に沈み果て、親を一生歎かせるような女子は、すべて色欲の迷いによって生涯を過《あやま》つものであり、世に多い。

高位の人や貴官が女色に溺れて家を失い、国を危うくしたことは国を問わず多くの事例がある。これらは皆、色情を欲しいままにしようとするからである。

又、男女の盛んに萌《きざ》す欲情を押さえつければ、陰と陽が交々争い、病を生ずることになる。わけても処女のまま年を経て嫁に行かない者や宮仕えして年を経る者にこの傾向があり、終いには労症（注…労咳）の熱で命を縮めることになる。これは人の道をして欲を制し、情に勝つことができなかったからである。父母はこうしたことを憂うため、早くから男女の配偶を定め淫奔《いんぽん》（注…性の乱れ）を留めさせるのである。

人の父母となって子に人の道を教えることもなく婚姻させる、これまた家道を斎《ととの》えせざるの一つである。聖賢はこれを歎くと、近思録《きんしろく》（注…朱子学の入門書）にも書かれている。

礼記には男は三十にして室《しつ》（注…妻）を保ち、女は二十にして嫁すとあり、これは古くから法（注…定め）である。聖人の教えに淫乱なる妻は家を乱すので去るが、男の淫乱は見苦しくない、ということではない。父母が許して夫婦になったからとはいえ、昼夜禽褥《きんじょく》（注…夜具）をともにして淫楽ばかりに耽るなどしていると、自らもやがて父母となり、我が子を教え導くべき道を示すことはできない。ことに房事過度になれば、清血が消耗し、夭死《ようし》（注…若死）をまねく。されば聖人も、夫婦は天寿（注…長生き）の兆しなりといっており、かねてよりこれに思いを巡らしている。色欲は天理人情において止むにやまれず出るものであるが、その欲にしたがって身を損なえば実に死生夭寿にかかわる事なのである。

一度夫婦となったからには偕老同穴（注…信頼感易が厚い）、生きては偕白髪《ともしらが》の老いとなるまで連理《れんり》（注…

契りを深く）を成し、死しては墓を同じにしようと契るといえども、男は妄《みだ》りに妻以外に欲情を貪るのが実情。女は他の男を思わず操を守り、貞節従順にして夫を思うことが大事である。ただ夫婦の欲情をほしいままにする見苦しい行いは堅く慎むべきである。

小学（注…儒学の基本書）は、夫婦は別有り（注…夫婦と雖《いえど》も人の道の上でそれぞれ一定の務めがある）としている。聖人の教えに、幼きよりも男女居を同じにせず、食をともにせず、湢浴《ひょくよく》（注…湯あみ）をともにせず、授け受けることは自らせず、男女の別を厳重にして、夫婦となっても別があることを予め教えること。幼稚の子がない人は、男女ともに成長以前より平常においても男女の別があることを教え諭すこと、とある。

○女は男より先だってはならない

男は先立ち、女は後れること。これは常の道であえう。千字文《せんじもん》（注…習字の教科書）に夫唱婦随とある。まさしくこれである。日本書紀神代の巻にも陰陽二柱の神、伊弉諾尊《いざなぎのみこと》、伊弉冉尊《いざなみのみこと》、天の浮橋に立たせ給いし、雄の余れるを雌の欠けたるに合わして、はじめて交合の道をなし給うとき女神先ず歌を詠み給いしを咎めて、男神歌詠みし給うとある。これは女は先立ってはならないとの教えを示したものである。万事、婦は夫に従い、妬むことなく、婬《いん》（注…戯れる）ならず、閨門の内では清く正しくすべきである。

○腎を正常に保つためにすること

人は天地（注…陰陽）の形象《かたち》を備えて生まれてくるゆえ小天地（注…人間界）という。天窓《あたま》（注…頭）の円《まる》きは天に象《かたど》り、足の方は地に象り、背を山、腹を海、眼を日月、呼吸の息を風とする。天の五行（注…木火土金水）をうけて人の五臓とするゆえ、肺の臓は金、心の臓は火、脾の臓は土、肝の臓は木に属し、とりわけ腎の臓は水にして、命分のあずかる所であり、肝要である。

例えば高い禿山には樹木なく、水昇する水気がないために土が乾燥し、火が亢《たか》ぶり燃える。人も腎水が涸渇すれば心の火が亢ぶる。又、人身の腎水は灯器に盛った油のごとくで、人の命は灯した火のようである。油が減れば側から加えるため灯が消えることはない。人の腎水が減っても朝暮の食の栄養バランスをよくすると五臓に潤いが届くので、腎水が減じてきても補給されるので尽きることがない。

素問《そもん》（注…中国最古の医書）に、腎は水を司り、五臓六腑の精をうけてこれを蔵《かく》すとあり、されば腎の臓は精をおさめ、精を生ずる器で、元気を生ずる源である。ところが淫欲房事が過ぎれば油が減りすぎて灯器に火が入って焼け、火が消えるように命門の火は忽《たちま》ち断《た》えて、一身速やかに斃《たお》れる。これを腎虚《じんきょ》という。

古史に伊洛（注…伊河の水と洛河の水）の水渇きて、夏の国亡び、黄河の流れ乾きて、殷《いん》の国亡ぶと書かれている。天人合一《てんじんごういつ》（注…天と人は一つのつながり）自然の理《ことわり》である。

ことに下賤はもちろんのこと、高貴な人といえども人の世においては、その分限に応じて心を痛めたり、気を労することは多い。気が鬱滞《うったい》して経絡《けいらく》（注…ツボのつながり）に至らず、腎を乾かす。世俗で気水が耗《へ》るというのはこのことである。但し、生まれつき度量のある人はこうしたことはない。度量なく胸狭き人は、色欲も相兼ねて腎を破ることも多い。さすれば医療も施せず、百薬でも治すことはできないだろう。

病を発すること十中、八、九は強飲、飽食、色欲、男女の道による。聖賢も飲食、男女の事について人は大欲をもっているといっている。又世俗の人、腎薬を服用して情欲を快くしようとする人が多い。これは大いなる誤りである。却って心の火を亢上《こうじょう》（注…のぼせ）させ、腎水が涸渇するもととなる。この理をわきまえて、日々、淫欲を逞しくするのではなく、生涯の楽しみを長く続かせようと思うことである。鳥獣も淫欲はあるが、その慈尾《じび》（注…交尾）する時期はあるのだろう。さらば腎を虚することはない。千金方（注…医書）にも房中（注…性交）補益の説も書かれているのであるから。

○季節ごとの婬事の戒め

古より世俗には、婬事を犯すこと四時（注…春夏秋冬）によって、その量を定める説を唱えることがあるが、これまた人には強弱があり、時に憂楽もあり、一概に論ずることは難しい。

春は発生の時ゆえ、震旦《しんたん》（注…中国の呼称）では、男女の配偶も春がよいとしている。毛詩に、桃の夭々《ようよう》（注…若い）たるその葉秦々《しんしん》（注…繁る）たり、この子ここに嫁ぐとある。夏は温熱の時にして天地の水もますます溢れる。秋は物を殺《そ》ぎ、よろず収蔵の時。冬は水沢涸渇し、閉塞する時である。気を天地にうけている人ならば、四時の移り変わる盛衰によって行住座臥《ぎょうじゅうざが》（注…日常）に心掛けることが養生の第一である。たとえば冬の気は乾坤広太《けんこんこうだい》（注…広大な天地）の水さえ涸れる時なのに、淫欲を貪り、大いに腎の精水（注…精液）を減らせば甚だ不養生との説を俟《ま》つまでもない。眼のあたりにその愁いがなくても、理《ことわり》において寿命を長くする道とはならない。聖人は已《すで》に病んでいるを治すのではなく、まだ病んでいないことを治し、既に乱れているを治めるのではなく、まだ乱れていないことを治すると、素問に出ている。

病根（注…原因）が明白になって医療を受けに行くことは、たとえば敵を見て新たに矢を矧《はぎ》（注…弓に矢をつがえる）、盗人を見て急に縄を綯《な》うに異ならない。

○命を落とさないためには腎の養生

腎を虚する者を見ると、面色に光沢がなく、肌膚は痩せ疲れ、どうにかすると淫欲に頻《しき》りに走って女に交わる。

陽事（注…生きている時の行い）の勢いは弱く、早く精を泄らし、腹中引き攣り、臍《へそ》の下力なく、白沫（注…白い泡）を吐き、手足の心《しん》に熱を蓄え、気分快くなく、腰脚痛み、積気《しゃくき》（注…癪《しゃく》）胸脇へ張り、小便ときに赤く、或いは精交《まじわり》下りて、白濁を泄《もら》し、髪髭は黒くなく、総身憔悴、耳鳴り、眼の精うすく、歯はゆるぐ。

これらの症、漸々《ぜんぜん》に発し、心火《しんか》の逆上が甚だしく、ついに真一の元気絶えて、斃《たお》れる。自らこの死に至る者は世に多い。哀れむべきことである。

○子ができない婦人を責めてはいけない

凡そ妻を娶るとは、子孫をつなぐためであり、子がなければ居るべきではない。聖人も子なき婦人は去ると言っている。不孝が大きくなるからである。

然るに絶倫ゆえ交合して忽《たちま》ち精気泄《もれ》易くなる人がいる。或いは病むところがあって、夫の精虚冷（注…冷え）か、又は婦人が血虚寒（注…冷え）して子宮が冷え、子を生むことが難しく、又はたまたま妊娠しても、早く堕胎するようなときは、医療によって治すことを勧める。

すべての人の気血は一息の間断もなく昼夜周流（注…めぐり流れる）している。別けても婦人は血のめぐりが重要であり、血が滞れば百般の病を引き起こす。ゆえに月信《げっしん》（注…経水・月経）が不順ならば、速やかに薬を服用して瘀血《おけつ》（注…不要な血）を留めないようにすることである。月信が時を違えず来る女は、病の憂いがない。希に石女《うまずめ》という女がいる。その躰不具にして天性の不孝であるが、どうにもならない。月信を知らないために子ができないのは医療を用いれば子はできよう。月信を知っているが子を生まないのは、子のある人生を知らないからである。いたずらに子がないことを念として房事をしばしば過度にすると、終いには精を減らし、身を喪《うしな》うにことになる。

すべて婦人の月信は三十時を定数として、血脈が調《ととの》わなくなるようになり、過不及があり、経水やがて尽きようとする。二十八、九時を佳期と知ること。それに子宮は前陰の一寸三分のところにあって、交歓の間、ここを退き、ここを進みて究めて胎を結ぶ。これで決定というものではない。その他、経水があがり、五日までは胎をも結ぶことができる。六日にあたっては、子宮が閉じて精を納めない。但しその刻よりその刻にわたり全き十二時を以て一日ととること。三十時というのは、たとえば今日、子の刻（注…午前〇時頃）より、月信が来たならば、三日目の午の刻（注…正午頃）を終りとする。

富千金を重ねるとも、子がなければ貧しい人となる。財宝は老いても求められるが、一子は老いて得難い。七珍珠玉府庫《ななちんしゅぎょくふこ》（注…蔵）に満たしても誰に伝えることもできない。先祖の血脈は断絶して、不孝これより大きなことはない。子ができることを望むものは、この条に述べる所を記すこと。然しながら天地に不測の変があるように、人にもまた不時の動静あれば、琴柱《ことじ》に膠《にかわ》（注…融通がきかない）して説くものではないと言われそうだが、数が定まっているということだけは知らせたい。

○子づくりによい日

方士《ほうし》（注…古代中国の方術の士）の説に出ている、夫婦交会して子ができることを祈るには、旺相日《おうそうにち》がよい。春は甲乙《きのえきのと》の日、夏は丙丁《ひのえひのと》の日、秋は庚辛《かのえかのと》の日、冬は壬癸《みずのえみずのと》の日にあたって、日月清明で、寒暑時に応じ、暴風急雨などの障《さわ》りがない日を選ぶことである。四季の五行と、十干の五行とが相旺ずる日である。この節より節までで四季を定めると知ること。

○胎内の子の性の判別と五体について

子の男女を決める方法として、月経があがり一日、三日、五日に交会するときは男、二日、四日に交会するときは女を産む。六日以後は子を結ぶことはない。これは奇偶陰陽の数をもとにした説である。一、三、五は奇数で陽、されば男、二、四は偶数で陰、されば女となる。この説いまだ悉《ことごと》く信じ難い。結胎《けったい》が男女に別れるゆえんは、交歓のときの陰陽の先後によるものである。医書に二説載っている。その一説をここに述べれば、陽の精が先ず至り、陰血が後れて来た時は、血が精を畏《つつみ》て乾道《けんどう》（注…男の道）が成る。男を産むことになる。陰血がまず来て、陽の精が後に衝けば精が血を畏《つつみ》て坤道《こんどう》（注…婦人の道）が成る。女を産むことになる。

父の一点の精は二厘五毛、母の一滴の血は二厘五毛、合せて胎をなすということは、五厘を分けた数であり、五厘はすなわち五輪五体である。仏説に空風火水地を五輪とし、しばらく天地の五輪を仮りて人の五体を生じ、死すれば又元の五輪に廻《かえ》るとあり、又、白骨は父の精、赤肉は母の血、赤白二躰和して五体の躯を成すとされている。又、仏家においては妙法蓮華の妙の字はこの意に叶うと説く。

○堕胎させないために

ここに歎《なげ》くべきは、いにしえ遠い国、農民で子が多くいる家では、出生の節、速やかにその子を殺すことがあるという。これはいかなることか。人として、子を食う猫の母にも劣るといえるだろう。天道に悖《もと》ること甚だしい。結納に鱲《からすみ》を贈り物とするのは八万三千八疋の子があることから、これにあやからろうと願い、祝い事とかに行う。そこまで至らなくとも子孫の少なからんことを願うは、おろかなることであるが、子殺しが行われ表ざたになったようなときには、公より厳科に処せられることは、有りがたき御政道といえる。

又これに続いて憎むべきは、若気の至りで、誤って道ならぬ子を孕《はら》み、いかんともすべき方法なく、堕胎の薬を用いて、命ある胎を流し、人知れず穏便に事を済ませてしまうこと。これも又、天道の罪人である。しかもその後、その母は悪露《おろ》腹内に残って積聚《しゃくじゅ》（注…腹痛）の症を起こし、或いは血暈《けつうん》（注…めまい、震え）の持病を蓄え、又は次の産において容易に産むことが難しくなる。前人にそうしたことがあれば、後の人はそれを鑑として、道に背ける淫欲を焦らずにおさえ、天道に逆らうことのなきようにすることである。

そもそも医術に堕胎の方法があるのは、多産にしてその母が疲労することを助けるためであり、小を捨て大を活する権道《けんどう》（注…臨機応変の方法）なり。とかいう。とはいえみだりに用いることではない。人の一命に関すること、君子何で容易に用いることができようか。胎に宿りし子を殺し流さず、成長させれば、その子いくばくの世を遍《あまね》くも知るだろうものを、たまたま生をうけたるものを無残に殺し、水にすること、仁にならないだろう。不仁、あってはならないことであろう。天道に叶うはずもない。もしその子に心があれば、親を鬼と思うだろう。詮ずるところ、元来これは男女の道が正しくないことから起こるのではないか。慎むこと、謹むこと。

○会合をしてはいけない日について

世俗、庚申《こうしん》を祀る夜に男女が交わりをして、もし子を身籠れば、生まれる子は成長した後、必ず悪事をなし、盗みをなすという。これ支干の五行、庚《かのえ》は金に属し、申《さる》も金に属す支干配当、五行の吉凶に用いても、それほど忌むべきものではない。然れども、庚申を嫌うことは他事にもまま多い。いまだにその正しい説を聞いたことがない。

庚申待ちのこと、神道においては、猿田彦大神を祀る日、又この夜、天上より鬼が降りてきて下界万人の悪を記し、天帝に訴えるなどというのは、佛氏（注…僧侶）が婦女子を怖れさせるための説である。総じて尊《みこと》を信ずる所の神仏を祀る人には、斎戒沐浴《さいかいもくよく》（注…慎み躰を清める）といって、ものいみして身を清め、謹んで礼を尽くすべきものであるから婦女を愛し、妃妾を近づけ、淫欲を思うべき時ではない。これは先祖の忌辰《きしん》（注…忌日）を祀るにしても同じことであり、あえて庚申待ちの夜に限るべきものでもない。

又、冬至の日に交会を禁ずること、十一月の中冬至は、暦数一年のはじめにして、日月天に運行して春夏秋冬をなす根本の日である。およそこの日は室を清め、不正を謹むべきなのである。そもそも慎むべきに慎まず、禁ずべきに禁ぜなければ、何で正しき子孫を儲けることができようか。

周の文王の御母太妊《たいじん》と申す人は、胎教を善くすると云い、妊娠したときからその身は常に正しいことにのみふれ、胎内の子に教えをなし給い、さればこそ文王は生まれながらの聖人にてまします。胎教というものは懐妊したなら別けて邪味を食らわず、謡いたる声を聴かず、音曲又は常の話にも不正のことを耳に触れず、青黄赤白黒の正しい色の外は見ないようにし、常に見ること聞くこと全て正しい事のみをする。このようにすれば形容《なりかたち》も正しく、才智も人に勝れる子を産めるとかいう。小学に委しく出ている。

その外、医書および教訓の諸書に養生心得等のことは具《つぶさ》なれば、余計なことは言わないことにする。

すべて交合に禁忌すべき日、左に上げる。

朔日　上弦の日　望の日　下弦の日　晦日　虹を現す日　地震強く有りし日

日月蝕する日　雷電ある日　天地晦冥《かいめい》（注…暗闇）なる日　大風ある日　にわかに大雨ある日

大霧ある日　大いに寒き日　日月星辰《せいしん》（注…星座）の下　神社仏寺の傍ら　井戸厠の側　墳

墓の辺り　死者棺の近く

右の日および場所で交会して胎を成せば、その子、視覚障害、聴力障害、頑愚、癩風、多病、悪疾、不仁、不義、不孝、不寿（注…若死）となるのみならず、その父母を損なうと医家の書に出ている。慎むべし。

○妊婦の婬事と胎児の成長過程図説

凡そ懐孕《かいよう》（注…懐妊）しては房事を慎み、五ヶ月の後は禁ずること。世俗、欲をほしいままにして妻や妾が妊娠するに至りても、臨月まで慎まず、かえって安産になるという。大いなる誤りである。医書には胎を結び、その後、一時の楽しみをほしいままにすれば、胎は動揺し、まさに子に成るに至りて禁じなければ、その子、風疾《ふうしつ》（注…中風、リウマチなど）になることが多い。これを胎疾《たいしつ》というと記されている。そもそも陰陽の精気、妙合（注…みごとにとけ合う）して胎にやどり、十月に満ち満ちて胎を離れる。それまでの図説を左に示す。

四月の図	三月の図	二月の図	初月の図
		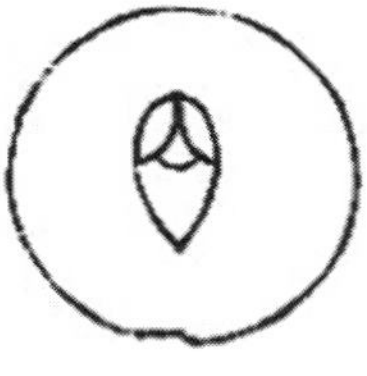	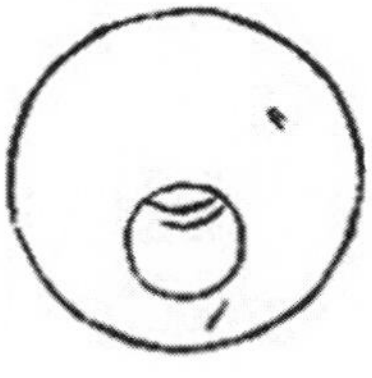
手足が分かれ、はじめて形を成す。母の腹に入って真の処にあり。臍下丹田《せいかたんでん》（注…臍の下）に居する。この月より特に邪味を食すことなく、胎教を行うこと。	その形は凝る血のようであり、蚕の繭《まゆ》に似ている。漸々《ぜんぜん》円になって臍《へそ》を生ずる。居る所は前に同じ。	陰門（注…性器）の裡《うち》（注…内部）六寸にあって、腹には入ったが、まだ真の処には至っていない。形は桃の花が初めてほころぶようである。	一点の白露を草の葉に停めたように、燭《しょく》（注…明かり）を秉《とり》（注…握る）て風中にあるが、風が厳しければ停まれない。子宮にあって、まだ腹には入っていない。

五月の図	六月の図	七月の図	八月の図

ここに至りて男女定まる。男胎ならばその母、酸《すき》ものを好み、女胎ならば甘き物を好む。夜の五更《ごこう》（注…一夜を五に分けたうちの戊夜）に、母の臍下に在って、男は左、女は右に転ずる。	毛髪を生じ、男魂《なんこん》（注…陽に属する魂）が降りてその左を動かし、女魄《じょはく》（注…陰に属する魂）が降りてその右を動かす。こうして母の腹中を、魚が水中で泳ぐように漸々動く。	七の竅《あな》（注…人体にある穴）がひけて、乳味が甘いことを覚え、耳で音を知り、眼に光りがあり、鼻に気がある。その母路を行くに悩む。ここに至って自然に人の体が備わる。	小児の腹内に精神が備わり、真の形ができあがる。その母は眠りを好み、食を呑むのに下り難いとうったえるようになる。

九月の図	臨月の図

母の左右の脇腹に居て大いに動く。母はいよいよ悶えて憂う。一夜に一升三合の乳味を飲むといわれている。重いこと山のようである。	胎形は満ちる。手足は自在に開く。この月に至って降誕する時ゆえ、母の慎みは深かくなる。産に臨んであらき風に見舞われることを恐れる。地に産み落とすことがないようにすること。

以上は正しい書により図解した。かくのごとく神妙不測《しんみょうふしき》（注…人知を超えた不思議）の日数を経ること十ヶ月、三百日に及ぶ間、慎まないといけないものなのか。

世俗、常のこととして慮《おもんばか》らないので、たとえ安産で幸い過ちがなかったとしても、生まれる子は庸愚《ようぐ》（注…平凡で愚か）が多く、形容端正、才人に超えるものは希《まれ》である。

又、胎内十月の間の形、独鈷錫杖《どっこしゃくじょう》などの仏具に始まり、胞衣（注…胎盤など）に蓮の葉を被り、形躰具わってからは倒逆《さかしま》に立てるなど、仏氏（注…僧侶）の説に因って設ける図などは、大いに婦女を愚にしているというべきだろう。真の論を尋ねるためには儒書、医書によらなければ得ることはできない。

又、婦人に難産の愁いがないことを願い思えば、前段に述べる慎みはもちろんのことである。常に心することが肝要である。

婦人が男子と異なることに清濁動静の違いがある。医書にも婦人の病を男子の病に比べれば、婦女の病は十分に治し難い。唯、他の風寒暑湿に傷つけられ、うち飲食房欲に起こる病のようなものは丈夫《おのこ》に替らずといえる。しかし、懐妊、出産、月水の滞りなど、男子にはない病は十倍治療することが難しい。それに加えて、慈哀、愛憎、嫉妬、憂思により物に執着の心堅く、その情を自ら抑えなければ常に病根をなすよりどころは深いものとなる。

この病をさし挟みながら妊娠、生産の大難事を兼ねる。されば男子と異なるもの、すべて三十六病ありといわれている。これを思って喜ぶも、怒るも、憂うるも、悲しむも、愛するも、悪むもちょうどよい程度にして、ほどよきところを弁《わきま》え、特に嫉妬の心を制し、執着の念を去り、自ら常の嗜みを厚くすれば心気閑《しずか》になり病を蓄えない。幾たび産育に臨むんでも憂いはなくなるだろう。しかも端正（注…正しき）の孝子を儲けるであろう。

○結婚について

前条までに往々述べたように、人は幼い時から男女の別あることを弁《わきま》え、両家よしみを結び、夫婦となったからにはともに父母に仕え、孝養をつとめ、夫婦自ら先祖を祀り、子孫の繁昌ここに根ざし、一家の教えの立つもととなれば、軽いことではない。仮初《かりそめ》にも不束《ふつつか》に、男女の縁を結ぶことがあってはならない。

尚書《しょうしょ》（注…書経の別名）に、君臣、父子、夫婦、兄弟、朋友を五輪として教えを立てとあり、孟子に夫婦室に居るは人の大倫（注…人倫の大道）なりとある。たとえば媒介（注…仲人）の言《ことば》を待たず、道にもあらぬ女をして念（注…いちずに思いをこめる）とし、又は人の室家《しっけ》（注…家庭）を奪い、縦令《たとい》金蘭の契りを結び、余多《あまた》の子を儲けたとしても、その根本が不正であったならば何を以て子孫に教えることができようか。慎むことが大事である。

婬事解
文化十二乙亥年文月良辰《りょうしん》（七月のよき日）
書肆（本屋）江戸日本橋通一丁目
　須原屋茂兵衛

随筆

瓦礫雑考　上

喜多村節信著

文化十五（一八一八）年刊

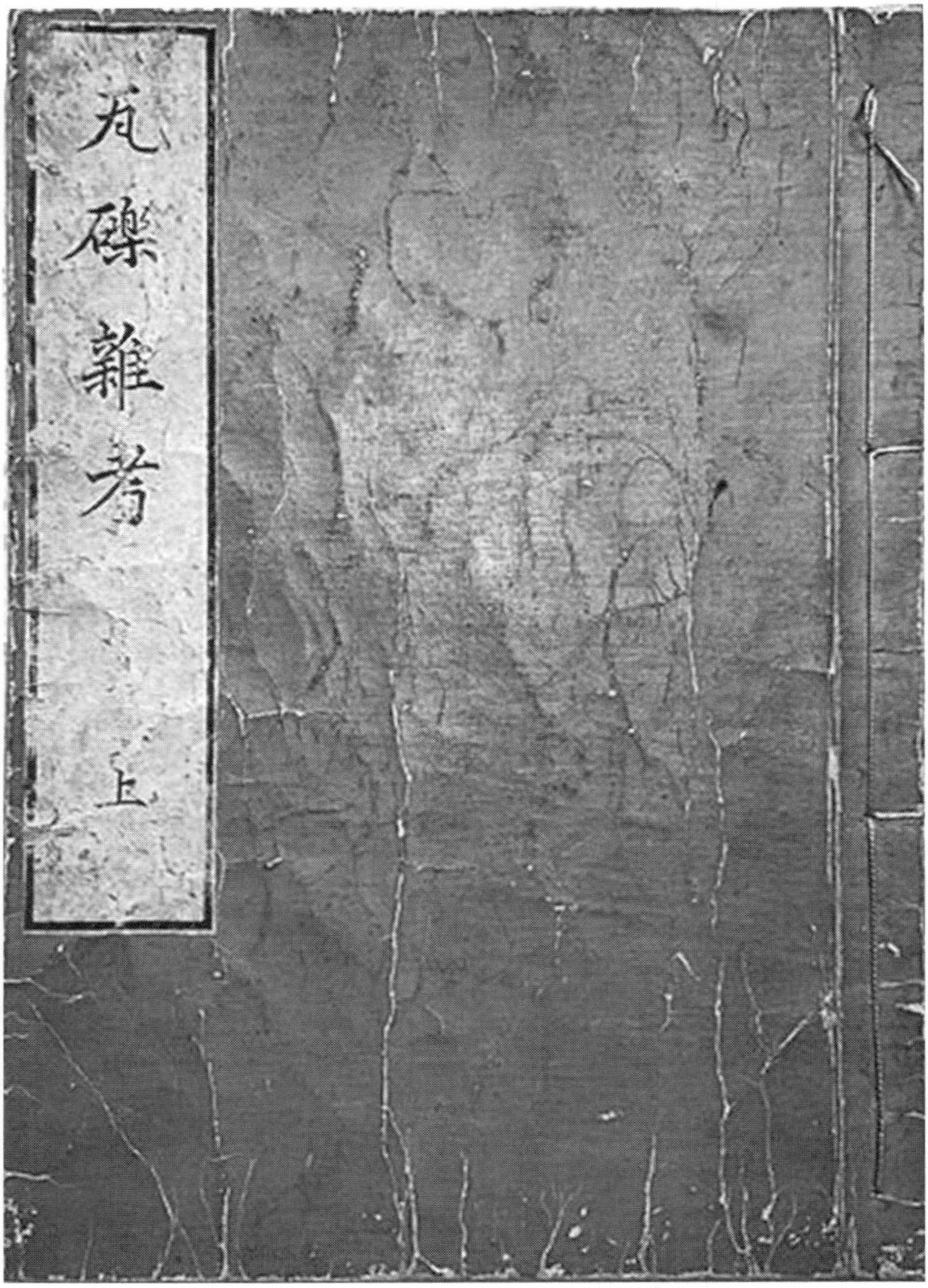
瓦礫雜考
上

瓦礫雑考　上

瓦礫雑考目録

巻之上
○千字文《せんじもん》　○哥字《かのじ》　切字《せつのじ》　○いろは　京字
○童戯《どうけ》　べかこう　ももが　竹馬　額えぼし　はしのしたのしょうぶ
○印地《いんぢ》　つんばい　はじき　いんぢ鑓　打瓦　ちゅうま　きそい舟
○は万　浜なげ　はまゆみ　円座
○上下《かみしも》　肩衣《かたぎぬ》　手なし　具足《ぐそく》羽織　四幅ばかま　赤松武蔵
○羽織《はおり》　道服　うちかけ　胴服　袖広かたびら　さぎあし
○十徳《じっとく》　直綴《じきてつ》　へんてつ　さくらすり　鉢たたき　ひんざさら
○五徳《ごとく》　三とく　八とく　足かなえ　あしなべ　かななべ　どなべ
○秀句《しゅうく》　湯桶よみ
○重語《ちゅうご》
○御字《おんのじ》　御れう人　ごもじ　おわん物語

巻之下
○俗諺《ぞくげん》　○茗荷《みょうが》くわい　○精進物

○香の物　かまぼこ　かばやき　宇治丸
○団魚会《だんぎょかい》
○しぎやき　たぬき汁
○団子　あり　たに　立鼓　ちぎり　執転提　しんこ　いしいし　みはらひだんご
○酒　竹葉　わささ　酒店の杦(杉)の葉　木香　みき　奈良づけ　七つ梅　星の井　星月夜
○醤油　豆油　ひしほ　味噌　高麗醤　玉みそ　糖汰　糖みそ　豆鼓　納豆　納豆えぼし　ほろあえ　法論味噌
○酢むつかり　憤字　なます　白蛤　うむぎ　むきみ　酢ぶり
○饅頭　蒸餅　林氏　いちび　十字　パン
○飯　蒸飯　中飯　二合半　二度飯　あわせ菜　御廻　めし
○筝羹《しゅんかん》　旬　しゅんはづれ
○かちん　勝餅　顆餼　搗飯　かちがた　かつ　かちも　花がつみ　角黍(かくきび)　飴ちまき　ちまきの鉾　せんたんまき　さやまき
○薦《こも》の子　海蕁(こも・こあまもの一種)　茭弱
○又　こもくろめ　こもづの　こもふ　がんずる
○河竹《かわたけ》　葑田(まこもの群生)
○白女　白人　黒人　よね　ばく
○白拍子《しらびょうし》　芸子　男舞　剣器舞　乱拍子　楽工
○遊女が粧　頬紅　元槙が詩

瓦礫雑考　巻之一　喜多村節信著

よろず古を今に見て考えるべきことは、書よりも貴きものはないということ。すべて漢《から》も大和も、古書はいうまでもない。無下に近き世の鄙俚書《いやしきふみ》までも、自《おの》ずから事の考えに臨んでは便りになるべきことが多い。されば世の中にありとある書に益なき書《ふみ》は、絶えて無いものと思われる。

又、古画が考えを助けてくれるのは、書よりも優れていることがある。書の面《おもて》では容易《たやす》く心得がたいことも、速く諭し、明らかにすること画《え》におよぶものはない。たとえば書は、自分の口から聞くように、画はまのあたり見るように。ではあるが書もことごとくは信じ難しといい、画も空言ありというので、それは広く見渡し深く明らかにした人の心に定めて、用いたり捨てたりするわざこそ必要なのである。

自分の才拙《つたな》く、また見ることも狭くて、よく何事も考えて得るようにすべき。何とはなしにしがみつくことは、その癖説《ひがこと》（注…間違い）の千にひとつも思い得たことあるのかとなる。自分は愚であるといえども、人の説を我もの顔にいうことは、あまりにも恥ずかしい。しかし管《くだ》をもち大空を窺う愚かなことと同じであるので、はやく人のいう事も知らないで、密かに考え得つとによろこび思えることもあるのかは、見る人の何とも片腹痛く思う。

又、普通の説は、誰もが心得るべきことであるので、その書その人の説と、ことごとく挙げることはできないので、おおよそ考證されている書籍は、見るままに引き出したゆえ、猶、古き書に出たものも、やや後の書で引けるがあり、又、先に人にかりて見し書でも、書き損じて見過ごしたことは、その書の名も頓《とみ》に忘れて空おぼえなので、詫びてやまないが、そのことは心が行きとどかなかったことであるが、考えはさる筋にはよることなくなど、自ら思うははなはだ驚きである。

千字文

古事記に曰く、百済国に仰せ賜う。若《も》し賢人《さかしきひと》有らば奉れ、それゆえ命《みこと》を受けた。貢上人《たてまつれるひと》の名は和迩吉師《わにきし》、即ち、論語十巻千字文一巻、併せて十一巻この人に付けて、即ち貢進《たてまつりき》云々とあるのは、応神天皇御世の事である。然るに梁《りょう》の周興嗣《しゅうこうし》が次韻《じいん》（注…詩作）した千字文であるべき理《ことわり》がない。故に同文通考《とうぶんつうこう》には、王仁が献《たてまつ》りし一巻とあるのは、凡将篇《ぼんしょうへん》太甲編《たこうへん》急就章《きゅうじゅうしょう》等の小学の書を奉りしを、このように伝え誤ったのであろう。古事記を撰ばれしことは、千字文が伝わった後の世の事で有るので、彼の王仁《わに》が来た時、論語並びに小学書一巻を奉ったとしたのを、今世に行われる所により、その献《たてまつ》られた小学の書は、即ち、今の千字文の事であると心得、誤って記したのであろう。〔割註…秉穂録《へいほろく》二編にも、古事記を引いて、千字文は周興嗣の撰によるものではない旨を述べている〕又古事記伝には梁《りょう》の李邏《りら》が作れる集註千字文の序に、晋武帝《しんのぶてい》の時、大夫鐘繇《たいふしょうよう》、これを造れりといえるによりて、曰く、晋武帝は応神天皇と同時にあたれば、この時既に千字文成《いで》きはしつとも、いまだ世に広まらず、その後次第に乱れて損ない、読み難いものを、遥かの後、梁の武帝が時を経て韻を次《つい》で全てになったので、世に広まり、百済あたりまでも伝わったのはその後のことになるだろう。中略　さればこれは実《まこと》には、遥かに後に渡って来たのだろうが、その書重く用いられ、殊《こと》に世間に普《あまね》く習いよむ書であるから、世には応神天皇の御世に、和迩吉師が持って来たと語り伝えたのだろう。これらの説は誤りである。

とりわけ古事記伝に引いた古註千字文は偽作である。その序文に鐘繇が、千字文の書は雲鵠《うんこく》の天に遊飛《ゆうひ》するが如し云々、王羲之書は、字勢雄《いゆう》にして淵門に龍の躍るが如し云々とある。梁武帝が袁昴《えんこう》（注…南朝斉頃の政治家）に作らせた書評の中の語である。書評には千字文という三字なくて、鐘繇の書は、雲鶴《うんかく》の天に遊ぶが如し云々、王羲之書は字勢雄強《ゆうきょう》にして龍の天門に躍《おど》るが如しとあり、異同はあるが全くこの文を窃《ぬす》んで作ったものである。且、千字文という三字を加えたのは、この千字文を鍾繇が撰《せん》なりといわんが為である。序にも跋《ばつ》にも同じことを重複していうのもあやしい。其の内、殊に疑わしいのは、寂《じゃく》不敏なりと雖も曽《かつ》て学文《がくもん》に在り、という語がある。しからば、寂という人の作で、李暹《りら》ではない。この寂という人、何人なのか尋ねるべきである。猶《なお》、いうべき事はこれのみならず多くあるが、繁雑になるのでここにはただ片端のみいう。かかることをもわきまえず、妄《みだ》りにこれを証として、しかも古事記をさえ誤りであるというのは最《いと》口惜しい。

さてこの千字文は極めて古いもので、さらに鍾繇などの撰ではないだろう。淳化法帖第一に、漢章帝《かんのしょうてい》の書八十四字あり。〔割註…鄭明選の枇言《ひげん》にも八十四字とあり、顧炎武が日知録に、百余字といっているのは異本である〕今世に伝わっている千字文の中の語である。漢章帝は晋武帝より百九十年も昔の人であり、漢土でも、専ら千字文は周興嗣が次韻したものであるというのが普通の説であるため、〔割註…劉賓客嘉話録には、義之書を周興嗣が次《つい》でいたとされている。尚書故実もこれと同じで一字も異なるところがない〕この章帝の書は偽作といわれている。しかしその書の様、古人の筆跡にて、自ずから勝れた処があるので、ことさらに疑えるものでもあるのだろうか。東観余論に、この書は章帝に非ず。然れども亦、前代の人の作、但し、書を録する者が千字中の語を集めたのみ。欧陽公、疑いて以為《おもえらく》(注…考えるに)、漢の時代、書を学ぶ者は多くこの語を為す云々、また山谷《さんこく》がこの書の跋にも、疑ってみれば是《これ》は、粛子雲が最も得意の者なのだろうなど、様々の説がある。又、王樹閣帖考正《おうじゅがかくちょうこうせい》には、この書は拙《つたな》き手によって偽られたものであろうと、深く謗《そし》ることでもない。

これらから推測するに、千字文は漢世に専ら行われて百済までも伝わったが、後に漢土でほろび失せて僅かに残ったが、次第に乱れつつ年を経て、梁の代に周興嗣が改め正しくなおしたのであろう。〔割註…章帝が書の残缼《ざんけつ》の様を見て、周興嗣が改正した本の趣も、おおよそそういったところであろう」淳化帖は誤りが多いといえども、ことごとく王著が賢いわけでもないだろう、況《いわん》や開巻《かいかん》第一に、疑わしきものをとりのぞくべき理あるのだろうか。是、極めて古き伝えのままに載せているゆえ、自《おの》ずから実を得て、古事記に記されているところの千字文が伝えられた年代をよくかなえている。和漢の書が互いに証となり、古今の惑いが一時思いひらかれたのはとても喜ばしい。

哥字　切字

歌の字に哥の字をかくのは省文《せいぶん》ではない。王阮亭《おうげんてい》の香祖《こうそ》筆記に、顧鄰初《こりんしょ》が曰く、沈役《ちんやく》が宋書に、およそ歌の字を皆、哥の字に作る、予《われ》、昔広陵の一士大夫家《あるしたいふのいえ》において、趙松雪家書《とうしょうせつかしょ》を見た。およそ哥の字を皆、歌の字に作る。まさしく古《いにしえ》に通用する也とあった。

〇切字の偏を七に書くのは正しいけれども、また士に書くことも書の一体になるのだろうか。淳化帖の王献之《おうけんし》が節過歳終帖《せつかさいしゅうちょう》の内に寒切不審とあるのを、劉次荘《りゅうじそう》が釈文、そのほか王樹が閣帖考正などにも、何の沙汰もなければ、もとより誤りにはならないだろう。しかし漢人はめずらしいとも思わぬことと見えて、草訣偏旁辨疑《そうけつへんぼうべんぎ》などにもこの字は見えない。

いろは

小児が、ものを習う始めに教えるのは、なにはづ、浅香山は、いにしえのことであり迂遠である。五十音はよいといえども、これも通音《つういん》ばかりでは小児の口にまわりにくくて便利ではない。ただ尋常《よのつね》のいろはに似たようなものもない。今は貴賤ともにおしなべて是を習うのは、便利だからである。そもそもいろはは弘法大師の絶妙の作だそうだが、仏の意《こころ》を述べて、その徒《と》を導くものであるから是を、物を習う初めに教えることは本意ではないというのは、甚だ物忌みする人などであろう。

〇いろはの終に京の字そえたのは、後の人のおせっかいだろう。万葉代匠記《まんようだいしょうき》の惣釈《そうしゃく》に、これをも大師の所為《しわざ》と心得、理由があるのだろうと種々論《あげつら》えるのは皆伝会の説である。されど京の字をそえた事は古い。善成公の河海抄梅《かかいしょううめ》の、えの巻に、いろはは弘法大師の作なるよしとあり、また一説、伊呂波三段、いろはにほへとちりぬるを大安寺の護命僧正の作、わがよたれぞゐいもせず迄が弘法大師の作、京或説に云わく慈覚大師云々とあり、但しこの説どもは、本説にないのでみなうけがたい。〔割註…京の字は亦の字の誤りではないかと思えども、前にいろは三段ということあれば、そういうことはないであろう〕そのころ既に京の字を添えることとなっていた故、そうした異説もあるのだろうか。四十七字で言足り歌の心も聞こえるのに、更に京の字を連続する必要もない。もし京の字をもそえたならば、林宗二の節用集などのように、一、二、三等の数字《かずじ》をも加えるべきなのか。

童戯《どうぎ》

小児が戯れにする、べかこう、もも、などというものは、元興寺の故事であると云い伝わる。どこにも似たようなことはある。僧祇律《そうぎりつ》十九巻、尓時《にじ》六群比丘《ぐんびく》（注…釈迦の六人の悪弟子）禅坊の中より起《た》って、屏処闇地《ひょうしょあんち》に在り、耳を悚《そび》やし、面を皺《しわ》め、眼を反《かえ》し、舌を吐き、喂々《いい》（注…おいおいと呼ぶ）の声を作りて、十六群の比丘を恐怖させた。比丘聞き終わり、即ち心恐怖し、声を挙げて啼哭《ていこく》した。仏が知り、故《ゆえ》を問う。是何等の小児が啼声《ていせい》ぞ、諸比丘この因縁以て具《つぶさ》に世尊にもうす云々とあり、又漢土には銭希元獪園《せんぎげんかいえん》に、蘇城《そじょう》の大小の人家で小児の啼く声に遇うとき、すなわち之を啼き止《や》めて曰く、怕々々来《はくはくはくらい》となり。〔割註…ここで小児が夜啼きすると、ももが来るといって脅すことと同じ〕又、かつて両手を使ってその下睫《したまつげ》の赤肉をひらき、舌を出して戯れて小児を驚かす。すなわち野猫《やめうと》という。此の恠《あやしみ》をねらって脅かしを為す者のことである。今に至るまで軽薄の子弟は平康を徴逐《ちょうちく》（注…平和を謳歌）し、相率いて狡猾なことをするものも多く、この態を為す。俗にこれを倣鬼瞼《さきけん》（注…鬼のような顔）という。これらの類はいくらもあるだろう。その内、小児の夜泣きを止めるまじないなどと、殊に諸書にある。

○また小児の竹馬のこと、〔割註…このことは友人醒斎、いろいろ集めて先に著したものがある。今それに洩れたことをひとつ見出たのでここに書く〕高士奇澹人《こうしきたんじん》（注…清の文学者）が天禄識余《てんろくしょ》に、唐の路徳延《ろとくえん》、朱友謙《しゅゆうけん》の書記となる。友謙、行い多く謹まず、徳延、孩児《ちのみごこ》の詩を作る。いわく、「上は略す」嫩竹《どんちく》（注…若竹）に乗って馬とし、新蒲《しんぽ》（注…がま）もって鞭となす、云々。この竹馬はここの古画に見るように、葉のついた若竹だろうと思っていたが、近頃、南京焼の磁器の赤絵に、この形を書いているのを見ておもい誤りであることを知った。よってその図をここに写して、和漢同じ趣をあらわす。

南京焼磁器の赤絵　大明成化年製の六字あり

ここの古画に見えたるは、みな竹の葉のつきたる方を地に引いて乗っている。この絵といささか違えるようではあるが、ここ漢土にては、定まりがあってかく絵ではないらしい。ここの様に同じ事もあるだろう。

○児の額烏帽子《ひたいえぼし》、西行の歌のこと、すでに友人高田松屋《しょうおく》の漫筆に載せている。このえぼしに己も亦、癖説あり、試みに言ってみよう。舞童《まいわらわ》の額にあてられているものは此の烏帽子のもととなるものだろう。〔割註…幼帝が御元服以前に用い給う空頂墨幘《くうちょうぼくさく》（注…元服前の被りもの）とやらもうす物の類であると言う説もあるが、庶人が是を擬し奉らむは身分不相応である〕

恵命院僧正の海人藻芥《あまのもずく》に、諸門跡の児の装束のことをいって、袍《ほう》並びに舞装束の時は髪をびんずらに結う。本結《もとゆい》の上にはすがたといって、金で打った物を付ける、とある。はすがたというもの、舞童の額にあてるものであろう。〔割註…今はそれを天冠《てんかん》というと聞いた。また葬送の時、額に紙を三角にして付けること江戸の近くの幸手《さって》などにもあり、大人はせずに、ただ童に限るようである〕

円光大師伝舞童子の図

その童の髪、左右の元結の上よりかけて、額にあてた天冠、これが額烏帽子のもとである。

額烏帽子は、年中行事その外、異疾草子《いしつのそうし》、やすらい花画巻などに見える。

十界図《じゅっかいず》葬送の図　額に紙あてたるもの

また童聚《あつま》り、各々はきもの片《かたかた》を脱ぎ、これを混《ひとつ》に雑《まじ》え排《ならべ》て、端より一言ずついい続けて行き、そのいうことが終わった処に当たったものは、除々《のきのき》して早く除たのを一と定める、そのことば何の義なるのかわきまえがたい。初めに、はしのしたの　しょうぶは　さいたか　さかぬか　まださきそろわぬ　ということがある。

秉穂録《へいずいろく》に、はしの下の菖蒲というのは、階底薔薇《はしのもとのしょうび》だろうというのは、和漢朗詠集《わかんろうえいしゅう》に、甕頭《いようとう》の竹葉、春を経て熟し、階底の薔薇夏に入りて開く。〔割註…注にこの詩文集十七とある〕という詩のことなのであろう。これではいまだあてはまらず、節信按《ときのぶあん》ずるに、周祈《しゅうき》の名義考の物部に、古詩に菖蒲花を開き、馬角を生ず、甚だ菖蒲に花無きを言う也、梁の太祖の后《きさき》、忽ち庭前菖蒲の花を見る、侍者に謂いて曰く、女《なんじ》見しや否《いな》や、曰く、見ず、因《よ》って取って之を呑む、是月、武帝を産む、云々。〔割註…ここの童の遊戯に漢土の故事は似つかわしくないが、このことはもと梁書に出て、それより諸々の類書、また十八史略等の書にも載せて、よく聞くのであてはまるだろうか〕といっていることによるだろう。〔割註…但し、はしのしたというのは、庭前よりも階底といえる方よく当たりたれど、すべてのうえにかなわなければ秉穂録の説は非也〕

又狂言記《きょうげんき》〔割註…つたう山伏、かき山伏などに見える〕山伏の祈りの詞〔割註…はしの下の菖蒲は、たがうゑたしょうぶぞ、ボロオンボロオンとある〕などもそのもとはこの故事だろう。

印地《いんぢ》

節信、按ずるに、いんぢは石打ちの訛音《かおん》（注…訛りのある発音）だろう。つぶてをつんはいというようなものである。〔割註…飄石《ひょうせき》（注…石を投げること）をつむはい、飛石をつぶてと異なることと思うのはあやまりである。つぶては、粒打《つぶうち》である。つぶを、ばいともいう故、つぶてをつむばいという〕印地とかくのは仮字である。従って印地も飄石も同じ事であるが、さらによく考えると、印地は大勢で石を抛《う》ことである。

平家物語鼓《つづみ》判官の条《くだり》に、公卿殿上人《くぎょうてんじょうびと》の召されける勢《ぜい》というのは、向え礫、印地、いひがいなき辻冠者原云々。また義経記土佐房義経討手《ぎけいきとさぼうよしつねうって》の条に、土佐が勢百騎、白河の印地五十人語らい云々とあり、この事はもと抛石《はじきいし》より起こったものである。その始めは書紀に、推古天皇二十六年秋八月癸酉の朔《さく》、高麗《こま》の遣使方物《けんしくにつもの》（注…土産）をたてまつる。因以言《よりてもうさく》、随の煬帝《ようだい》、三十万衆を率いて我を攻める、之により我破られる。故に俘虜貞公《とりこていこう》普通二人、及び鼓吹《くすい》（注…鼓と笛）、弩《おおゆみ》（注…機械仕掛けの弓）、抛石（注…投げる石）の類を奉る云々。とあり、しかるに本朝文粋善相公意見封事《ほんちょうぶんずいぜんしょうこういけんふうじ》の中に、臣伏して見るに本朝の器、弩を神と為す云々、古語相伝えていわく、この器《き》、神功皇后、奇巧妙思《きこうみょうし》別に製作する所也、大唐《おおもろこし》に弩の名が有ると雖も、かつてこの器の勁利《けいり》（注…張って鋭い様）さには及ばない、とあるのは一説である。〔割註…和事始めには、この説のみ上げて、書紀のことを沙汰しないのはなぜか。○抛石のこと、この説のごとくであるならば、書紀に推古紀までそのことが見えないのは不審ではないか〕もと抛石《ほうせき》は軍器であるものを後世、遊戯になった。〔割註…日次紀事などに、東国通鑑の石戦戯、それは印地であるというが、其は後に遊戯のこととなったが、そのことにおもむきが似ていたからである〕故に撮壌集《さつじょうしゅう》遊楽の名の中に、十種条印地と出ている。

また尺素往来祇園御霊会の条に、六地蔵の党、例の如く印地を企て、喧嘩を招き候《そうろう》者、洛中鼓騒《こそう》（注…騒ぎ立てる）に及ぶべき之条、太《はなはだ》ふさわしくない者である、〔割註…谷川士清は云う、神祭に飛礫を打つ事、古紀に見える、殿盤固盤を祝うといえるのかどうか〕といえるは六月のことである。始めはいつと定まってはいなかったが、後には専ら端午の節物となった。世諺問答《せげんもんどう》五月五日の条《くだり》に、問い、童が小弓を持ち、いんぢとする事何の故か。答え、昔、左右近の馬場にて、馬で弓を射る事の侍るその日なども申すに、是等が始めとは申すべきだろうという。されど馬に騎《の》って弓を射るのは、いんぢのもとではないのでこの説うけがたい。但し、もとは石打つことではあるが、転じてすべて挑み戦うことをも、印地というのだろうか。武者物語に、武士の子が幼少の時、百姓町人の中にてそだつべからずという段の、ことばの訛種々いっているうちに、いんぢ切をいんじゅきりといえることがある。又、天野氏の説に、慶長の初め、大坂の町で、端午のいんぢ打ちするかたを画いた屏風にも、盾をさし、冑を蒙《かぶ》り、紙幡を押立て、勝負刀を抜きつれて戦う様であるといえる。蒔絵大全〔割註…新古の蒔絵を集めたものである〕五節句〔割註…五つ組〕の盃の内、端午いんぢの図を模して下に出す。

○また、いんぢに紛らわしいことがある。節用集に石打ちの征箭《そや》（注…戦場で使う矢）とあるのは、鷹の尾の名に石打という所があり、それで矧《はぎ》（注…つくる）た征箭である。〔割註…石打ちの征箭を、いんぢのそやともいうので、いんぢは石打ちであること明らかである〕又、安斎随筆に、いんぢ鑓は目《め》貫穴《ぬきあな》もまず、先を曲げて目貫穴とすると見える。節信按ずるに、この鑓をいんぢというのは件《くだん》のいんぢのことではなく、員数《いんじゅ》の訛りで、数鑓などいうことではないのか。先を曲げて目貫穴としたのも同じ、ものを多く造るのに、一々穴をもむには、はかが行かない故の工夫であろう。

因みにいうと、今、小児の戯《たわむれ》に缺瓦《かけかわら》、または薄く扁《ひら》たい小石、介殻《かいがら》などを拾い取り、水面に向かい横ざまに椰《なげうち》ては、水の上を縫うように出没して飛びゆくのを、ちょうまやるという。今、按ずるに、ちょうまは打瓦《ちょうが》の誤りだろう。〔割註…孟陽擲瓦《もうようてきが》は蒙求《もうぎゅう》（注…中国の初学者向け教科書）にも出て、人の知るところである〕升菴外集《しょうあんがいしゅう》六十三宋の世、寒食に抛《ほう》「だ」の戯れ有り、児童が瓦石を飛ばす戯れである。今の打瓦のようなものである。梅都官禁烟詩《ばいとくかんきんえんのし》に窈窕《ようちょう》たる踏歌《とうか》の袂《たもと》を相把《あいと》る、軽浮勝《けいふかち》に賭《と》して、各々「だ」を飛ばす云々、といっているのは是である。〔割註…物類称呼に蝶を相模及び下野陸奥にて、てうまということから見れば、瓦石を水上に飛ばすこと、蝶の飛ぶかたちに似ているゆえ、かく名づけられたかとも思えるが、猶、そうではないだろう〕

又、打馬《ちょうま》ということもあるが、それは雙六《すごろく》の類の戯れなり。芸林学山《げいりんがくざん》に李易安、打馬の序を引いて曰く、彩選打馬特《こと》に閨房の雅戯であるといい、五雑組に、李易安打馬の戯、握槊《あくさく》とほぼ似ているといわれている。握槊とは双六のことである。しかあれば打瓦とは大に異なるものである。〔割註…打の字の呉音はちょう、漢音はとう〕

土佐刑部大輔光長の年中行事の稲荷祭の処にこの図がある。これ印地の様である。神祭に石打つことがあるということがよくわかる。光長は順徳院御世の人である。この図に童も又傍らに立ち、見る人も多く、書いてあるがここには略す。

描金画斧《びょうきんがふ》　巻之二

五節句のことを五ツ組の卮《さかずき》に画いたもようである

五月　いんぢの図　きそいぶね

かくのごとくである。按るに、この図いんぢとはいえど、競渡《きょうと》である。すでに上にいえるごとく、いんぢの元は石打つことであるが後には、この競渡などのようにすべて隊をなし、勝負を争うことをいんぢというようになる。競渡は、和名抄に布奈久良倍《ふなくらべ》と訓する。もと楚国にて屈原《くつげん》を弔う風俗が転《うつ》ったものである。長崎には今もハイロンといい、毎年五月五日にこの行事がある。甚だ盛事であるといい、但し小児のする事ではないようだ。

又、按るに、小弓を射ることも、いんぢといわれていることは既に前にふれた。それも、この舟くらべも共に五月五日で、同じく優劣を定めるわざであれば、ひとくくりにいんぢというのだろう。又、この図の童は、石を打つさまにも見えるので、舟で印地することも有るのだろうか。

新撰狂歌集に、曉月御坊の定家卿のもとへ、米を乞われける贈答の狂歌あり。

曉月が、しわすのはてのそら印地とし打ちこさむ、いしひとつたべ

返し　定家が力のほどをみせむとて、石をふたつに割りてこそやれ

是も石打の一証とすべき、さはれこのうた時代かなわず必ず謬《あやまり》あるはず。〔割註…この事を四方の歌垣に尋ねたところ、暁月御坊の歌は是にして、定家卿の哥は是ではないといえる。按るに、暁月は京月ともいうのか、為家の後妻阿佛の子、為守は即ち清水寺の法師京月である。この事、井蛙抄《せいあしょう》にあるとおぼえる。件《くだん》の歌の定家は、為家の誤りで、偽作したものではないことも知ることはできない〕

○また遠州犀川の辺に石打という処がある。思うにこれも往昔《むかし》ここにさることが有り、しかもその事によい処であったので、石打とは名づけたのであろう。これはふと思っただけで、拠りどころがあるわけではないので定めとは云い難い。

はま　浜なげ

囲碁に、はまというのを、今は専らうちとった石をいうが、もとはさにあらず。〔割註…後撰集に、白波のうちやかえすと待つほどに、浜の真砂のかずぞつもれる。など歌には多くよまれているが、浜は打ちとる石のことではないだろう〕囲碁口伝に、浜をとり違えて打つことがあり、その石をこいて取るべからず云々。また囲碁式に、敵の浜を打ちとる度に数えて知るべき也、敵の浜の員《かず》を知らなければ、目算違うだろう云々、又、同書に、浜を取ること、先に散った石を取りしたためて、後、浜を取るべき由《よし》気色《けしき》を見ること、敵と一度に取るべからず云々。石浜など無造作にせず、爽やかによく見ることとあり、是を見れば石を打とった地を浜という。その地の形様々にて、洲浜のように又石を取る所であれば浜というのもしかりである。為業《ためなり》の歌に、ういかちをけるてなみのほどのいかなれば、とるべき浜もなぎさなるらん、〔割註…今は石をはまという故、浜を地という。それは本義ではない。○又、黄金の中に、細

砂の雑《まじわ》ることをはまというのは、浜の真砂という意味である〕
○安斎随筆《あんさいずいひつ》に、大和国吉野郡の人が語ったとして載せた話がある。大和国で正月、小児の戯に、はま弓を射る。その的は縄を巻いて輪を作り、径《わたり》一尺ほど中に穴があり、径は三寸許《ばかり》、形は鍋敷《なべしき》という物のようで、これをはまという。小児が並んで立ち、そのはまを転がし、走らせてそのはまの穴を射る。こちらより転がして射る、又あちらより転がし返して射る。このようにして射ることをはまころを射るという。はまころとは、はまを転ばすということなのであろう。転ばすは、まろばすである。それを射る弓をはま弓という。江戸で弄《もてあそ》ぶはま弓とおなじとある。このことは上野の桐生あたりにもあるが、少し異なっている。童何人かずつ先《まず》双方に分かれ、互いに対《むか》い並び、その処の地の上に筋を引いて堺と定め、互いにこれを越えることはしない。

さて浜というものは、木で戸車の形に造るものである。それをこちらより転がした時、あちらの堺へ入らぬうちに、竹木によらず何でも細長い物で打ち止める。もし堺へ入ったときは、こちらの負けとなる。双方ともに輪を往返《おうへん》して打つことおなじ定めで、是をはまなげという。此の戯まったく毬打《ぎちょう》に似ている。〔割註…小児の弄ぶ毬打の玉は、戸車の形に似ている〕すると、はま弓、浜なげ、毬打みなそのもとは一つものと思われる。

○中に穴のある丸いものを浜というのは、端をはといい、間中をまというか、又は浜曲《はまわ》などということより、輪をはまというのか、いづれも破魔の字義による説は間違いである。

○円座の中に、穴を明けることをはまというのも義は同じであろう。円座は禁中にて用いられるも、元は蒲《がま》で組んだので、これ即ち蒲団である。後には錦綾《にしきあや》で包み作ったものもある。この円座、古画に多く見える。円座の中に穴があいていても古様《こよう》ではないといえるものもあるが、穴があいたのが古製であろう。円座を和名抄に和良布太《わらぶた》と訓するは、稲草《わら》で造るゆえだろう。蒲団というのも蒲で造るからである。稲草蒲などにて曲《わ》にして造れば、中に穴があるべき筈《はず》であり、中に綿など入れて綿綾でつつめば、穴は無いという理《ことわり》である。そのようなものを錦綾で製るのも、ことさらに穴をあけるのは、本《もと》の形を存するためであろう。蒲団は、卓氏藻林《たくしそうりん》巻之五器用の類に、僧の坐禅の蒲墩《ふとん》（注…蒲で編んだ円柱の腰掛け）である。また留青全集《りゅうせいぜんしゅう》巻之七、李枝藻《りしそう》が達磨の賛《さん》に、人は賛《ほむ》る、他《かれ》が長江の中、一葦《いちい》にて、渡ることを誰か知らむ、他《かれ》が蒲団の上九年の心、云々とある。もと僧家の具なのであろう。

上下　肩衣

上下《かみしも》の衣服ということ古事記、応神記に見える。漢土で上衣下裳《じょういかしょう》というのも同じ義である。後世でいえば狩衣《かりぎぬ》、水干《すいかん》、直垂《ひたたれ》、何れも上下ともに同色同紋であることをいう。ある高家の所持する巻物の模《うつ》したものを見ると、古い屋の内に官人が居る砌《みぎり》のかたに、翁《おきな》が上下着て文杖《ふんづえ》、〔割註…文杖は、地下庭上より殿上へ文を挟み奉る具である。又禁中だけでなく用いることが宇治拾遺土に見える〕に文はさみ、もつ姿がかかれている。その絵詞に、昔たひらの京五条堀堀川のあたりに、よき家のあれたのがあり、鬼がすむと言い伝わり、人もおらず、久しく時が経っていた。谷宰相という人は、家がないため、この家を伝え聞いて住もうと思った。中略、かくて夜中なるほどに、さまざま、人に似つかわぬ姿の者どもが、前に現れたが、宰相は目にもかけず、ものも言わなければ、あさぎの上下をきた翁が、中文持ち、時節にのぞみ、長年の間、翁が住みわたり候家に、お越し召されたことを憂え申す、よしをいう、云々とあり絵と詞と合わせみること。

翁あさぎの上下着て、文杖に文挟みてもてるかた、この絵は土佐光信の筆なりといえる。光信は藤原広周《ふじわらのひろかね》の子で、将軍義政公の時代の人である。

○みぎの詞《ことば》がきに似た話、旧本今昔物語、また宇治拾遺にも載せている。

又、素襖《すおう》を上下ということ、狂言記に見える。素襖もまた直垂である。春湊浪語《しゅんそうろうご》に、無位の武士は布の直垂に緒に革をつける。斎藤助成の記に、革の緒の直垂というのは、即ちこれである。畠山重忠、直垂に紫革の緒をつけ、折烏帽子を着たりしと義経記に見える、いつよりか是を素襖と誤れるようになった。本《もと》の名は革緒の直垂である。

○古く上下というのは、みな直垂のことをいう、と言われている。

猿楽狂言

禁野　三人　シテ大名　熨斗目《のしめ》　素襖　弓矢

アド二人　大臣　烏帽子　小さ刀

▲シ　あらぜひに及ばぬ。さあ刀をやるぞ。とれ　▲後ア　どりや、どりや。身共が取りてやろう。

▲初ア　まだその上下、小袖も脱いでをこせ　▲シ　いやいや是はならぬ　▲初シ　をこさぬとい殺す

ぞ、い殺すぞ　▲シ　あら危ない。命助けてくれ、くれ　▲後ア　それならばよう渡せ、渡せ　▲シ　扨ても、扨《さ》ても迷惑なことかな。脱いでやろう。さあ取れ
○この素襖を上下といえるなどにても、狂言の時代古き事を思うべし。アド二人が肩衣の着様、常と異なり、ここは下にいうべし。

また光源院殿御元服之記《こうげんいんでんごげんぷくのき》、〔割註…天文十五年義輝公御元服の記である〕大工各々烏帽子上下を着し、参候《さんこう》するとあるが、素襖のことをいっているのだろう。又室町殿日記に、肴物《さかなもの》の覚え云々、御六《むつ》ヶ敷《しく》候ハンニ、上下三具《ぐ》、紬《つむぎ》の表二ッ御下《くだ》し、確かに受取申候とあるのは、袖のない上下をいうと思われる。〔割註…大和礼草《やまとれいぐさ》に、衣服は身に具合がよいものをよしとする。素襖は身に具合がよくない物である故、いつとなくその袖を切り、裾をちぢめて今の上下となった云々といい、又ここもろこしも、常の衣服前の形の、二重になっているのを費《ついえ》であるとして、異国人の前をボタンでしめ、前後の重ねを一様にするのもよしといわれた。一見識

にはあるが、けしからんと思う人も多いだろう〕
肩衣は、万葉集五巻山上憶良《やまのうえのおくら》の歌に、結経方衣《ゆうかたきぬ》、〔割註…木綿肩衣である〕同書十六巻竹取翁の歌に、布可多衣《ぬのかたぎぬ》ということがあり、これは賤《いや》しき者の服で、たけが短くて肩にばかりきるものと見える。安斎随筆に、古今著聞集《ここんちょもんしゅう》を引いていわく、下臈《げろう》の着る、手なしという布着物を着て、鎌を腰にさして編笠をだいたいが着けている。この手なしといえる物が肩衣であろう。中略　今の世、武家に用いる肩衣も元はひだはなく、近世に至り、ひだをつけたのである。〔割註…節信按ずるに、俗説贅弁《ぜいべん》にも一書を引いていわく、肩衣、袴、皆、襞積《ひだ》は無く、襞積が有るのは近代になってからである。信長公の画像を観ると猶、襞積無し云々といえる。ひだの無い袴もあるのだろうか〕肩衣、もとは賤者の服で礼服ではないが、今では押出《いだ》して武家の礼服となったとあり。万葉のかたぎぬを、著聞《ちょもん》（注…古今著聞集）の手なしという説おもしろい。節信按ずるに、陣ばおり、又、室町殿日記などにある具足羽織《ぐそくばおり》というものの元は、即ちこの肩衣なのであろう。相州兵乱記〔割註…別名、関東兵乱記〕天文十二年河越夜軍《かわごえよいくさ》の条に、頃は四月二十日宵過ぎるほどになったので、云々、小田原勢わざと松明を持たずに、紙を切って鎧の上に懸け、肩衣のようにして相言葉を定め、云々とある。これ具足羽織のもとであろう。〔割註…羽織のことは下にいう〕昔は肩衣ばかり着て、袴をつけないこともあり、又袴を先に着て、その上に肩衣を着たこともある。〔割註…但し、上下同色同紋にひとそろいしたものを、かく着る事はないのだろうか。古画などにも見えない。〇又、直垂も袴を着けずに着る事あり、それは下の羽織の条でいうことにする〕

上下は直垂より起こり、肩衣は袴を具せずが本ならば、各々そのはじめは異なる。春湊浪語に、肩衣を古の肩巾《ひれ》なのかといい、されど古に肩衣というものがもしなかったら、さもいわましい。既に万葉で肩衣を詠んでいるので、肩巾と異なることは明らかである。又、同書に伏見帝の御時に画《えが》かれた法然上人画伝に、侍の郎等と見えるものの肩衣に、大口袴着た者所々に見えるというが、法然上人画伝に、そうしたものの者ついぞ見えず、何をさしていうのかいぶかしい。又今川了俊の大双紙に、袖が付かない直垂というものも見えるとあるが、これもそらごとだろう。群書類従本《ぐんしょるいじゅうぼん》などには見えない。〔割註…但し流布の円光大師絵詞は、知恩院にあるのと異なるといえれば、その内にそのとおりのかたが有るのだろうか〕

この図は、洛中六條八幡宮へ将軍義満公御社参之図にあり、筆者は詳らかにはできないが、その頃の画であろう。原本多く剥げ落ちたりと見えて、模本に欠けた所が往々にある。〇上下の服の袖が取れているのも古きことなり。世に松永久秀が作り初めたなどいうことはない。

千春所蔵

上下同色同紋である。

或人の所蔵に、静物伝の模本がある。その内に上下着た人がいる。是も同じ頃の画であろう。

古代の肩衣の様

犬追う物の図に見える。筆者は詳らかではない。

室町時代の古画であろう。

肩衣だけで袴を着けず、賤者の服であることを知ること。

七十一番職人尽、歌会の内炭焼の図

この炭焼きが着ているもの、著聞集に、下臈《げろう》の着る、手なしという布着物という物であろう。

○この服を着た図は、この職人尽にも多く、また建保《けんほう》職人尽にも往々見える。

ある諸侯の秘蔵している古代の上下、その形大略この様である。地は金襴で上下一具である。袴は四幅袴《よのばかま》である。

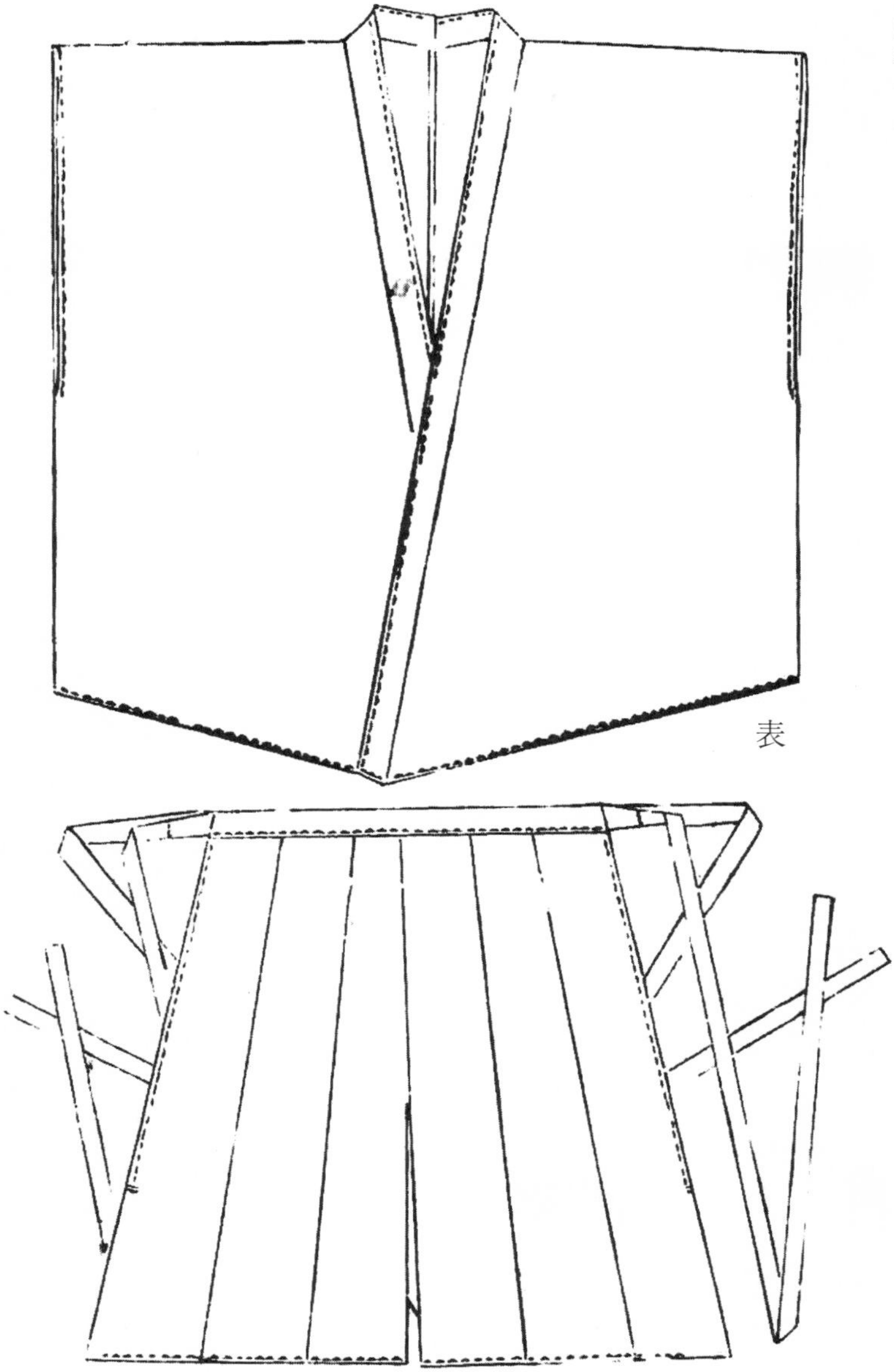

袴後ろのかた、腰板などいうものない。前の紐は細く、後ろは幅が広い。襞積のよう、且、紐など裁縫の委しいことは、図の及ぶところではない。
○上は前さがりなること図の如く、後ろのかたは一文字である。その外は図のごとし。

裏

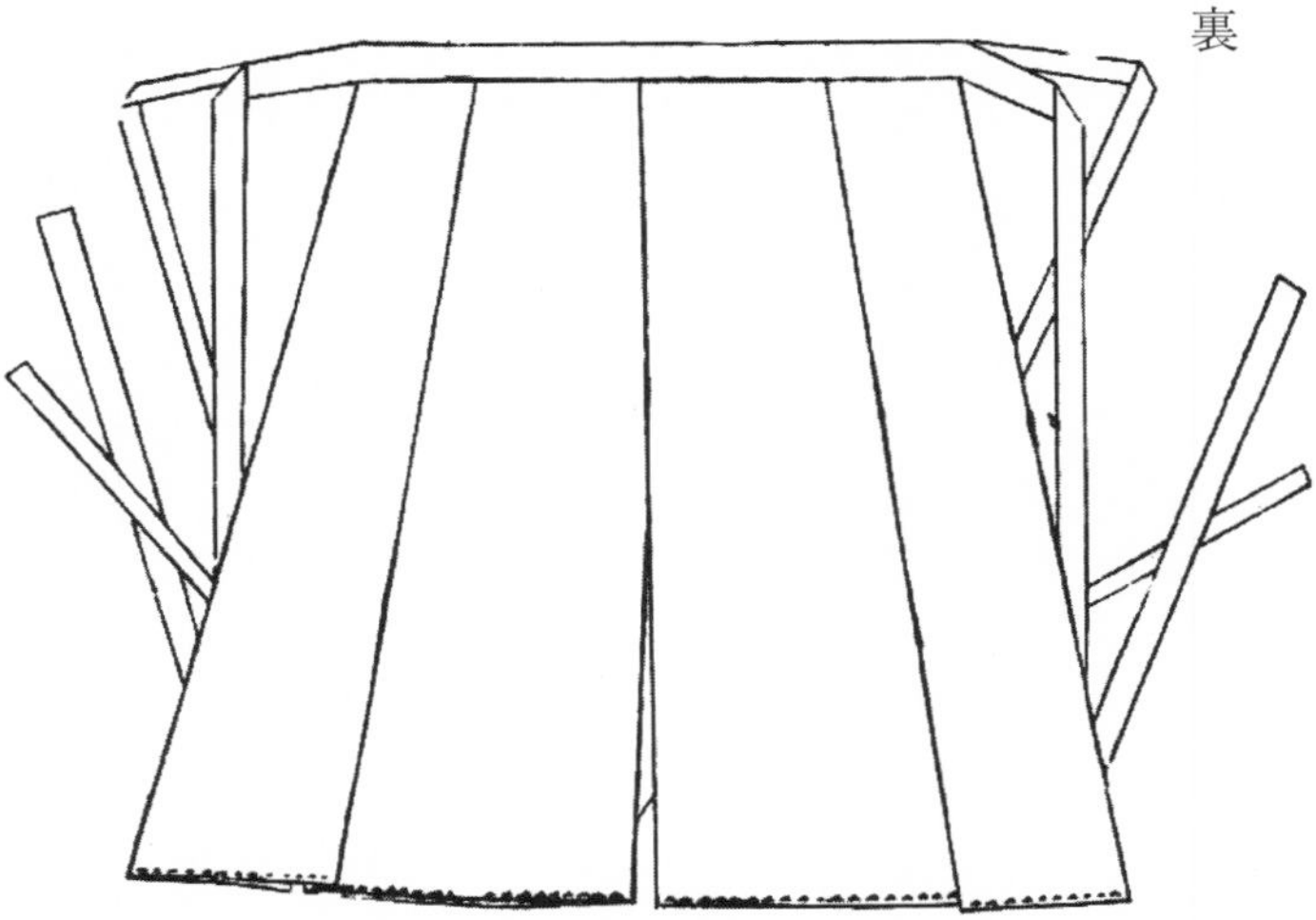

猿楽の図

肩衣かかる様に着ること、古様である。前の狂言記の図も同じ着様であるが、この肩衣は猶、古製である。

豊太閤《ほうたいこう》の着給える
肩衣の図

後ろに舞える鳳皇
のもようがある。
永幅、矩差《かねざし》でなり
をしるす。
この肩衣はやや今
の製に近い。

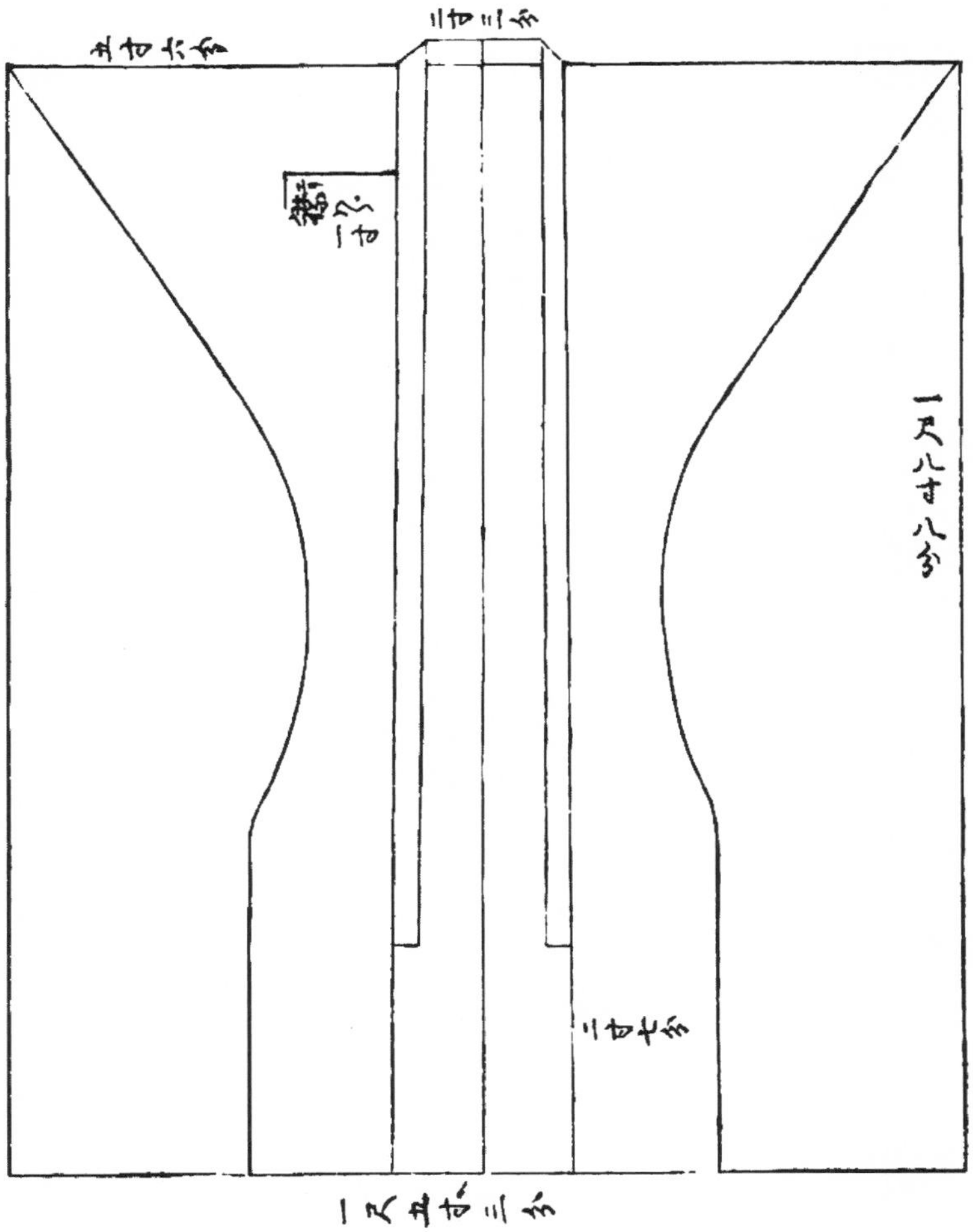

赤松武蔵肖像　猪飼氏所蔵　鋾居《いんきょ》（注…節信の筆名）縮図

袴を着ず、肩衣ばかり着た様子、かくの如し。この像、白髪で頭が剥げているので、年のほどおおよそ六十以上のかたちを写したものだろう。その碑文に正保二年身まかったとあるので、かれこれ合わせ考えると慶長、元和の頃を盛りに過ぎていった人のようだ。その頃猶、肩衣をこの様に着ていたことを知ること。

〇この条でいうことではないが、この人の碑文と業績とをついでに下に写し出す。

・肩衣　朱、丹で紋がある
・熨斗目　白、茶色で縞がある

因みにいわく、この武蔵のこと、世に伝わることはみな浮き立つようなことことばかりで信《うけ》難い。豊前国小倉の城下、十町余り東に長浜という処があり、山上に武蔵の碑がある。山下は海で海中に島がある。世に岩流島といわれている。その碑は、この島に向けて建てられており、碑文漢字で非常に長く記されているので、全て記録することは不可能なので、今その要文のみ撮り、仮名にうつす。

播州赤松末流新免武蔵玄信二天《しんめんむさしげんしんにてん》居士の碑云々、播州の生まれ、赤松の末葉、新免の後裔《こうえい》、〔割註…武蔵は新免の子である。それを後裔と書いたのはなぜなのかわからない。この碑すべて文章非常に拙く、何とも理解しがたい事々も多い〕武蔵玄信は号を二天想夫という。天資曠達《てんしこうたつ》（注…生まれつき心が広い）にして細行（注…些細な行為）にかかわらない。父新免は号を無二という。世々十手《じって》〔割註…武器〕の法を伝えてその妙を得た。武蔵はこれを受け継ぎ、朝鑽暮研《ちょうさんぼけん》（注…朝から晩まで研鑽する）して、考えるに、十手は常に用いる器ではないが、二刀は武士の不断身に随《したが》う具なので、この十手の法をうつして両刃を用いれば、人のために大いに役に立つであろうと、工夫して遂に一家の法を立てた。

○十三歳で始めて播磨国に到り、〔割註…既に播磨の生まれとあり、又ここに始めて播磨国に到るとはいぶかしい。どこからここに至ったのだろうか〕有馬喜兵衛という者とその術を試してみたが、喜兵衛は敵わなかった。十六歳の春に但馬国に到り、秋山という無双の大力なる人と勝負を決《さだ》め、掌を返すばかりの間に秋山を打ち殺した。これにより大いに名を上げた。その頃京師《けいし》に、比《たぐ》いなき剣術家で吉岡という者がいた。武蔵その家に往き、雌雄を試むことを請い、吉岡の家嗣《かし》清十郎が、武蔵と洛外の蓮台野に於いて互いに木剣で闘った。武蔵、吉岡を撃つこと一刀、吉岡は息絶え絶え。その門人等板上に舁《かき》のせて帰り、薬を服させたところ辛《かろう》じて蘇生した。これより清十郎は剣術を棄てて雉髪染衣《ちはつせんえ》の身となった。吉岡伝七郎はしょうこりもなく、先の処で武蔵と戦った。この時、五尺余りの木刀を使ったが、武蔵その木刀を奪い取り、また一打で打ち殺した。　吉岡又七郎及び門人等は益々仇《あだ》を結び、密かに示し合わせていうよう、奴《きゃつ》は尋常の術では及び難い、多勢で打ち殺すのは難いことではないとして、今回は洛外下松の辺りに出会うことになった。武蔵はよく敵の機を知る者なので、早くもその企てを察《さっ》し、わざと門人を帰らせ、只、独《ひとり》衆敵を欺き追散らして洛中に帰った。実に万夫不当《ばんぷふとう》（注…剛強な人）の勇勢であると洛陽の人は感嘆するばかりであった。これより先に吉岡氏代々□方家の師範として、日本第一兵法剣術の号をもっていた。霊陽院義昭《れいよういんよしあき》公の時、新免無二を召し、吉岡と剣術を競わした。勝負は三度限りと定めた。吉岡は一度勝ち、新免は二度勝った。これにより新免に日本無双剣術の号を賜う。そうした事があった故、武蔵もまた吉岡と勝負を争うこと数多く、終に吉岡氏の家名は泯絶《みんぜつ》した。

その後、程経て剣法の達人佐々木岩流という者が、武蔵と真剣で雌雄を定めようと請うた。武蔵はこれを許容して曰く、そこは白刃《しらは》で思う儘に秘術を尽くされたい。おのれは木戟《もくげき》で事足りる。出会う処は舟島と定め、かたく契り、その日になった。長門と豊前とのあいだの海中に舟島という小島があり、両勇士がここに来て闘うに、約束したように岩流は白刃、武蔵は木戟で各秘術を尽くした。武蔵の早技電光よりも疾く、一撃でたがわずに岩流を打ち殺した。是よりこの島は岩流島と名付けられた。武蔵は十三歳より人と剣法を試み、勝負を決する事六十余場、一度も不覚をとったことはなし。必ず前かどに定めていわく、敵の眉《まゆ》八字の間を打たなければ勝ちとすべきではないといった。いつもその言に違《たが》うことはなかった。世の人、口に膾炙《かいしゃ》（注…評判になる）すると、誠にその名が誇りに思えてくる。嗚呼《ああ》偉《い》なるかな。肥後国熊本にて卒する。その時自ら天仰実相円満兵法逝去不絶《てんぎょうじっそうえんまんひょうほうせいきょふぜつ》という十二字を書いて遺した。干時正保二年乙酉五月十九日、承応三年甲午四月十九日孝子敬建《つつしんでたつ》とあり、

○また猪飼氏武蔵の真跡をもっており、めずらしい物なので模写してここに出す。これは柔術の名目

であるということだ。かかる武人の書には似つかわしくない筆勢である。
柔能く剛を制するの意《こころ》見つべし。

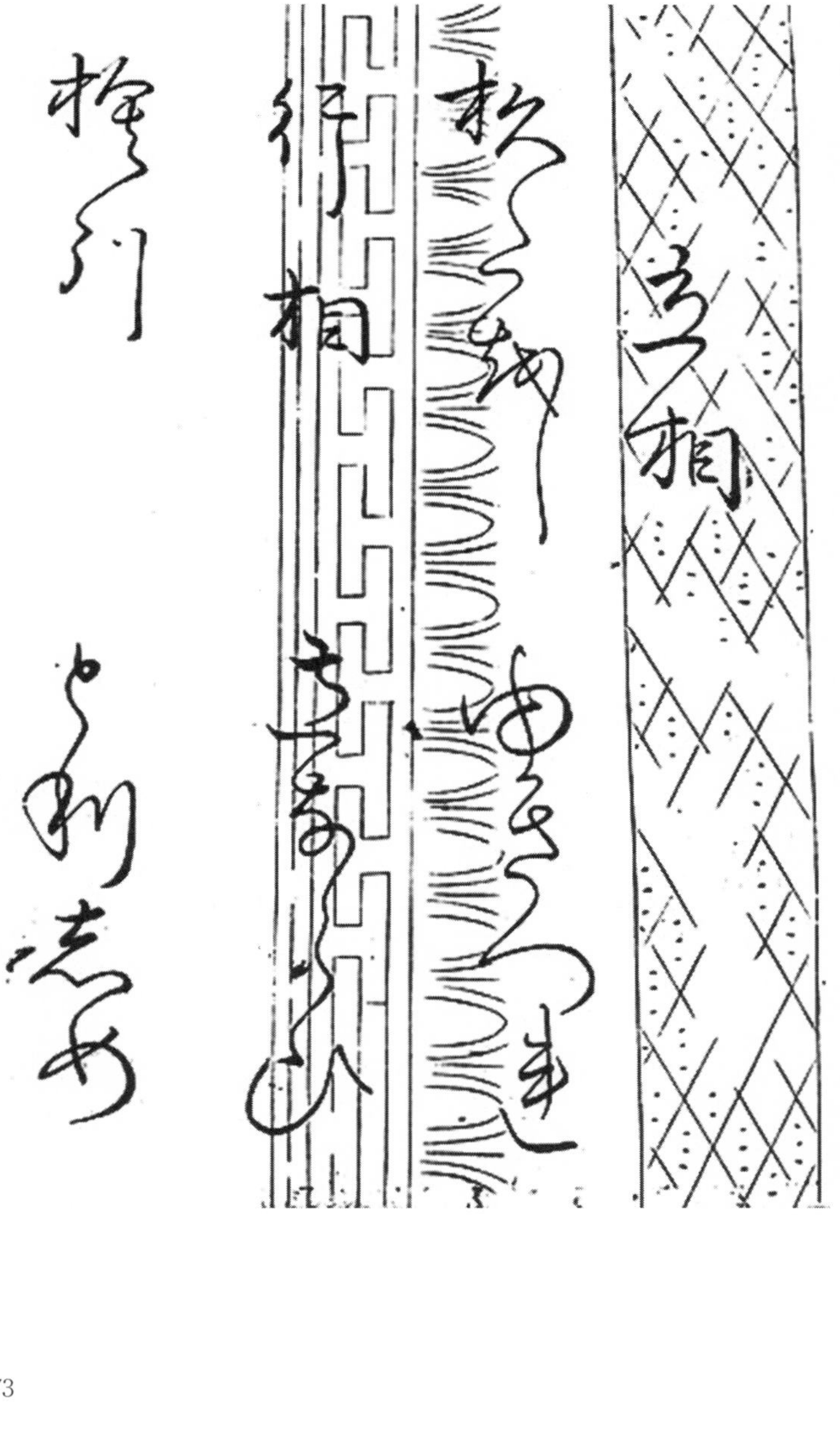

○紙は半切にて、つぎめ上、黄色、下、浅葱雲母《あさぎきらら》にて紋あり。

按ずるに、和事始に、今世に所謂《いわゆる》柔術は武備志では拳という。近世陳元贇《ちんげんひん》というものが我国に来て、江戸浅府《あざぶ》の国正寺に寓居《ぐうきょ》した。又、浪人三人が同じくこの衆寮《しゅうりょう》にいて、元贇が雑談で、大明に人を捕える術があるというのを聞いて、工夫を凝らして柔を起こしたことを語った。按ずるに元贇は、〔割註…元政が身延紀行の中で、尾張で始めて元贇に逢えたと記している。また元々唱和といって両人贈答の詩巻もある〕心越禅師《しんえつぜんし》等と共に帰化したとのことであり、万治二年には来ることができただろう。然るにそれよりも五年以前に身まかった武蔵が、いまだ世に起こっていない柔の名目をかき置いたのはどうもおかしい。〔割註…但し、この武蔵の書を、柔の名目というは誤りなのか、又元贇より先に柔術は有ったのだろうか。猶、考える必要がある〕

羽　織

羽織はもと道服《どうふく》である。道服とは道家の服という意味である。〔割註…漢土には道家というものがあり、その服は儒家とも佛家とも異なり、これを道服という。時が移り、僧家にも用いられ、それがここに伝わり来たのである〕太平記矢矯《やはぎ》合戦の条に尊氏卿が建長寺で道服を着て法躰《ほったい》（注…僧侶の姿）を真似たことが出ている。ここでは此の服、僧家より出て俗衣にも用いる故、その製も少しづつ変わりつつ遂に、俗に用いる道服は僧家のとは起源も各々別であるという説さえ出てきた。

さて此の服をうちかけともいうこともあり、高館《たかだち》の双紙に鈴木三郎がわらづ脱ぎ捨て、上に着た打かけ脱いでとあり、また鹿苑院准后厳島詣《ろくおんいんじゅごういつくしまもうで》の記にこの度はうって変わって珍しいお姿で、花田色に目結いとかいう紋を染めて、袖口細く、裾が広いうちかけというものを上に着られ、赤い帯と青色のはばき、赤色の短い袴という。是が即ち道服である証は、埃嚢抄《あいのうしょう》に、道服は乗馬するときに上に打ち着て帯もしないものである。灰埃《ほこり》がたち、衣装を汚すのを防ぐ心遣いであるといえる。上に打ち着るゆえに打ちかけともいうのであろう。塵埃を防ぐのによいものであるので、俗には専ら旅装に用いたと思われる。又甲陽軍鑑功力《くぬぎ》小美山訴えの条、〔割註…皮はぎ馬に乗り、下人を連れ酒屋で侍と同じく、酒を飲んでいたが口が災いし、公事となってしまった〕この以後、皮剥ぎの道服は、袖広帷子《そでひろかたびら》にも、牛と馬と両方に、中には草履をかたに付けて着てあるくこと云々とあり、春湊浪語《しゅんそうろうご》に、この打ちかけを後に道服といい、今は羽織というものになったと記されているのはよいとしても、打ちかけはもとより道服なのに、後に道服と名付けたというのは間違いである。〔割註…経平も、僧の道服と俗の道服とは異なるものであるとわかっている故、このように誤ってしまった〕

また胴服というものは安斎随筆に、室町殿〔割註…天文永禄の頃〕申次の役を勤めていた伊勢六郎左衛門尉貞順の記に胴服のことが出ている。その服たけ短くて胴ばかりを掩《おお》うもの故に胴服という、これを別名はふりという。〔割註…はをりと読む。羽織と書くのはかながちがう〕帯をせず、放ってはふりかけて着る故に、はふりという。又按ずるに、羽織は十徳《じっとく》の変じたものである云々〔割註…已上要をとるのみ〕この説どうだろうか、既に胴服ははふりである由をいい、亦さらに十徳の変じたものというのは自ら矛盾するのに似ている。〔割註…十徳のことは下にいう〕この胴服も別名をはふりということを思えば、これも打ちかけの変じたものであるからこそ胴服は道服の字音が近いことから後に書きかえたのではないか。

因みにいうと、陣羽織は右の道服のはふりとは、もとの起こりが異なることは前の肩衣の条でいったように、肩衣に倣《なら》いて製ったものである。それをまた春湊浪語では、肩衣は古の肩巾《ひれ》であるといい、又陣羽織のことをいっている処では、太平記異本に初めて弓小手というものが出ているので、もはやこの書を記した頃より鎧、直垂を肩衣と弓小手とに作り分けすることが起きていたのだろうか。中略このかた衣の形をうつして袖なし羽織を作り、これを陣羽織、押羽織と名付けたといえる。
　この説あちこちが異なるだけでなく、前後にいうことさえ齟齬《そご》して、肩衣は肩巾が本《もと》か、鎧直垂が本か、判断するのが難しいのはどうしてだろうか。〔割註…按ずるに鎧直垂は甲陽軍鑑大門峠合戦の条に、その頃、岩村田にお宿のかみという女弟子を

七十一番職人尽歌合《しょくにんづくしうたあわせ》
土佐刑部大輔光信筆

道服とも又うちかけともいう服がこれである。即ち、今の羽織のもとである。

厨子君《ずしきみ》は小巷《しょうこう》（注…路地）に居る売色である。今も京師に厨子と名がつく地名は多い。

四、五人もち、歌を歌って踊る、「さても本の村上や、にしきの直垂袴にて、鎧着して来る共、甲斐を好むはお大事よ」これは始め、村上が甲州を望むこと天文七年になるが、後、晴信公が度々勝ち給うによってなり。とあり、この頃なお鎧直垂を用いていたことを知るであろう。甲陽軍鑑は小幡氏の偽書といえども旧記伝聞を抄録するものである」。例の古図ども写し出して証とする。

この図は、日吉祭の画中に見えて、同じく是も光信の筆である。

光信は、文明より明応の間を壮《さかり》に過ごした人で、右の歌合せの絵も是もその当時の様を書いたものであるので、証とするには十分である。この二つの図で、この服が、専ら旅中の具に用いられていたことを知ること。又この図は、埃嚢抄《はいのうしょう》の、道服は乗馬《じょうめ》する上に打着て、帯もしないものだとみえる。文によくかなっている。また、背に付けたる四ッ目の紋は、厳島詣の記に、めゆひ（注…目結い）とかやいう紋に染めて、といっているのにも似ている。

融通念仏縁起の中に此の図がある。

このふたりの男が上に着ているのは、袖はないけれども、打ちよけであろう。按ずるに、和名抄には両襠《りょうとう》をウチカケと訓じたり、それは今も舞楽に用いる服で、製《つくり》も異なる。はおりて着るものでもないので同名異物である。又、按ずるに、この図は田楽の人であろう。洛陽田楽の記などを参考に考え合わすべきである。

この絵は、応永年中にかいた絵である。

右の図の中に、黒い棒のようなものを持っているのは鷺足《さぎあし》だろう。古今夷曲集《ここんいきょくしゅう》（注…狂歌集）に、春日祭に田楽法師しそこなえるを見て　牡丹花

鷺足にのりはづしたる面目は、灰にまぶせる田楽の曲とあり、これは豆腐のでんがくによそえて落ちたことを興じたものである。もと豆腐の串にさしたものを田楽というのも、この鷺足にのった形に似ている故に名付いたといえる。鷺足は今童子のする竹馬のもとなのであろう。〔割註…古の竹馬とは様が異なる。〇春日祭の絵に、田楽法師が鷺足にのる図がある。今も春日祭にその事はあるが、ただ乗るまねするばかりであるという〕

この図は、光茂の筆にして、武士遊行の様である。この羽織は道服の類ではない。陣羽織の類である。今の俗に、ぶつざき羽織というものは、この服より出たものだろう。

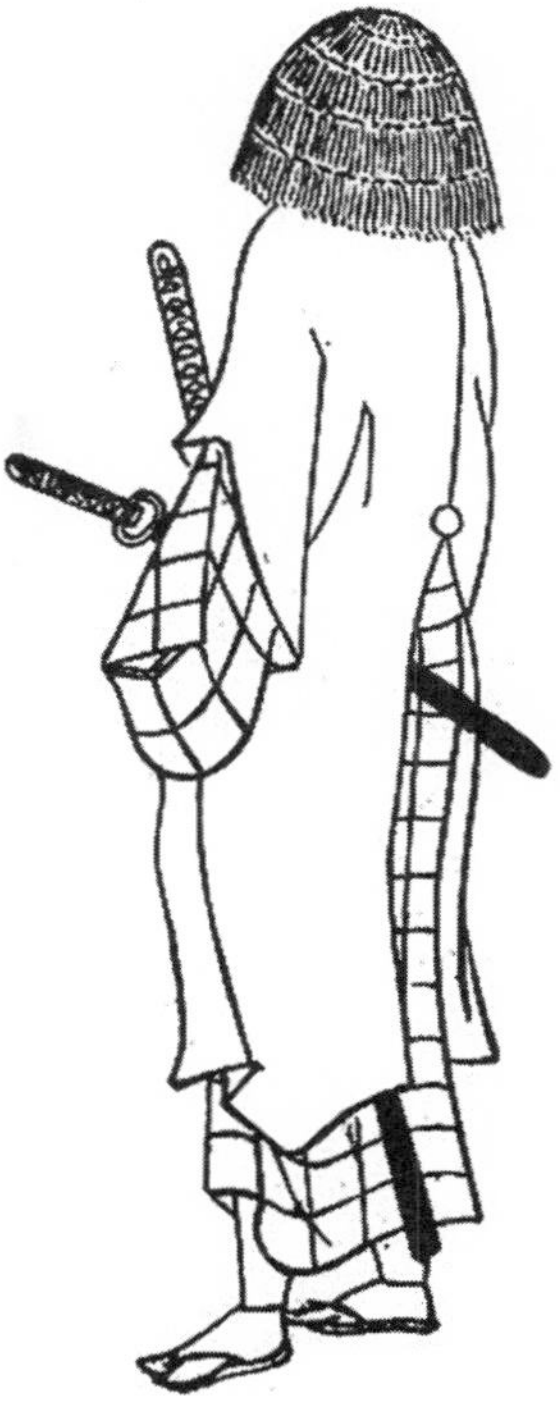

光茂は光信の子である。今按ずるに、此の画、光茂ではない。猶後の物である。

因みにいわく、十訓抄に、大原の聖達四、五人が河内国石川郡に泊りし、という処に、家主は紺の直垂《ひたたれ》ばかり着て袴は着けず、ことの外に経営して、よいむしろ畳など取り出して敷いた、とあるのは、羽織の濫觴《らんしょう》（注…始まり）ともいうべきかもしれないが、此は一時のことで、これよりこうした服を製ることはない。またこの事を、本願寺宗の俗人が着る肩衣の始であるというのは、いよいよ非ざることであろう。

十徳

十徳は直裰《じきとつ》、〔割註…裰あるいは綴とも書く〕の略製で、その名をとなえ訛《あやま》ったままに、やがて十徳という名さえできたのである。このように誤ったこともやや古くから見えて、下学集に、直裰と十徳とを別に出している。産業袋というものに、十徳は直綴のとなえぞこない、されば十徳のように袖長く、四《よ》すそを五寸ばかりずつ綻ばせたものを編綴《へんてつ》という。是にて知れるといえども、直綴は長袖裳付《もつき》の衣のことである。従って十徳の仕立てようのものを直綴というべき謂れはない、というのは却って非である。それは省略したことにより、名が変わったことに気が付かなかったからである。

按ずるに格致鏡原《かくちきょうげん》に、原始秘書を引いて曰く、唐の武后、僧懐義《かいぎ》を行幸した。衣帽《いぼう》皆朝扮《ちょうふん》を用いる。衣、大袖を用いること、朝服制（注…位による衣服の定め）の如し。直裰といい、偏衫《へんさん》といい、寛衣《かんい》という。加えると錦繍（注…錦と刺繍）をするとある。此の服はもと僧衣にかぎらないことは、郭思《かくし》が画論に、処士、憑異《ひょうい》（注…武将の名）は衣巾、大袖周縁は皁《そう》（注…黒色）とし、下に襴《らん》を加え、前に二つの長帯を繋ぐ。随唐は朝野（注…官民）に之を服する。今、呼んで直裰という。また王世貞の觚不觚録《こふころく》には、袴褶《こしゅう》は戎服《じゅうふく》とある。其の袖を短くし或いは袖を無くして衣中断するは、其の下に横摺が有り、下また竪にこれを摺《たた》む。若し、袖が長いときは曳撒《えいさん》（注…男性服）とする。腰の中間を断ずるのは一線道を以て之を横たう、即ち之を程子衣《ていしい》という。線導の無い者は、即ちこれを道袍といい、又直掇という。此の三つの者は燕居《えんきょ》（注…暇人）の嘗《かつ》て用いる所である。邇年《じねん》以来忽《たちま》ち程子衣という。道袍は簡に過ぎ、それから士大夫は宴会には必ず曳撒を着る。是、戎服を以て盛んになり、それから雅服を軽いとする。吾は之に従い、未だこれである。また佩文韵府《はいぶんいんふ》に、林逋《りんぽ》が李山人に寄せる詩に、身上祇《まさき》に衣る鹿直掇《そじきとつ》、馬前《ばぜん》長く、帯は古偏提《こへんてい》とある。蘇轍が孔平仲に蕉布を恵まる詩に、更に雙蕉《そうしょう》を得て直掇を縫う。都《すべ》て渾道人（注…仏道の修業人）と看作《みな》す。などとあるのを見れば、直掇もまた道服である。〔割註…道服は前の条にもいったように、道家で着る服で、一物には限るものではない〕

さて、直掇を省略して十徳と名付けるのは、利用が多いことにもよるが、その本は直掇の譌《か》（注…訛）音《おん》である。此の服、今は俗躰の人は着ないが、昔は普《あまね》く俗に用いていた。故に下学集等の書にも、みな俗人服用の中に出ていた。撮壌集に行旅《こうりょ》（注…旅行）の具の中に出すのも、便宜な服だからである。〔割註…道服とその用いるところは同じなので、その本は道服と思う〕康富記《やすとみき》に、文安四年四月九日は清水地主権現の祭りである。執行坊、桟敷を構え入申し□□□兼日自《より》参るべしと仰せつけられ、異躰で参った。「十徳小袴」とある。

又奇異雑談に、〔割註…此の書は作者の姓名も年号もないが、書中に予の父、中村豊前守ということあり、豊前守は六角家の臣である。又按ずるに斎諧俗談というものに、奇異雑談は天文十一年中村豊前守子息の著述であると、いわれている〕応仁の乱中のことなので、東の洞院と高倉との間に足軽が一人いて、〔割註…自註に名字忘却とある〕夏の頃に清水に参詣した。あさめし以前に、格子の紋の帷子に、よもぎの文字の十徳に、刀、脇差にて宿を出た。中間は肩衣、よのばかま（注…中間の着用する袴）で、〔割註…此のころもなお賤者肩衣を着た。前条に照らしみること〕主の笠を頭にかけ、手やりを担げてあとに行く、云々とあり。この足軽中間の出立《いでたち》、今の世では異様に思える。
又按ずるに、太平記二十九巻の師冬《もろふゆ》自害の条の末に、師直入道道常、師泰入道道勝ともに、裳なしの衣に、さげ鞘さげて、降人になり、出れば、云々とある、裳なしの衣は、今の十徳のことで、直裰より十徳に転った始めではなかろうか、猶考えること。

これは、春卜《はるぼく》の絵本手鑑というものに出ている。但し土佐家とのみいい、画者は定かではない。思うに慶長の初年頃に出した物ではないか。画中にいささか考える処がある。図は若人が花見をする様である。十徳をうえに着ている。なお当時のはやり風俗と見える。

また狂言記法師物狂いのことばに、冬はまたせとの窓のあかりにて織たる布はなになに云々、十徳布子の面《おもて》、こ帷子、云々。海人藻芥《あまのもくず》に、絹の直裰は貴賤共にこれを用いる。道服は俗隠者《ぞくいんじゃ》がこれを用いる云々。これら十徳、道服みな俗用の証とすること。

此の服を直裰《じきとつ》（注…僧の法衣）という。裁縫は十徳に同じ。唯、異なる処は左右の服に襞積《ひだ》が三つあるのみ。但し本製の直裰ではない。以上の次第で、略して十徳となったということ。

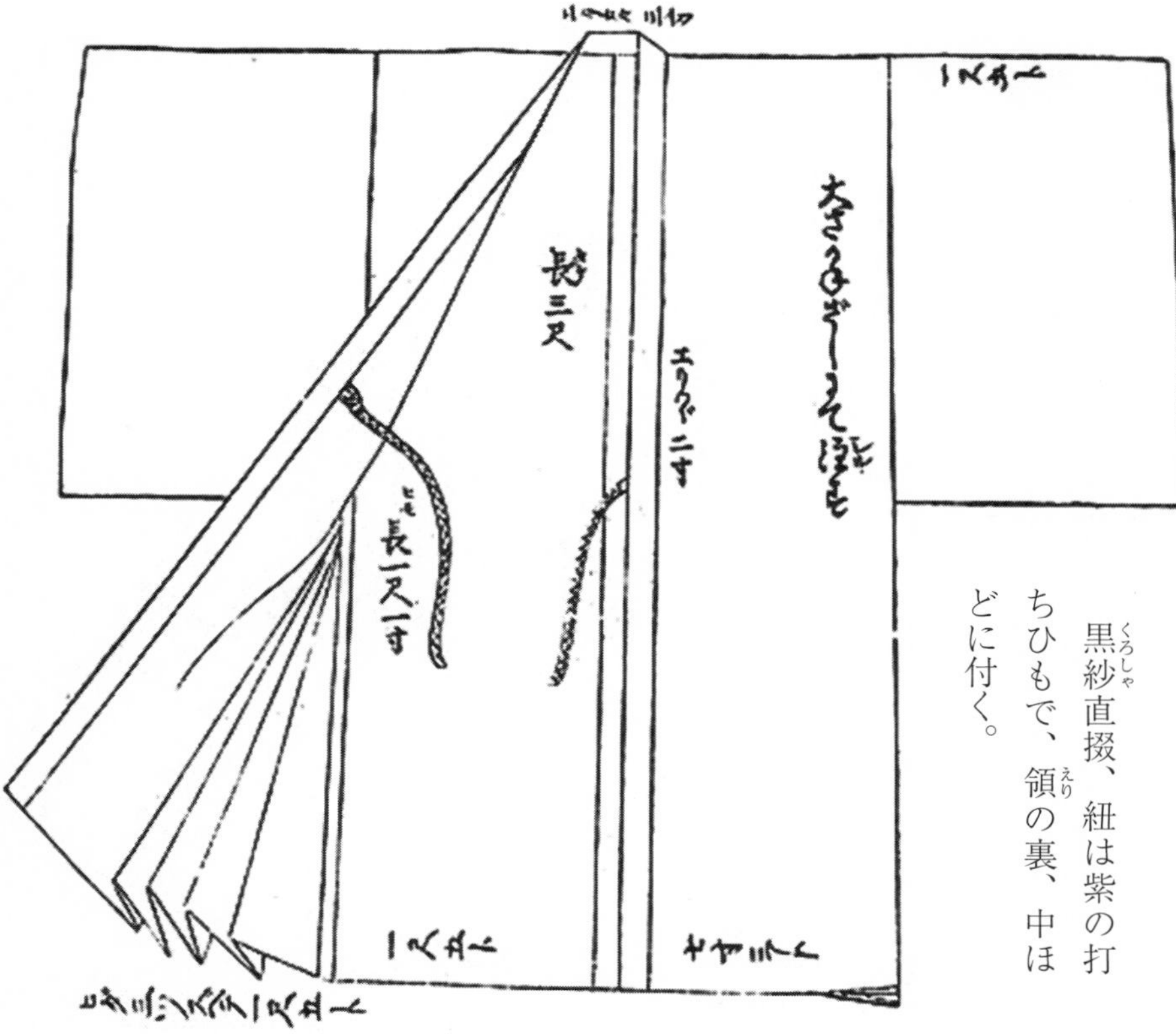

黒紗《くろしゃ》直裰、紐は紫の打ちひもで、領《えり》の裏、中ほどに付く。

茶筅売りが着ているのも十徳ではあるが、上帯（注…着物の一番外にする帯）をしているのは異様である。これらは皆、僧俗（注…僧と俗人）二中のものであるので、十徳は似つかわしい服である。

鉢たたき

英一蝶の画を縮図する。

ささらすり

此の絵は、東福寺の屏風に画かれていた職人尽の内にあったのを高島千春が抜き写し、記して持っていたのを、ここに載せた。画者は定かではないが、天正の頃の絵と思われる。

次《ついで》にいうと、ささらすりのことは、撰集抄に、播州小屋野という所を過ぎたときに、齢六十を過ぎた僧がいた。僧の髪は首の程までおい下がり、着る物はかたのように着ず、肩にもかけず、筵《むしろ》を着て、やせ衰えて、顔からはじまり、足手まで泥だらけであったが、ささらをすり、心をすまし、口笛を吹きならし、人に目も懸けぬ様子で一人控えている云々、とある。また膾余雑録《かいよざつろく》に、〔割註…原文漢字で書いてある。今要を摭《ひろう》て仮名書とする〕世に伝わる自然居士は東岸居士の師である。この二人、頭を剃らず、緇衣《しい》（注…黒い着物）を着ず、稀に袈裟を着る事がある。ある時は高座に登り、説法し、ある時は羯鼓《かっこ》（注…鼓の一種）を打ち、ささらを磨り、扇を執って舞う。愚昧なるものを仏道に入らせようとする手段であるといえる。是、今のささらすりの祖であろうか。又和訓栞《かん》に、空也の流れをくむものに、はちといい、ささらということがある。はちは鉢、ささらは竹甑《ちくしん》で、古はこれを持ち歩いている。今は瓢たんを摺り、歌を唱える。茶筅《ちゃせん》を売るのも、竹甑より起こったのではないかというが、瓢たんを摺るように、振るのも見える。これ等、もと乞食の所業である。古図があるので出して証とする。右に出した鉢たたきは、ささら磨りと異なることが見れる。

されど、ささらは田楽、はやし物などに用いることがある。榮華物語御裳《おんも》著の巻、上東門院土御門《つちみかど》殿にて田うえ御覧の条に、又、田楽といい、あやしきような鼓を腰に結い付けて、笛吹き、ささらというものをつき、様々の舞、あやしの男共が歌い、自慢げにして十人ばかりいたと思われる。また桂川地蔵記に、遠近《おちこち》囃手《はやして》の倫《ともがら》、老若と群集云々、各自編木《ささら》を摺り、手棒を振り、頭を掉《うごか》し、胸を敲《たた》きとあるが、乞食のことではない。

そもそもささらは、詩周頌有瞽《ししゅうしょういうこ》の篇、柷圉《しゅくきょ》、既に備わって、すなわち奏すとある。圉は、敔《ぎょ》と同じく、

この二図は、融通念仏縁起に出ている。これは応永年間の絵である。

類書算要《るいしょさんよう》巻之十二、乞丐《こつがい》の条、隍頭仰面《かいとうぎょうめん》、瓢《ひさご》を操って乞うとある。和漢同じ趣である。

はちたたき

地に落ちているのは銭であろう。

ささらの元である。又びんざざらというものがあり、今も浅草観音の祭にはこれを用いる。これは漢土の拍板《はくはん》（注…中国の打楽器）で、ささらとはひどく異なるものである。その昔より編木《ささら》の二字を書くは誤りであろう。ささらは編木《へんぼく》（注…あめるき）というべきものではなく、拍板こそ編木というべきだろう。又伊勢比丘尼などの手の裏につないで鳴らす物を、今はただささらというがこれも誤りである。これは、その形はなはだ小さいが、拍板に属すべきものである。又、按ずるに、浅草寺の祭は、田楽の名残りではないであろう。栄花物語の田楽にささら用いることも似ているが、それは、ささらというものつき、とのみ言えるのであれば、びんざざらではないのか、但しささらは、摺るとのみいうので、つくというのを思えば、びんざざらのことなのかも知れない。〔割註…ささらは、摺るものでこそあれ、つく物ではないのでということ〕

これは王思義《しぎ》の三才図会の縮図である

圉同敔　敔状類伏虎背上七十二齟齬碎竹以て其の首を撃って而逆之を曳く以て楽止

拍板　事物起源にいわく、晋魏代宗《しんぎだいそう》識というも、善節を撃つ然、板を以て拍の代りに戟節する、これすなわち拍板の始めなり。

五車韻瑞に拍板古者用九板今教場連六枚

もし古びんざざらをも、ただささらというのであれば、編木と書くこともっともなことである。びんざざらという名の故はわからないが、婦人養草《ふじんやしないぐさ》に、雑蔭というものの詞に一にびんささら、あやかせばこそ、あいきようずいたれ、とあるは、びんざざらの訛りかと思えど、ささらはその音をもって名とすると考えれば、是も又しかりである。ならば、びんだたらというのも理由はわかる。

按ずるに、日本紀に踏鞴《とうはい》をタタラと訓ずる。今も金《かね》をわかす器物をタタラというのは、板を踏み、あおって風を出すものである。是もその音をもって名づけたとなれば、びんたたらの名はなるほどといえるものである。〔割註…又、按ずるに、びんざざらというは、比丘尼ざざらの略なのか、されど観音祭のは、かたち大にして、比丘尼の持つものとは異なるので、びんざざらと称えれば、是も覚束なし〕

五徳　三徳　八徳

按ずるに、後世、服飾器用の類に、徳をもって名づけるは、もと十徳の名より思いよれるや、懐中の紙入れに三徳と名付けるものは、口が三つあり、各々その用があるからである。また鉄器に五徳というのも、利用することが五つあるからである。〔割註…それは足が三つあり、上下左右ともに用いるならば五徳と名づけるか〕

さて五徳はいつの頃より始まったのだろう。近くは林氏《りんし》の節用集などにも見られる。古へは、あしかなえ、あしなべなどあって、今の五徳はなしと見えた。後世あしかなへ、あしなべなどは、次第に不便な事に成って、脚を別に分けて作り出しものなのである。〔割註…あしかなへは、漢土の鼎《てい》（注…鍋のこと）なので、其の形も知られているが、あしなべはどのような形なのであろうか。東雅《とうが》、鐺《あしなべ》の条に、六書故《りくしょこ》に拠《よ》ると、鎗俗《そうぞく》に作る鐺《なべ》に耳足ある器と見える。今は此の制を見ることがない。和漢三才図絵に出ている図であるがおぼつかない〕されど、兼好の頃までは、なお有ったと見えて、徒然草に、仁和寺の童《わらわ》が法師になろうとする名残《なごり》があるとして各々遊ぶことが有るのに、酔って器用に入るあまり、そばにあった足かなへを頭にかぶり、舞う事がある。これが今の五徳のことかと思えども、下文に、〔割註…医師のもとへ行ったところ〕声くぐもりといっているのを見れば、鼎《あしかなえ》であること明らかである。五徳はもと鉄輪《かなわ》といった。（外書き、庭訓往来又庖丁聞書にも金輪は見える）

太平記剱之巻に、嵯峨天皇の御宇《ぎょう》に、ある公卿の息女が、嫉妬をふかくして長い髪を五つに分け、角のように作った云々、鉄輪をいただき、三つの足には松を灯しというのは、即ち五徳である。これは、嵯峨の帝の御時に、鉄輪があったという証にはならない。ただ太平記より以前に、その器物が有ったという事を思うこと。また武者物語に、長いろりの内なるかなわ、ざしきに上がって踊る。道灌見給いての給うは、人間は足二つでさえ自由に歩くのに、足が三つで歩くことめずらしくはないといい、気にかけ給わざる故、何事もなかったとある。五徳と言う名ははなはだ後の名である。ただ下学集の増補に見えたのみだろう。鉄輪もここの字書に見えたのは、恵空の節用集大全に、鉄輪　同　簎《そう》と書いてある外にはいまだ見及ばず。〔割註：簎の字、字書を考えるに、蔑を以て物を束める也などあって、鉄器の名に連なることかつて見えない〕但し、絵には古いものにも、まさしく鉄輪をかいた絵がある。〔割註：簎は桶などのたがである〕

次《ついで》にいう。図の鉄輪の上にかけた器は鍋《かななべ》である。今の俗鉄で作った鍋をナベといい、土で作るものを土ナベというのとは違う。和名称、堝《か》の下に辨色立成《べんしょくりゅうせい》を引いていわく、堝奈閉《かなべ》、今按ずるに、金《きん》、これを鍋《か》といい、瓦《が》、これを堝《か》というといい、鍋《か》の下に和名加奈々閉《わみょうかななべ》という。これにより東雅に、日本紀に、へん〔扁に瓦〕の字を読んでナベというのは、瓦《かわら》のことをいう。すると此の物の始めは、土で作ったことから起きた、というのが正解であろう。しかし金《かね》と土とは剛柔等しくはなく、日用の器物はいかにも脆いものを専ら用いることになっている。名は実に従うというので鍋《かななべ》をひたすら押し出して、ナベとのみいうことになったのは自然の勢いである。古今の違いが見られる類のものはかなり多い。

さて八徳という服は、産業袋というものに、居士衣《こじえ》八徳は、猶、近代の物で、仕立て様は一概ではない。尤も古実にもないといえよう。様々意に任せて風流に製る事と思われる。十徳に及ばないものでは

此の図は、春日権現験記中に見える。隆兼の筆で、跋《ばつ》に延慶二年とある。

福富の草紙に見えているのは、形、大きくかけば分明である。又かがみ破《わり》のさらし、その外、古画巻に多く見える。

あるが、よく似ているところから名付けたのだろう。また、国々の産物に十徳ということがある。庭訓往来の註に、大津の練貫《ねりぬき》、これは山城の十徳である。手島筵《てしまむしろ》、これは摂津国の十徳である。など見える。その国の名産十品をいうものなのであろう。衣服の十徳にはかかわらないが、次《ついで》に言っておく。又ある物に、十徳の名前は、衣のごとく羽織のごとくであれば、ごとく、ということを二つ合わせて名づけたというのは、衣に似ている、羽織に似ている。是は、やったとかいうおどけ咄にとれるだろう。これも一説であるならばおかしいが書き出す。〔割註…長尾謙信がある僧に栗を贈り、これを十里にして食えといったところ、その僧利口に、この栗はごりごりと（五里五里と）食べられんと答たという。甲陽軍鑑にあったと覚えている。是又似たような滑稽である」

秀句

物の訓《よみ》よう、秀句で知れることがある。半霄談《はんしょうだん》〔割注…多田義俊著〕に、太平記に太塔宮は座《おわさ》ずして、大唐《だいとう》の玄弉《げんじょう》三蔵ぞ在《おわ》しけると、秀句を言いたり、とあり、ダイトウ、大唐が秀句である。おおとうでは秀句にならない。京東岡崎辺に大塔屋敷《たいとうやしき》という字《あざな》があり、尊雲《そんうん》親王の御所の跡といわれている。名に音訓まじえて読むことは、古くもまま見えたけれど、大塔宮はこの説のように、みな字音で読むように思われる。又何ゆえに大塔を湯桶《ゆとう》よみ（注…上を訓とし、下を音として読む読み方）にしたのかと思うに、秈米《あかごめ》（注…うるち米）をダイトウというなどに、紛れる故だからであろうか。新撰犬筑波《いぬつくば》集に、「日本の物の口の広さよ。大唐《だいとう》をこがしにしてやのみぬらんとあるは、秈米を専ら大塔《だいとう》とのみいうからである」。因みに云うと、これも同集に「しりをかかえてはしりこそすれ。年寄りの五里ある道を一里来て、というのも、もと四里はシリといったのを尻に紛れるから今はヨリとのみいう」。但し、しもじ（注…四の文字）は死に嫌うこともある。

重語

東海談に、物の形容《かたち》が相応するのを、恰好《かっこう》あたかもよし、というのは重語といえる。このたぐい実《げ》にまこと。けがれ不浄、ひる日中、よる夜中、〔割注…この詞は物語の書にも見える〕半紙のかみ、阿伽《あか》の水、神のじん馬など甚だ多い。この例、物に書かれているひとつふたつをいわば、伊勢物語百三段、いとまめにじちよう（注…実用）にて、源氏若菜上巻不定のさだめなき、又柏木の巻に、おくれ先たつみちの道理、枕草子〔割註…いいにくき物の段のすえ〕明日も御いとまのひまに、撰集抄《せんしゅうしょう》〔割註…さがみの国平三郎発心の条〕戦場のにわ、古今栄雅抄に、法験のしるし、悔草に、世に日につきをしるす人。狂言記布施ないの詞に、別してかくべつ、など挙げれば遑《いとま》なし。この外、四季物語に、雪の吹雪というような類もあるが、大方、字音の交わる処にある詞である。

また紅葉ば、はや早稲《わせ》、東風《こち》かぜなどの類は、歌にも詠まれている。なので件《くだん》の詞どもを重語としても笑うことはなかなかできない。

御字

常の詞に、おみおび。おみあわせ。おみおきう。おみをつけ。おみあし。などいうのも重語に似たようなものであるが、そうではない。宝穂《うつほ》物語藤原の君の条に、御みあかし、栄華物語衣珠《ころもたま》の巻に、御みき給いて、又玉の飾の巻に、御みぞひきかづき。〔割註…なおこの例数多くあるだろう〕などあり、これらはその例である。玉勝間《たまがつま》にも、今の俗《よ》には物に書いては、御の字をオンというが、口語にはオとのみいう。まれまれにオミということがあるのは、大御牒《おおみちょう》（注…文書）古言がたまたまに残ったものといえる。今按ずるに、オムというのもオミと同じ言で、〔割註…みとむは通音である〕ともに大御の略言である。それを平《つね》の語《ことば》ではさらに省き、オとのみいうのを、件の言葉などに、なお、オミとも言い来《きた》れるのは、オの音の下には、アウ等の音《おん》〔割註…オの音はさらなり〕つらねていえば、紛らわしく聞こえにくき故である。

○ある人が言うには、物に御の字をつけていうのは、もと天子の御事に限って申すべきことなのに、後世摂政の勢いが強くなり、それに諂《へつら》う人がいいはじめて、遂に何にでも御の字をつけていうことになった、というのは誤りである。それは漢土の事であれば、ここでは古より凡人にも、御の字をつけていうことは常にあった。

○また今の俗《よ》に母御、嫁御といい、又少女をごもじなどいうのは、古へ閑院《かんいん》の御伊勢の御などの名残りである。本朝文粋《ずい》菅家《かんげ》の、詩の註に、俗貴女《ぞくきじょ》を謂って御と為す、蓋《けだ》し、夫人女御《にょうご》の義に取る也といい、栄華物語万寿二年正月枇杷どのに、大饗《だいきょう》（注…平安時代の饗宴）があるというので、女房のとりどり化粧し、みがく条《くだり》に、あるはおほんのはいかがし給える、まろがもののおもうさまならぬなどいえり、ところで后宮名目抄《こうぐめいもくしょう》に、少納言入道信西の女《むすめ》弁《べん》の局《つぼね》、上西門院の命婦《みょうぶ》（注…身分のある女性の称）のかたに贈った、「人にいつ五ッの文字のあときえて、おもかげさえも、かきくもりぬる」、という歌を引いて、女子を五文字というのはこれ、其の証として貞清美《ていせいび》などの五文字を註しているのは受け難い。〔割註…ある人も、この前に五文字というのは、仁義礼智信で、男子のことをいうかといっている〕周禮《しゅうらい》等の書にも、婦人は言徳功容《げんとくこうよう》といって四徳にすぎないだろう。

○又壷の石ぶみ〔割註…女教訓書〕介婦訓《かいふのおしえ》という条に、料児《りょうに》というのは、料《りょう》は物をはかること。児はちご、女子も稚《いとけな》い時は、ちごという。今俗におごれる人というのは誤りとあるは、みな訛《ひがこと》である。按ずるに、このおごれる人ということ、誤りであることに論はないが、オミという言《こと》のミを御と心得、それをやがて音《おん》に唱えたのであろう。

（外書き、又按ずるに、御料人はもと女子の称ではなかった。盛衰記に、「信濃の木曽の御料に汁かけて、ただ一口に九郎判官とあるのは、義仲を飯にたとえたからである。飯をも御料と言えばのことである」）またりょう人は寮人である。寮は僚《りょう》とも、ともがらとも、小窓《ちいさきまど》とも註せる字で、ここで用いる意は、いまだ部屋住みであり、家事に関わらず寮に処《しょ》するをいうのだろう。今俗《いまのよ》、別業《しもやしき》を寮というのとは少し異なる。ここは出家の学寮などに擬《なら》っていうのだろうか。昔も寮と庵とを似通わせて言った。びくさだという狂言、〔割註…比丘尼が童の名をつける狂言である。狂言は古いものと見えて、糺河原勧進申楽記に狂言のことがある。この記は寛正五年甲申四月の記。今より三百五十年の昔である〕の尼の詞に、此のおりょう（寮）をおあん（庵）、おあん（庵）と仰せられる程に、お庵のあんの字をとりて、あん太郎とつけたとある。よって又思うことがある。おあん物語〔割註…慶長の頃、戦場に艱苦《かんく》を経た老女の物語を、その儘記したもの少々あり〕という物に、おあんさまとあるのを、その老女の名と思うのは誤りである。おあんは右の狂言のごとく、庵に住む尼のことを人が称しておあん様というのである。（外書き、比丘貞は三浦義村の子である二位の尼がこれを労わり貞村と名付たのを、世では比丘貞という。このことを取って作った狂言である）

上巻　終

随筆

喜多村節信著

瓦礫雑考 下

文化十五(一八一八)年刊

瓦礫雜考
下

瓦礫雑考　巻之二

喜多村節信著

俗諺

諺《ことわざ》のもとの起こりなども、にわかに物に就いて考え索《もと》めれば、かならず牽強《けんきょう》（注…無理強い）の説が出来るのは理である。思いがけなく見出たようなのは、よくかなえることもある。それはた俗《よ》に遠き書などに出ているのは、実はそのことより出たのではないが、たまたま彼と是と暗合するも知るはずがない。かつ諺は物の理により、出来たものであれば、必ず本文《ほんもん》に関係ある事でもないのに、今ことごとく本拠を異国の書にあさり求めるから、あらぬこと多いのだろう。そのようなことであるのに考えを明かさないのは、大いに偏ったことと思われる。

○秉穂録《へいすいろく》に、三人よれば文珠の知恵ということを、五燈会元《ごとうかいげん》の揚岐方《ようぎほう》禅師に会する条の、三人同じく行えば、必ず一智有りという語を引いて証とした。これは合わないわけではないが、此の語はもと論語の述而《じゅつじ》篇だろうか。三人行えば必ず我が師ここに有り。ということから出た。それは師に近づくということに気づかないようではならない。思うに諺に文珠ということができてきたので、禅録などに出た事かと思える。されど引き出した語に、文珠という語もないので詮ないことである。此の諺は智あることを言おうとして文珠というのであって、外に的当《てきとう》な本文もない。

○本朝俚言《ほんちょうりげん》に、一升入りの袋は一升より上はいらずということを、沙石集の一舛入る瓶はどこでも一舛入るぞとあるのを引いて、沙石集は梶原景時の孫、無住法師の作である。そのときはこの諺、久しくいい伝えられてきたと思われたが、此のこと猶、さらに古く思える。枕草紙、方弘《まさひろ》はいみじく人に笑わる る者哉という条に、あやしの男が一人で二人のものをどうやって持つのだ、一斘瓶に二斘が入るのか、というとある。どうしてこれを引かなかったのだろうか。

○兄弟他人の始まり、この諺は、兄弟は各々枝葉で出来ている。末のすえには他人となるので、現在の兄弟ははやくも他人のきざしがあるとも疎くしないこと。羅大経《らたいけい》の鶴林玉露《かくりんぎょくろ》に、陶淵明《とうえんめい》が長沙公族祖《ちょうしゃこうぞくそ》に贈るときにいった。源を同じにして派を分かつ、人易《かわ》り世疎し、概然として寤歎《ごたん》（注…ハッとする）す。茲《この》、厥《その》初めを念《おも》う。老蘇族譜引《ろうそがぞくふくいん》にいわく、吾与《われとも》に相視ること塗人《とじん》（注…通行人）のような者も、其の初めは兄弟である。兄弟其の初めは一人の身である。悲しいかな。とあるのも同じ理をいえる。

○金のなる木、これにも似たようなことはある。事物異名には、許子和《きょしわ》は、娼である。卒《おわり》に臨み、母にいった。それは、銭樹子《ぜにじゅし》倒れたり。その言うこころは、娼になって銭を得ることは樹に銭が著《なる》ようなものだ。

○尻尾を見せぬ、陸游《りくゆう》の姚平仲の小伝に、西子が五湖に入り、姚平仲が青城山に入る。它年《たねん》（注…へびどし）、いまだ必ずしも死なないのではなく、直《ただ》に是、末後一段の醜い境《ところ》を見ざるのみ、故に諺にいわく、神龍、人の首を見て尾を見せないようにした。なども似たようなものである。但し、ここでいうのは、孤狸のたぐいの物に化けて、終に本身を顕さないことをいうのであろう。

○海老で鯛を釣る、宋の王君玉が、雑算の次編の便宜を愛すということの中に、蝦《えび》をもって鼈《べつ》を釣るとある。鯛〔割註…閩書《びんしょ》などに書いてある棘鼠魚《きょくりょうぎょ》というものがタヒという〕と鼈とは異なるがその意はまた同じである。

○能書筆をえらばず、これは欧陽詢《おうようじゅん》の伝の虞世南《ぐせいなん》の語に、吾聞く詢（注…欧陽詢）は、紙筆を択《えら》ばずして、皆、志《こころざし》の如きを得たり。というものより起こり、唐人もよくいうことと見えて、清暑筆談に、余《われ》、字学無く、兼ねて書を好まず云々、或人いわく、善く書く者は筆紙を択ばず、また丹鉛総録《たんえんそうろく》に、李白が浣沙の詩を評して、張愈光《ちょうゆくこう》いわく、李は能書筆を択ばずと謂ったに違いない、などがある。

○鬼のねんぶつ、唐の李義山の雑算の相称《あいかな》わず、ということの中に、屠家《とか》の念経といえるものでも、似合わぬことをたとえてすれば、その心は又同じ。

○紺屋の白袴、これも似合わぬという意味である。漢《から》ぶみには見当たらない。三十二番職人歌合判詞に、材木売りの歌、紺かきの白袴などというたぐいであろうとある。

この図は、瀧本坊の筆である。また清原氏女《むすめ》、雪信のかいた同じ趣の大幅の絵を見たことがある。思うに、そのかみのざれ絵にて、流行し図なのであろう。

○さてこの諺は、ちょうちんが出来てから後のことであるので、宗鑑《そうかん》法師が新撰犬筑波集《いぬつくばしゅう》に「かたに軽くて持ちやかねけん」「釣がねをちょうちん売りにことづけて」、とあるなどやはじめて物として見えたのであろう。提灯は、雪信が画いたものも緒をつけて結んでいる。古様をみること。

ちょうちんに釣鐘という諺

武清縮図

按ずるに、この諺は、もと禅家などに起こったことだろうか。相国寺の如拙という僧がこの図を作った、その序詞には、大相公、僧如拙に新様《しんよう》をお座右小屏《へい》の間に画かせしむ。江湖の群衲に命じ各々一語を兼《つけ》て、その志を言わしむ、とあり、如拙は画法を周文に伝えた人である。大相公とここにいうのは、義満公だろう。此の頃世に専らいい広めたことなのか。因みにいうと、これらによって見れば、大津絵というものの、瓢箪もてなまず押さえたる、又鬼の念仏する図なども古き世に書いたのだろうと思わる。

○すきに赤えぼし、塩尻に義教将軍の時、松浦肥前守は教寄《すき》もの（注…風流人）で、赤ぬりの烏帽子を着して参ったところ、将軍が其の姿を自ら図して賜わった。肥前守は薙染《ちせん》（注…出家）の後、彼の像を南禅寺におさめたという。当時の諺に、すきに赤烏帽子というのはこの故事といえる。〔割註…この諺、近き頃まで専らいっていたことと見えて、芭蕉の門人、乙州という者の書いたものに好きの赤烏帽子、上林の赤手拭い

ひょうたんになまずという諺
守武千句《もりたけせんく》に、

ひょうたんを見れば
山からなまずにて

この千句は天文九年の作である。

これは如拙《にょせつ》の画である。全図は、春卜が集めた紛本を縮めうつした。

はおかしけれども、とある」こうした類の事は、その本拠を失っていることが多いのだろう。

○この外、猶似たことが漢籍《からぶみ》に出ていたのを、種々書きとめていたが、よくここのことに叶えものも少ないので、ここには出さずに皆漏らした。又思うに、今の世でいう諺にも、古いものが多けれども、その詞は本のままではなく、後の詞に移ってきているから、其のことの意味さえ変わってしまったものもあるだろう。又近頃まで言っていた諺の、今は廃れたものも多い、それらも思いがけなく見出した時は、ひとつずつでも書いておきたいものだ。

茗荷食えば癡《ばか》となり、慈姑《くわい》は精を耗《へら》す。

これ俗に専らいうことで、なんともおかしき謬《あやまり》である。まず、茗荷の諺は、東坡志林《とうばしりん》には、庚辰三月十一日薑粥《きょうちゅく》(注…生姜粥)を食う。甚だうまい。歎いていわく、吾愚かなるを恠《あやし》まないでほしい。吾、薑《はじかみ》を食うこと多いので云々、とある。生姜を茗荷と誤っている。生姜のことも本より東坡の戯言なのである。また慈姑の諺は、和名抄に、烏芋《うう》をクワヰと訓じて沢瀉《たくしゃ》(注…生薬)の類であるといったのだろう。後には偏《ひとえ》に沢瀉をクワヰと心得、かつ沢瀉は水を利するといえることをさえ思い癖《ひが》め、先のことをいい出したということ。これも本草には、腎経に入って旧水を去り、新水を養い、小便を利す。などとうたい、精を耗《へら》すということは絶えてなくなるのではないか。

精進に似てあらぬもの

何喬遠《かきょうえん》の閩書《みんしょ》の蔬部《そのぶ》に、燕蒿《えんか》(注…燕の巣)を載せていわく、貧夷、我中国の貧人を領して之を林中に取る。皇帝して窩毀《かやぶ》れ、子墜ち顚覆《てんぷく》、欄干に燕の雌雄が群り、悲しみ鳴く、物を傷《やぶ》ること、ことには甚し。嗚呼《ああ》、誰か燕窩を蔬房《そほう》と謂う哉。とあり。又ここに今、自ら名付けたものが種々ある。その内、若狭丹後あたりに、よみ訛ってありからというものは、古歌に藻にすむ虫（注…われから）というのはこれである。われから喰わぬ上人はなしという諺は、海辺の人のよく言うことである。〔割註…この諺、閑田耕筆には、丹後などの人がいうことをしるし、又玉勝間《たまがつま》（注…本居宣長の随筆）には、伊勢でもいうとあり、又おのれは能登の国の人がいうのを聞いた〕古くはわかめなどに多くつけるものであり、これらみな気づかずに精進に用いるのも理屈がとおる。精進といって甚だしく忌み嫌えば、砂糖も食ってはならないのだ。天工開物《てんこうかいぶつ》に、氷糖を造る者は、洋糖を将《も》って蛋清《たんせい》（注…卵の白身）を煎化し、澄まして浮滓《ふし》を去る云々。これは、よい砂糖を煮て、鶏卵を入れてよく清《すま》し、上に浮いた滓を取り去る法である。ただ氷砂糖ばかりをかくするのではない。広東新語にいわく、広州の烏糖《うとう》というものは、黒糖を煮て白と成す。又鴨卵を清攪し、渣滓上り浮かび、精英は下り結めば使える。その法は本《もと》、唐の太宗の時、貢使が伝えたものである。云々と見える。砂糖のあくをとるのは、みなこの方法である。

香物　かまぼこ　蒲焼

秋斎間語に、香物は生大根に限る。口中の悪気を去る、美食の上は別にして食うこと。というのは妄《みだ》りだが誤っている。生の大根は香物というが香はない。新猿楽記に、精進物は腐水葱《くだしなぎ》、香疾《かばや》大根というのも生の大根でないことは明らかである。〔割註…腐水葱とはよく煮すごしたナギである。腐とは煮てただらすことで、今も煮くたしというナギを、今ミズナギというのは、木にナギノ木があるからである。但し、水葱と書くのは誤りである。救荒本草に水葱がある。その図は葱の小さいもののようであり、水に生えるものである。さてナギは三才図会に出ている浮薔《ふしょく》（注…ミズアオイという植物）というもので、その小さいものを本草では薢草《かいそう》（注…トコロ山芋科の植物）といっている。もとより蔬菜《そさい》（注…野菜）である。ここにいうことではないがついでにいう〕塩、味噌、酒のかす、いずれかの物に漬けた菜蔬のかぐわしいものを、香物ということに論はない。又鰻鱺《うなぎ》のかば焼きは、右の香疾《かばやき》の意であるという人もあるが、それは誤りである。又雍州府志の鰻鱺魚《まんりぎょ》の条に、近江国云々、其の下流宇治川の取る所、また美である。其の形が肥大であるものを宇治丸という。焼いてこれを用い、是を樺焼《かばやき》と謂う、其の焼いた所の色は紅黒で、樺の皮に似ているのでそういうのである。というのもみだりなる臆説ではある。かばやきは蒲鉾の形により、名付けたともいう。

同書団子の条に、〔割註…ここの文繁《わずらわし》きにより、今その要を摘み、仮字書きとする〕蒲の穂を蒲鉾という。魚肉のかまぼこというものは、もと蒲の穂にかたどって造り、焼いて食う物である。今は板に付けたものを蒲鉾といい、竹に貫いたものを竹輪《ちくわ》というのは誤りである。竹につけたのがもとで、板に付けたのは近世の製なりといえる。〔割註…此の説のごとく、竹に付けて蒲の穂の形に作り、焼いて食いたるものである。故に今も蒲鉾にうすく焼き目をつけるのは、古製の名残なのだろう。奉公覚悟という書に、かまぼこ、刀めをつけたものは筋にて食うこと。そのままにてならば、取り上げてくうこと。中よりかぶることというのは、竹に付けているからである〕

さてかばやきの名も、蒲の穂の形によるという証は、大草家料理書に、宇治丸はかばやきの事、丸にあぶり、その後に切り、醤油と酒と交ぜて付ける。又山椒味噌をつけて出してもよい。といわれているのでその形を思い浮かべてみるとよい。昔の質素なこと、みなこのようなのである。〔割註…今も田舎では、うなぎ、なまずなど、みな骨ともに煮もし、焼きもする。又京師では、江戸のいわゆる長ざきにして、焼いた後に切るなどは常のことである。これも古風が存《なが》らえているからであろう。思うに万葉集に家持石麿贈答の歌に、うなぎのことが見える。その頃はいかにして食ったのだろう。覚束ない〕或人、この説を難じて曰く、がまの穂をこの蒲鉾といい、肉羹《にくこう》（注…つみれ）をそれに似せて造ったものを、直にかまぼこというのであれば、蒲焼も清み、かまやきというべきを、そうしないのはいかなる訳か、かつ、かまぼこも本は、かもじは濁っていうことになるだろう。蒲《ほ》は濁ってがまというように。そういうことならいよいよかばやきには遠いといえる。ここは蒲をがまと濁るが正しいと思うより、このような誤りということ。凡そ言のはじめを濁るのは古例がない。蒲も清み、かまというのは、かまぼこ、即ちその証である。〔割註…蒲原、蒲生などは、今も清んで言う〕又かまをかばというのは、蒲《かば》の御曹司などを思うこと。この例は斑《ぶち》をむちとよめると同じ。このくらいのことを知らないで難くせをつけるのはおかしい。

団魚会《だんぎょかい》　すつぼん

俗にうなぎなどを賭けものにして、多く食らうものあり。大いに戯《たわ》けたわざである。唐人もこうしたことをすることがあると思われる。括異志《かついし》には、今時鼈《べつ》を食う人、心は既に食を好み、又賓友《ひんゆう》を招き、聚会《しゅうかい》して食らう団魚会と号《なづく》。彼此《かれこれ》食す所の多寡を以て勝負をなす云々とあり、鼈は土鼈で、今はすつぼんという。団魚というのもこの物の別名である。〔割註…江戸の俗で、フタといい、京師の俗でマルというのも、その形により異名をつけており、同じ意味である〕もとすぼんというのは、鼈が鳴く声が、すぼんすぼんと聞こえるからである。夫木集《ふぼくしゅう》のかめの鳴くなるという歌も、これを読んでいる。

〇京師の人の書いた物にものの価が貴《たか》いものをいい、江戸の初がつおに、京師のすつぼんを対抗させているのはおかしい。江戸の初がつおが殊に貴く聞こえるのは、通常は価が安い物ゆえである。常に貴き物はめずらしいものであるから、他国で聞き知らぬも道理である。今江戸のすつぼんの貴いこと、京師にくらべ五倍を超えるだろう。

鴫《しぎ》やき　たぬき汁

今の茄子《なすび》の鴫やきというものは、鴫壷焼きというものより転《うつ》れたものであろう。庖丁聞書に、鴫壷焼きと云うのは、生茄子の上に、枝で鴫の頭の形をつくって置くもので、柚味噌にも用いるとある。しかしこれもやや後の製であり、猶古くは武家調味故実に、しぎつぼの事、つけなすびの中をくりぬいて、鴫の身をつくって中に入れる。柿の葉を蓋にしてしばる事があり、わらの芯でしばる。いし鍋に酒を入れて煎ること。折りびつに、耳かわらけ（注…箸置き）にいためた塩を置いて献《まいらす》こと云々。

折櫃は、口四寸五分、高さ二寸三分、足なし、下座《したざ》は折敷云々、かわらけの上にあるのは、つけなすび、柿の葉二枚を蓋にする、蓋の上に鴫の下端を刺す云々とある。〔割註…この書には天文四年の奥書あり〕

○又たぬき汁は、守武千句に小町こふ四位の少将、たぬきにて、百夜《ももよ》も同じ丸手丸やきというのはこれだろう。されども今の蒟蒻《こんにゃく》を味噌汁で煮たものではない。大草家料理書にむじな汁の事、〔割註…たぬきも、むじなも、料理は同じものだろう〕焼皮料理ともいう。但し、わたをぬき、酒のかすを少しあらい、さかはゆき程の時、腹の内に右のかすを入れて、縫いふさぎ、どろ土をゆりゆりとして、能く能く毛の上に泥をぬりかくして、ぬか火で焼く。焼き様については、下に糠《ぬか》を敷き、上にも懸けてむし焼きにして土を落とせば、毛ともに皆土にうつるので、そのまま四足をおろし、なまぬるい湯に、よい酒、塩はいかにもかけ、ほすと思われる。これら名はいささかの違いであり、其の実は今と大いに異なる。

団子

開元天寶遺事《かいげんてんほういじ》に曰く、唐の宮中端午《たんご》毎に、粉団角黍《ふんだんかくしょ》（注…ちまき）を造る云々とある。粉団は、だんごのことである。〔割註…よって思うに、今小さいだんごをあやめだんごというが、茲《ここ》は大小の差別にはよらず、菖蒲の日のだんごということだろうか〕もとより形による名であれば、和名抄に、漢語抄を引いていわく、歓喜団《かんきだん》は品々の甘き物を以てこれをつくる。或説では、一名団喜といえるものも同じ形の果子《かし》であろう。団子というのも、また漢名であると東京夢華録《とうけいむかろく》にある。又武林旧事作坊門《ぶりんきゅうじさくぼうもん》には糰子《だんし》とも書いてある。また事物紺珠米粉《じぶつかんじゅべいふん》食品類に、円子《えんし》とあるのも同じ物であろうが、円はいわゆる飯櫃《いいびつ》形なので、形は少し異なる。

按ずるに、団子の形も古と今と変わるのだろうか。砂石集に、蟻と蛃《たに》との問答の物語がある。蛃が蟻に問うていわく云々、どうしてありをありと名付けたのか、其の心いかにと問うと、中はくびれ、前後の形がある故にありと答えると、不満げに、前後あるものをありというならば、輪子《りうご》等をもありというべきだろうと云々。すると蟻は、既にりうごの名を得ていたのでありとはいわないのだ。執転提《とててい》（注…つづみ）を例として、この通りだと答えた。蟻が蛃に問うていわく、どうしてたにをたにと名付けたのか、蛃が答えていわく云々、背中の上がくぼんで、谷に似ているからだという。蟻が不満げに、背がくぼんでいる故にたにというならば、だんごをもたにというべきだろうと云々、すると、先にだんごの名を得ていた故にたにとはいわないのだ。突拍子等も是に同じだと答えたとある。これを見れば、だんごの形は今と異なる。この物語は種々物の形を考えるに十分である。次にもう少しいうと、先ず蟻は中がくびれているが、器物の合せめに釘を用いずにきりくみをいれるのもありという、これが拠りどころになるだろう。りうごもその形をしているものとみえる。

和名抄に、輪鼓《りうご》、この物の出た所は未だ詳らかではない。但し其の形は細腰鼓《さいようこ》（注…胴がくびれた鼓）のようだ。糸上に輪が転がるつくりで、これを以て名づけたとある。思うにその形篆書《てんしょ》の五の字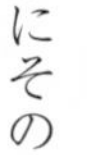のようである。もとより翫具で、ふりつづみなどの類であるが、鳴らすものではないようだ。今は物のしるし。又馬に乗るにこの形をりうごというのは少し変わっているだろう。又、かの器物の合せめをありというのは、もとはちぎりといった。その形が滕《ちぎり》（注…機織り道具）に似ているからである。これも和名抄や四声字苑に、滕は織機の経糸を巻く木、という文を挙げて、和名知岐利《ちぎり》とあり、これ機《はた》の経糸を巻く器である。その形はのようである。又糸売るものが用いるのは、うすい板で図のように作る。別けていえば、りうご、ちぎりは自ずから異なるが、今は、りうごという翫具がないので、りうごの形をした物をもちぎりという。着物の合せめを、禮記檀弓《らいきだんぐう》に衽《じん》という。集説には、衽の形は今の銀則子《ぎんそくし》（注…分銅）のようで、両端は大きく中は小さい云々、衣の縫合処を衽という云々、故にまた衽と名づけたと思われる。これもその形が似ていることから名付たものである。衽は玉篇に、衣巾とあり、衣の領《えり》である。衣の領は図のように合す。執転提とは鼓《つづみ》のことだろう。つづみは細腰の物である。源平盛衰記に、知康は公卿の執転提が上手なので、つづみ判官と異名で呼んだものと思われる。

さて蜹は孟子に、蠅蜹姑《ようぜいこ》これを嘬《くら》うとあり、今ぶとというものなどの類だろうか。又蚊蜹《ぶんぜい》とつらねていい、多くは蚊の類とした。又今の玉篇には、含毒蛇《がんどくじゃ》とあり、これは誤りだろう。和名抄にいわく、野王按ずるに、蜹〔割注…和名は太二〕今小虫有り、よく人を噛む、これを含毒という。即ち是なりと有るは、玉篇の本のままの文なのだろう。たには本草狗蠅《くいよう》の附録に載っている壁蝨《へきしつ》である。和名抄をはじめ、蜹を太二と訓ずるのは、これまた誤りである。それはともあれここでいうことではないのでしばらく置いておく。たに、多くは濁ってだにとよぶが、肥前国では清みて言うのが正しい。（外書き、言のはじめをにごらぬことは前にもいった）市井では牛や狗《いぬ》などにしか生息しないが、山野田畑には草の間に多く生息する。蟻と問答するも飛びはずれた類の物ではなく、小さいものは罌粟《けし》の如く、一般的には一、二分の大きさである。赤色も白色も白黒斑駁《ぶち》もあるという。皆、背中が少し凹んでいる。又突拍子は内がくぼんでいるものである。この二物に似ただんごは、今も紀伊国海士郡由良湊というところの住吉明神の、六月晦日秡除《みそぎ》の祭礼において、其の辺で売る御秡《はらい》団子というものである。その図を示す。

壁蝨の図

背大いに凹《くぼ》み、先年小野蘭山翁の許へ伊勢の山田より人が贈ったものの大きさ、図せる程にて、その色灰白である。左右各々四足あり、手足を蔵《かくす》こと亀のようである。と大いに稀有な物である。

このだんご、形は円く扁《ひら》で、中はくぼんでいる。其の処に砂糖が入っている。古き菓子の混沌の形のようである。

この御秡団子、砂石集の物語によくかなうので、古製なものである。今四月八日にしたためるいただきという物も、ややその形が似ている。又按ずるに、団子としんことに差別あり、前にもいったように、団子は形による名なので、麥《むぎ》、黍《きび》等何でも作れる。しんこはただ粳米《こうべい》にかぎったものである。しんこは深更、あかつきという意という説などは取るにたらない。和名抄やき米の処に、孫愐《そんめん》が切韻《せちいん》を引いて、糄《へん》（注…やきごめ）は新粳《しんこう》、焼いてこれを舂《つ》いて米を得る。とある新粳の文字叶えるだろうかと思えど、猶そうではなく、しんこは真粉《しんふん》であろう。医方書に真粉とあるのは、必ず緑豆《やえなり》の粉のことと同じ例で、これも他物を雑じえない米の粉ということなのだろう。又団子をいしいしというのは、いしくという詞より転り、美味を褒める言となった。されば他物《あだしもの》をも広くいうべき言なのだろうか、紀伊の人などは何であっても宜しというべき処に、必ずおいしという。いしいしはもとより児女子の言葉である故、重語丁寧である。詩経の燕々于飛《えんえんゆきとぶ》というのも、ここに飯《まま》、魚《とと》などいう詞と同じ程のことなのであろう。又美味をいしということ古くも見える。太平記土岐頼遠合わせ御幸《ごこう》に参り狼藉《ろうぜき》致す事の段の狂歌に、「いしかりし時は夢相《むそう》に食らわれて周済《すさい》ばかりぞ皿に残れる」とある。

酒

酒をささというのも似たような言であるが、これは右の例とは異なる。壒嚢抄《あいのうしょう》に、酒を竹葉と云うのは、ただ酒の異名といえる。ささというのは竹葉より出た名である。けれども本草（注…漢方）を考えるに、諸々の薬酒方中に、竹葉酒は通常、淡竹葉の煎じ汁を酒に醸して飲むものと見えて、梅酒、菊酒などのように一種の酒である。酒の別名は多いが、竹葉という異名がなければ、酒をささというのも誤りであろう。楽天が詩に、甕頭《おうとう》の竹葉春を経て熟す、というが、酒の別名のことではない。別に一種の酒のことである。酒をささというのもやや古いことと思われる。ある古歌に、「秋なすび　わささのかすにつけ交ぜて　嫁にはくれじ　棚に置くとも」、（割註…秋茄子は、嫁に喰わすなという諺のもとである）とある。この歌、いつの頃の歌とも定かではないが、翠竹庵道三の類葉《るいよう》和歌集、また羅山子が撰んだ春雨抄《しゅんうしょう》にも載り、あるいは万葉或は夫木《ふぼく》（注…万葉集以降の和歌集）など出所を記しているが、それは皆誤りで、もとよりそれらの集にあるべき歌様でもない。

さてわささのかすは早酒の糟で、新酒のかすを、数の字に書いた本もあるが誤りである。又伊呂波字類《いろはじるい》抄飲食部《いんしょくのぶ》に醅《ばい》(注…もろみ酒)をワササと訓じ、漉《こさ》れてない酒と註している。節用集にも、醅早酒《わささはやざけ》とある。故実名目《こじつみょうもく》に、昔、竹の葉を三本の木のうつぼ(注…縦樋)の雨水に漬して酒を作り出す。其の三本の木は杉の木である。今酒屋に杉の葉を出すのはこの理由からである。又酒をみきというのは三本の木の意味である。竹葉というもこれ云々といえる、これらはみな伝会《ふくかい》の俗説である。酒屋の軒に杉の葉を束ねたものを吊るすのは、杉の葉を酒にひたす事があり、又木香《きが》といって、よい杉の木の根を削ったものを酒の中に入れることもあり、又酒に用いる器物はみな杉で造るものなので、これらによりかくするかとも思えるが、猶よく思うに、杉の葉を酒にひたすことは、味わいが変わってしまうのを直すためにする事なのである。又中品の酒は、六、七月の頃遠方に運送するには、途中で味が損するために木香を入るのである。木香はよく酒の気味を助けて損なわなくするものではあるが、上品の酒は変わる事がないので用いるには及ばない。〔割註…至って下品な酒には番椒《とうがらし》をも入れることがある〕さればもとより秘すべきことであるが、どのようにして家の目印にするかの思いにより付け始めたのであろう。又器物に杉を用いるのは、酢も醤油も同じ、酒にのみ限ったことではない。按ずるに、崇神紀に宇麿佐開瀰和《うまざけみわ》云々とあり、厚顔抄《こうがんしょう》に、神に奉る酒をみわと云う、故に味酒《うまざけ》のみわとつづけたり、とある。又三輪にしるしの杉、杉たてる門など読む古歌は多い。件の杉の葉を吊るのは、うまい酒ありとのしるしにしたのであろう。旧説の大物主神《おおものぬしのかみ》の酒を造り給いし故に、其の神のおわす三輪山に味酒《うまざけ》を被らせたのである。かつ神酒と書いて美和と読むというのには誤りがあることなども、委しく冠辞考《かんじこう》で解き明かされているが、この杉の葉のことなどは、ただ世の常の説を用いることがよい。又今神に奉る酒のみ、みきというと心得るのも不利ではある。御酒《みき》は貴人でなくても御《み》という。きは酒の古語、みきに数説あって、或いは三季《みき》とし、あるいは三寸《みき》としてもみな誤りである。

因みにいうと、雍州《ようしゅう》府志に、京の北町口一条の北酒店に重衡と称《とな》えるもの有り、平重衡南都の伽藍を滅ぼす、凡そ酒は古より南都を以て勝れたりと為す。この酒の味わい南都の酒に勝る故に此の号有りといい、また大和本草に、向井元升いわく、南都の諸白《もろはく》を上品とする云々、諸白は世界第一の上品であろう、というように、酒は南都を本とすることは、酒の粕に漬けた香の物を奈良づけということからも知られている。しかし今は他国に美酒は多い。凡そ酒の美悪は水によるとか、酒を造るのに用いる井は必ず其の辺《ほとり》に山があり、井のかたわらに樹木なく、夜星の影が多く写る水は、性はげしくて良といえる。五雑組《ござっそ》にも、泉冽《はげ》しければ酒香ばし、というが如し。故に摂津国伊丹にて造るよい酒に、星の井と名づけた酒がある。俗にこれを七ツ梅という。〔割註…樽を包むむしろに七星のしるしをつけたのが、うめばちという紋の形に似ているからである〕星の井は井から名付けたのである。星の影がよく映る処には必ずよい水出る故に、井を鑿《ほる》には先ずこれをこころみ、定めて掘るといわれている。其の法は三才図会の、玉暦にいわく、凡その井を穿らんと欲する処、夜気清明《やきせいめい》な時に於いて水数盆《みずすうぼん》をその地に置いて、何れの盆が星の光を最も大いにして明るいかを看定めれば必ず甘泉が有る。と記されている。また李如一の水南翰記《すいなんかんき》、また周密の癸辛雑識続集《きしんざつしぞくしゅう》などにも、此の法により井を穿ることを載せている。是により思うに、相模国鎌倉極楽寺の切通しなる星のゐも、昔酒を造った井なのであろう。鎌倉で多く酒を造っていた事は、東鑑建長四年九月三十日、鎌倉中所々民家に於いて注《しるす》処の酒壷、三萬七千二百七十四口云々、また同年十月十六日沽酒《うりざけ》禁制、殊に其の沙汰が有り、悉《ことごと》く壷を破られて、一屋に一壷は宥《ゆる》された。、但し他事に用いること。造酒の儀はあってはならない。若し、違反の輩がいれば罪科に処せられる由、固く下しおくことを定め云々、と記されている。俗説に星の井は、昼も星影見えるが故に名づいた。ある者が菜刀《ながたな》を井の中へ落としてから星影が見なくなったという。漢土にも似たようなことがある。広東新語水語の中に、広州に三つの井が有り、一つを星井という。城西六里古の金粛《きんしゅく》の外、繍衣坊に在り、はじめて鑿るとき、星を井で見た云々、という。いづれも誕妄《たんもう》の説であり、取るにたらない。鎌倉志いわく、法印尭慧《ぎょうえ》が北国紀行に、極楽寺へ至るほどに、何とも暗き山間に星月夜という所がある。（中略）今按ずるに、此の谷の名を星月夜という。あながち井の名というわけではない。〔割註…巳上鎌倉志〕というのも誤りである。星月夜鎌倉山というのは、この谷一処のみを指すのではない。また井に星のゐの名があることによって、その処をも星月夜と名付けたのは後人の物知りぶった言であろう。

醤油

大和本草に、俗に醤油と称するものは豆油《とうゆ》である。順《したが》って和名抄に、豆油をタマリと訓ずるは非なり云々とある。和名抄に豆油をタマリと訓する文はない。必ず誤りである。また豆油も醤《びしお》（注…発酵調味料）の一方であるので、ショウユと訓ずるのも大いに誤りであるということにはならないが、本草を考えるに、今染屋に用いるマメノゴも豆油というので、同名にて紛らわしい。かつ醤油という漢名がなかったら、仮にしょうゆを豆油とも書くだろう。既に醤油という漢名があり、本草彙言《いげん》また伝家宝に、その法まで出ているると、小野氏の本草綱目啓蒙はいう。又このほか諸書に醤油の名が見えるので豆油と書くのはよろしくない。醤油のことここには昔、無かった。庭訓往来下学集にも未だ記されていない。節用集にはじめてその名が見えた。古は醤《びしお》を用いたのであろう。

醤油が出てくる漢籍《からぶみ》の中でも、おかしいと思えるのは、笑林広記というものに、祖《じじ》が孫に銭二文をさずけて醤油と酢を買わせる、孫は行き、そして帰ってきて問うた。いずれの銭で醤油を買い、いずれの銭で酢を買うのか、祖いわく、一個の銭は醤油、一個の銭は酢、計らって買え、なんでそのようなことを聞くのかい。さること時を移してまた帰り、重ねて問うた。いずれの碗に醤油を盛り、いずれの碗に酢を盛るのか、祖は其の痴呆を怒り、孫を責めた云々とある。作り物語にはあれど、醤油、酢などを少しばかり買う賤者の様、いずこも変わらない。また奉使俄羅斯《ほうしがらし》日記〔割註…康煕二十七年張鵬翮による記述〕雑記の中に、旅路に貯え携える種々の物の中に、醤菜に用いる天壇の醤舊《しょうきょう》〔注…生姜の醤油漬け〕、醤瓜茄《しょうかか》、炒醤《しょうしょう》之類云々、酢に紫菜を浸し、醤油に香蕈《こうじん》〔注…きのこ〕を漬《ひた》して晒し、乾してできるのを待つと思われる。これに醤菜《しょうさい》というのは、今南蛮づけという香の物の類であろう。紫菜は浅草のりなど其の類である。それを酢に漬して貯える事は、ここではしていない。醤油に香蕈をつけて晒し乾すとは、いわゆる懐中醤油である。香蕈は椎茸だと云う。

○味醤《みそ》は、三代実録四十九巻に味醤二合とあり、また延喜式神名帳《えんぎしきしんみょうちょう》五巻斎宮寮正月三節料の条に、味醤一斗二升とある。和名抄に、高麗醤《こうらいしょう》は美蘇《みそ》云々、俗に味醤二字を用いる、味宜しく末に作ること。何《いか》にといえば、通俗文に末楡莢醤《まつゆきょうしょう》というのが有る。末とは搗き末するという意味と、注がある。東雅には、高麗醤をミソというのは、高麗の方言によるものと、ある。鶏林類事《けいりんるいじ》に拠れば、醤《しょう》を蜜祖《みそ》という。〔割註…これはよい考えではあるが、塩じりにも同じ考えがあり、何れが先かはわからない〕鶏林類事は、宋の孫穆《そんぼく》という人が韓地のことを誌《しる》した書で、其の中に笠を蓋《かい》という音渇《おんかつ》などがあるのを思うと、ここの語のかさというのと同じ言なのを訳しそこねて、そのような音註までしるしたのではないか。また白米を漢菩薩といい、歯刷《しせつ》を養支《ようじ》というのも、ここの言に似ている。また、茶匙《ちゃひら》を茶戍《さじゅ》といい、頭巾《とうきん》を土捲《づけん》というなどを通して考えると、漢音を転訛せることが多いのではないかと思う。かの蜜祖というのも、醤の字の音の訛りかも知れない。醤に種々の方法があって、味醤もそれより起こったという事については、論はない。また右の和名抄の文から考えと、古の味醤は、今の玉みそなどの様にかたく造ったものなるのであろう。それだからこそ未《み》は末《まつ》の字の誤りで、末は搗末《つきまつ》するという意味などという説も出来たのだろうが、同書に末楡莢醤という楡は、ニレという樹。本草に、蘇頌《そしょう》いわく、楡三月莢《さや》を生ず、古人仁《にん》を採り以て麼羹《びこう》(注…粥汁)と為す、今復食者《またくらうもの》無し、惟《ただ》、陳老《ちんろう》は実を用って醤に作るのみ、とある。これである。これをここでも専ら食料にしたことは、延喜式三十九巻に、楡皮《ゆひ》年中の雑御菜ならびに羹《かん》(注…吸い物)等の料と思われる。またぬかみそを糂汰《じんだ》という、徒然草一言芳談《いちごんほうだん》の段に、後世を思わんものは糂汰瓶《かめ》ひとつももってはならない。この事は、沙石集に見えて春乗坊の語である。糂は字書に糣《じん》滓とある。また雑也とも註し、また汰は淘汰《ゆりそろゆる》と註している。この糂汰は雑穀或は木の実などを混ぜて造る醤《みそ》であろう。〔割註…また今も田舎には、もち米の糠《ぬか》でつくる、ぬかみそがある〕今どぶつけなどと異名するぬかみそではない。俗に悋嗇《りんしょく》(注…節約家)な人のうえを、ぬかみそ汁という諺もこの糂汰の汁である。今のどぶづけは、昔の人といえども汁にして喰うことはなかった。また隣のじんだみそという諺もあり。今も田舎では橡《なら》の実を製して醤《みそ》を作りこれをじんだという。橡実《どんぐり》をじんだともいう故に、そう名付いたといえる。されども橡実で作ったもののみ、じんだと呼んだのではないだろう。

○唐《から》においても日々に醤《びしお》を食すること、ここで味醤食うと同じ。武林旧事にいわく、杭の諺に、杭州の人は一日に三十丈の木頭《もくとう》を吃《きつ》(注…食う)す、三十萬家を以て卒と為す。大約《おおよそ》十家毎に擂搥《らいつい》(注…すりこぎ)一分を食う。合せて即ち三十丈とあるのは、人知れず日々すりこぎを食うこと、積もればはなはだ夥《おびただ》しい事といえる。それは醤《びしお》を擂るからである。

○また東雅に、醤油《しょうゆ》はヒシホというものを造るようにして。その既に熟したものに簀《す》というものを中に立てて、その簀の内に漏れてきた汁を汲み取る。古語では漏ることをクキという。少彦名神《すくなひこなのかみ》の其の父の神の指の間より、クキ出し、などと出てくる。古の時に豉《し》(注…味噌の類)を名付けてクキといったのは、即ち漏《くき》の意味で、今醤油というものの遺製である。造醸の法、異朝の醤油の方のようであれば、それに倣って呼び、醤油というに至り、古に豉《くき》といった名は隠れて、世の人が知ることはなくなった。この説いまだはっきりとはしない。なぜかといえば、和名抄にも釋名《しゃくみょう》を引いて、鼓は五味調和するものであるといっている。これは五味の外に味わいのある物であると思われる。本草を考えると、大豆豉《だいずし》は大豆をねや（注…発酵）して製る物にて、塩を入れるのを鹹豉《かんじ》といい、入れないのを淡鼓という、五味を調和するものといえるのは此の淡鼓であろう。〔割註…淡はもとで、鹹は後〕その製法は本草の集解、また斉民要述などに委しく出ている。淡鼓は今でいうカラナットウである。但し今ここで造るには仕方が悪いので、臭いこと甚だしい。よく製すればそのようなことはない。按《おもう》に、古には、これを今の精進料理に豆の煮出しを用いるのと同じように出した物なのであろう。古事記に、手俣《たなまた》より漏出《くきいで》て、成出《なりませ》る神の名云々、註に漏を訓でよみ、久伎《くき》と云うとあり、漏出と書ければ、もれいづる意である事、論にならないだろう。古事記伝には、くぐることとある。さて豉も、ねやして汁を出す物であれば、その意《こころ》かようのだろうか。今煮だしというもの、事は変われども、だしということ、クキという古言の心に近い、豉を醤油のこととするのは受け難い。

○右にいう鹹豉は、浜名納豆の類、寺院で造り、在家に贈る物ゆえ、寺納豆とも云う。侍烏帽子を俗にナットウエボシというのは、いかなる故だろうか、かのカラナットウをタタキナットウというものにしたのは、形を三角に作ったが侍烏帽子のまねき（注…正面に付いている三角形の部分）に似ているので名付いたともいうけれど、なお無下の説であろう。熟荑稗《じゅくていはい》というものに、〔割註…この書は作者洛北山人逸竹とあり、その人の自筆の本である。元禄より享保頃の書〕士人《さむらい》の著《ちゃく》する烏帽子を、俗にとつばい、又は納豆箱とも云う。今も越後国村上の俗、寺僧が旦那に贈る年玉には、納豆を入れる箱、一方は丸く一方は一つに結ぶとつばいの台のようである。俗に納豆箱と名付けたのも似ているからといえる。されば、その形はのようであるのだろう。今、ナットウ烏帽子というものがこれだと知れた。

○ここは、ついでのようだが次《ついで》にいうと、昔もこの烏帽子に異名をつけたことがある。建武年間記に、口遊《くちずさ》み去年八月二条河原落書《らくしょ》、元年歟《か》云々「ゐ中美物にあきみちて、まな板烏帽子ゆがめつつ気色《けしき》めきたる京侍云々」とある。今の侍烏帽子はまな板の形には似ていないが、古画を見ると侍烏帽子一様ではなく、その内これらまな板烏帽子ともいうべきだろう。

○今欸冬《ふき》の葉で造るホロアエという物は、法論味醤《ほうろんみそ》より転《うつ》った名である。下学集に、法論味噌は、本朝南都法論の時これを用いる故にそのようにいう。それを世俗が言うようになった。七十一番職人尽歌合せに、ほうろみそうりがある。その様子は図のとおりである。

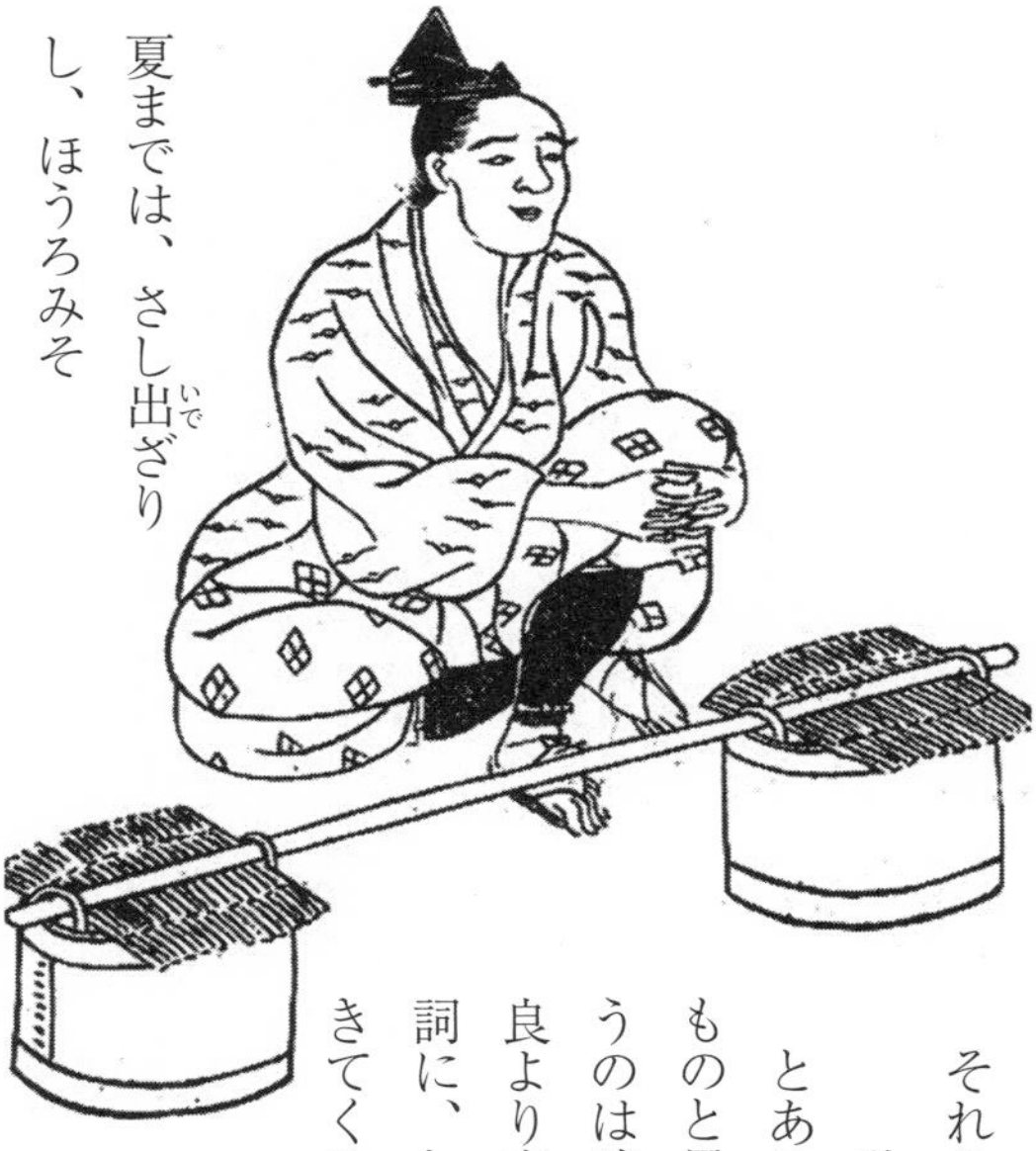

夏までは、さし出《いで》ざりし、ほうろみそ

それさえ月の

秋をしるかな

とあるので春夏は、売らないものと思える。納豆と同じく食うのは時期があるのだろう。奈良より売りに来たことは、其の詞に、われらも今朝、奈良よりきてくるしやと見える。

塩じりに、法論味噌はもと南都の制である。興福寺維摩会《ゆいまえ》（注…法会）十月法論日をわたる講師等、小水のために座を退く事がわずらわしいとして、黒豆豉《くろずし》を食うゆえに法論味噌の名があるのではないかという。凡そ豆鼓に血痢《けつり》などを治することは知られていたが、小便を截《とど》めることは知られていない。秘伝花鏡銀杏の条に、究竟《きゅうきょう》多くを食ってはいけない云々、惟だ挙子廷試《きょしていし》に煑《に》て食えば能く小水を截《せつ》すとあるが、進士及第の時、坐を立つことを遠慮しての事である。右の事とよく似たり。

酢むつかり

宇治拾遺物語慈恵僧正戒壇築きたる条に、浅井郡司は親しきうえに、師壇（注…僧と檀家）なので、仏事を修する間、この僧正を請《しょう》じた。僧膳の材料に、前に大豆を煎り、酢をかけたのを、なんのために酢をかけるのかと問われたので、郡司《ぐんじ》（注…郡を治める地方官）は、大豆が暖かな時に酢をかけてしまうと、酢で皺が寄って、よく挟めるからです。そうでないと、すべって挟めないという、とある。むつかりという言《こと》、人のうえでいえば、日本紀に憤の字を用いている。今も小児にむつかるというのが是である。むつかし〔割註…この語は多く物語文に見える。又これを六借六蔵など字を借りて書くのを、その字義により様々にいうのは非である〕という詞も、憤《むつかり》より転った語であるといえる。にがみてはさまるるとは渋る事と思われる。そうすれば憤の意にも通う。酢むつかりという言、これで事が済むが、猶、例の癖説《へきせつ》がある。試みにいう。

日本紀景行天皇五十三年冬十月上総国に至るに、海路より淡水門《あわのみなと》を渡る云々、ここに膳臣《かしわでのおみ》の遠祖《とおつおや》、名は磐鹿《はしか》の六雁《むつかり》。蒲《かま》を以て手繦《たすき》と為し、白蛤《うむぎ》を膾《なます》につくり、これを進《たてまつる》。かれ、六雁の臣の功を美《ほめ》て、大伴部《おおともべ》を賜う云々とあり。膾は酢を加えるものであれば、どれとかまわず酢をかける物を、彼の膾をつくって功があった人の名を称して六雁ともいうとか、これは極めて蛇足のひがことなのだろうが、おもい浮かぶ儘に書き出す。又按ずるに、上総国は蛤を名産とする。毛吹草〔割註…俳諧の書である〕諸国産地の条に上総東金蛤とある。房総志料や和名抄に、海蛤《かいごう》をウムキと訓ずる。按ずるに、ウムキはムキミという介《かい》〔注…貝〕のことである。この物は望陀《もうだ》、周集《すしゅう》等の郡に最も多い。土人はムキナというそうだ。〔割註…このムキナというのは、何の介なのか、その地の人に聞いてみた。江戸でムキミというは、介は何であれ、殻をむいた肉をいう。これをぬきみいうこと、西鶴という俳諧師が書いた物に見える〕また漳州福州等の府志に、白蛤、別名空豸《くうち》というものを、松岡氏の説に、丹後宮津で文珠の白貝という物に当たってみたが誤りであった。この白貝というのは、

この様で、白く厚い介である。漳州《しょうしゅう》府志に甲絶薄《はなはだ》いものを空豸とする。という貝の形とは合わない。名が似ている貝を充てることは非である。書紀に白蛤《うむぎ》とあるのも、ただ蛤の大きいものをいっているのであろう。姓名録にはそれを大蛤と書いてあることを知ること。ウムギはハマグリの古名で、別にウムギというものがあるということではない。かつ、ハマグリは栗子《くり》にたとえたる名であるので、それ程の小蛤のことをいっているのは明らかである。さて白蛤を膾につくるとは、今も調理する蛤の酢ふりというものなのであろう。

まんぢう

本草蒸餅《じょうべい》の附方には饅頭餅《まんじゅうべい》とも書いてある。蒸餅と同じ物であるが、中に餡を入れるのを饅頭という、餡はもと獣肉また蔬菜《そさい》などであった。肉を用いていたことは知っていたが、菜を包むことはあったと見えて、七十一番職人尽に、さとうまんじゅう、菜まんじゅうということが出ている。さとうまんじゅうは世の常の饅頭だろう。

其の始めは建仁寺第二世龍山禅師入宋《にゅうそう》のとき、林和靖《りんなせい》の末孫に林浄因《りんじょういん》という者がおり、禅師の弟子と

なった。その後禅師が帰朝する時もついて来て、姓を塩瀬と改め、南都に住み、饅頭を製して売ったとか、云い伝わる処少しは誤りもあるのだろうが、浄因という者が、ここに来て始めて饅頭を作ったというのはありえることだろう。ある漢人の小説に、〔割註…明世説だろうと思う〕林和靖《りんなせい》の子孫という者がいた。ある人がその者に林和靖の本伝を出して読ませていたところ、娶らずして子なしとあるのを見て、面目《めんぼう》を失ったいう。これは宋史に基づいて作った虚談であろう。按ずるに、升庵外集《しょうあんがいしゅう》巻八十三、林君もまた別れを惜んだ。長相思の詞いわく、云々君も涙盈《み》ち、妾も涙盈つ、羅帯同心《らたいどうしん》(注…心を合わせて羅の帯を)結んで未だ成らず、江頭《えとう》(注…入江の先)潮《うしお》すでに半ばである。」甚だ情致(注…情緒)が有る。宋史の其の娶らざるのを謂うは非なり。林洪、山家清供《さんかせいきょう》を著す。其の中に先人和清先生と言うこと云々《しかじか》、即ち先生の子である。たしかに偶《ぐう》(注…妻)を喪《うしな》い後、遂に娶らなかったことは事実であろう。

また饅頭のもとの形を考えると、かの職人尽の絵に書いたのは、今の腰だかまんじゅうに似ている。そも円く作るのであるが、蒸籠《こしき》に入れて蒸す故、下は平になる道理である。これを形が円くないと思うは、墳《つか》を土饅頭といい、苘麻《けいま》(注…いちび)の実を緜《けい》饅頭、薜茘《へりき》の実を木饅頭というのをもってしかり。大和本草に、イチビは実木《みき》イチゴに似ている故に名付いた。藻塩草《もしおくさ》に苘実《けいじつ》をイチビと訓ずるのは誤りである。苘麻とイチビは別というのは却って誤りである。イチは早いの意、ヒは火、此の物はホクチ(注…火種)となる。苘麻は真のいちびで、別にイチビと出ているのはその種類の内なのであろう。これらのことから饅頭の形を考えること。又按ずるに、古へ十字というものは蒸餅である。蒸餅はうどんの粉を溲《こね》て餅に作り、蒸したものである。よく蒸せたものの上が十文字に裂けるのを十字という。蒸餅は長崎ではハンという。紅毛人《おらんだ》などは平生の食である。

職人尽まんじゅうの図、上に朱の点があるのは、印などで押したのだろう。

茼麻（けいま、イチビ）此の実を救荒本草に[illegible]饅頭という。

一種イチビという草。

薜茘（へキリ、イタミ）綱目に木饅頭というは、此の実である。

飯《いい》

漢土の飯は、ここで今焚く飯とは異なり、夜から米を水に浸し置いて明けの朝、甑《こしき》（注…米を蒸す器）で蒸すものである。ここでは古《いにしえ》の飯は強《こわ》飯であるといえば、これまた漢土のように蒸飯であろう。節信又按ずるに、古よりあさげ、ゆうげといい、ひるげということを聞かず。中飯は後世の事であろう。海人藻芥《あまのもずく》（注…僧俗の有職故実の書）に、毎日三度の供御《ぐご》は、御めぐり七種、御汁二種である。御飯はわった強飯を召し上がると有る。〔割註…後世も供御は強飯と見る〕武家の中飯は間違いなく近世の事である。

武者物語に、北条氏康公の御前で、嫡子の氏政公が御食の御相伴をなされる時、氏康公が御覧になって御涙を流し給った。北条の家は我一代にて終りだなとの仰せだった。氏政公は申すに及ばず、家老衆までことごとく興ざめ顔になられた。その後氏康公がいうには、ただいま氏政の食物を用いているのを見ると、一飯に汁を両度（注…二度）かけて食している。およそ人間はわかきも年よりも、一日に両度づつの食であるので、これを、鍛錬できないわけがない。一飯に汁をかける量の推測を覚えずに、足らないので重ねてかけることは不器用である。朝夕する技でさえ推測できないなら、一皮内にある人間の心底を推測し、人を目利きすることは未来永劫できないだろう云々。また室町殿日記飯の論に付きて打果す事の段に、瓊長老《けいちょうろう》の家中に市村喜平次という侍がいた。朝食を侍ども百人ばかりが押し並べて喰っているときに、喜平次がいうには、二合半の食は武家に定まる処であるが、この家中は他家とは異なり、替って見える朝飯であるなと打ち笑った。（中略）台所奉行森田兵太夫という者が、是を聞きかねて坐中へ来たりて言った。何と朝夕の飯が他家と替って少ないことを不思議に思うと見えるな。所詮喜平次殿は明日より米で渡しましょう。云々とあり。新武者物語に人の食物は朝暮二合五勺づつが適当であると、瀧川左近将監が算段し、定めたというのは誤りである。一日五合の食は瀧川の某から始まったのではない。

又、おあん物語〔割註…このおあんという老女は、寛文年中歳八十で亡くなる〕に、昼飯などを食うという事は、夢にもないこと云々とある。

又、ひるげというのも古には耳にしないが、狂言記ったう山伏にその言が見える。〔割註…これも旅山伏と柴かりとのことで、皆かせぎはたらく者が食う。平食ではない〕又、籠耳《かごみみ》という書に、〔割註…貞享四年印本〕夕飯を喰うのでさえ仏は戒めて、非時と名付け給うた。まして昼食を食う事、仏の御心に違える事である。されども大工、屋根葺き、すべての職人、冬の短日といえども極めながら昼飯を食う、すると職人は皆、仏の罪人にして、後の世も恐ろしい事になるだろうけれど、どこからも職人は地獄という事を聞かない。中食を喰わない武家が仏になったという証拠もない、などというが、此の頃は武家も中食を喰わない事がないということもないが、只、そのかみの定めをかくいうようだ。武家ももとは二食であったが、軍陣やその外の骨折りはたらく時は、一日五合限り、ということはなかった。又古すべて二食であった時も、このように骨折る者に中食がないなんてことがあるのだろ

春日権現験記　一之巻

たくみ昼食を食うところ

うか。枕草紙に、たくみの者食うほどに大いにあやしい云々、東表に出て見れば、まずもってくるやいなや遅いといって、汁物をとって皆飲み、土器の茶わんはそのままにしつつ、つぎにあわせ（注…おかず）をみな食いつれば、おもの（注…飯）は不要なようだ、と見るほどに、やがて失せたのか、二、三人のもの、皆そうするのを見て、たくみとはさるのようだと思った。まあ、もったいないことですね、とあるのは中食であろう。なぜかといえば朝夕は物いそがしい折なので、大工等の飯の食いようなど、かく細やかに見ることはないのだから。右の草紙の文にあわせとあるは今にいう菜である。大神宮年中行事に御廻八種と有る。これをオンマワリと訓づけたのはなぜか、海人藻芥には御菜《おんさい》のことをオメグリという、オマワリと云うのは好ましくないものと思われる。おものとは御膳で、すなわち飯である。これも海人藻芥に、御飯は供御《ぐご》というとあるので、今ごごなどというのはその訛《あやま》れるものである。またこれをめしということは、御《み》をし（食）の縮まったものとする説もあるが、これはただ聞《きこ》し召す（注…召し上がる）などの、めしで、めし物という意であろう。

○春日験記に大工等材木の上にて物食う図がある。人が多くならび居て、図は横に長いので、今僅かに一人ふたりを抜き写すことにした。

笋羹《しゅんかん》（注…煮物料理）

調味抄という書に、笋羹は笋《たけのこ》に限らず菜類を細かにして、えび、いか、あわび、いりこ、卵の類を加え、醤油仕立てするとあるので、しゅんかんは繊羹《せんかん》の訛りかと思ったが、節用集に笋干と書いてあった。ならばもとは乾した笋だろうか、されど今は夏日、羹を冷ややかにしたものをしゅんかんというなら、もとより笋に限ることではないだろう。それから考えると、もと旬羹であったものを、誤って筍と書き、又笋とも書けるはずである。筍は笋の本字なのであるから。さて旬は種々雑多であることが多い。まず朝家の公事に二孟の旬といい、夏と冬の初めに諸臣に御酒その外、賜物がある。また朔旦旬《さくたんじゅん》（注…冬至に行われる朝廷の議式）は江次第（注…有職故実の書）に見え、萬機《ばんき》の旬（注…重要な政の儀式）、新所の旬（注…内裏の新造儀式）ということは年中行事歌合せの判の詞（注…判者が判定して述べる詞）に見える。春湊浪語に、旬とはもののはじめをいうこと、というのは意を違えている。字書によると、十日を旬と為すとある。これが正しい意味である。十は満ちる数であるので満とも注し、徧とも注する。其の心が転《うつ》って、あたかもその時にあたった日を旬というようになった。今の世では、物が時に叶うことをしゅんに成るといい、時に後れることをしゅんはずれなどいうのがこれである。件の旬羹も冷ややかに作るのは夏日が旬であればのことである。節用集に笋干と書いてある干《かん》の字は音を仮りて書いているだけで文字に意味はないだろう。

春餅《かちん》

海人藻芥に、内裏仙洞では一切の食物に異名を付けて召されるという。云々、餅はカチンとあり、又尺素《せきそ》往来に、きょう亥児《いのこ》（注…収穫祭）の春餅は十月の神楽など見えた。餅をかちんということには数説あって、梅村載筆《ばいそんさいひつ》には、内裡女房の詞に、餅をかちんというのは、かちんの帽子をかぶった女房が持って来たゆえである。また日次紀事《ひなみきじ》には、節分の日、良賤五条の天神の社に詣でる云々、小団餅を買って家に帰る、この餅、社傍の勝軍地蔵を供ずる所で売っており、故に勝ちの餅と謂う。また俗説に、伊予守実綱が能因法師に雨ごいの歌をよませた時、餅を贈ったことから餅を歌賃《かちん》というのであるとしている。皆取るに足らない事である。東雅に、カチヒとは擣飯《かちいい》であるとの注がある。この説に従うのがよい。但しかちんというのは後の世の名なので論にはならないが、本《もと》「かち」と云うことと、「つく」と云うことには差別がある。それは東雅なども心付かずに書いているので、その理由についていうと、〔割註…餅と餈《じ》（注…蒸餅）とのことは、東雅にさまざま注があるので省く〕

まず、かちという言、漢字によく叶うものはない。搗は擣と同じで、つくと訓読みするのを、又、かつとも読める。延喜式に三十九韮搗《にらかち》、菁根搗《かぶらかち》などが見える。しかし和名抄に、搗蒜《とうざん》を比流豆木《ひるつき》と訓ずるのを見れば、これも其の類で、搗はつきと読むべきを、カチと読むのは後の訓であるのかもわからない。そうはいっても古書で、搗をカチと訓読むことは往々見える。かち栗などは今も搗栗と書く。搗の字を放って、仮にもカチと読む字はないに近い。只、尺素往来に、挫栗《かちぐり》とあるのはめずらしい。もとカチという言は、万葉集の歌に、醤酢《ひしおず》に蒜搗雑天《ひるつきかてて》云々とある、と同じ言で、カチ、カツ、カテ、と活用する言葉なのである。その意を加えまじわることだと見る。麦かつというのも、芒《のぎ》を去るのに、から棹で打てば、その芒おちてて麦に雑《まじ》わればこそである。麦は他穀よりも人の力を労ずるものであるので、和名抄にカチガタとも訓ずる。かちがたい故の名である。又袖中抄《しゅうちゅうしょう》かつしかわせの条に、稲のもみをも、かつという、合せて考える必要がある。されば搗くこととは別のことなのを、古書で搗をカチとも訓ずるのをみて、其の字義により、つくと同じことと心得るのは間違いである。ここの古書そうした事が多い。搗の字、古くより右のように訓読みした故、後ついにそのけじめがわからなくなってしまった。そこで、餅をかちんということなども出きたのである。また今の言にかつということの古意は、事の重なったのをかててくわえてといい、又物を食らうをかてにする、かて飯などいう。

因みに云うと、菰《こも》という草を、上野下野ではかちもという、按ずるに、かちもは即ちかつみである。その実は形が細長くて上の皮が黒い、皮をとれば三分許《ばかり》の白い実がある。漢名は茭米《こうべい》ともいう。陶弘景《とうこうけい》いわく、茭米、別名彫胡《ちょうこ》、餅に作って食うこと、という。この実、麦などの如くかちである故に、かつみと名付けたのを今は、かちもというのであろう。〔割註…今この実を刻み、又は粉にしたものを、陸奥美濃などから出している〕又、花がつみはかつみと同じ種類で、花はあるが実がない故に、実にかえて花と名付けた。近頃は本草家の説では、実があるものをこもとし、実がないものを花がつみとするのは何によるのか、恐らくは通志略に、彫蓬《ちょうほう》は即ち米茭、飯と作《な》して食らうこと、故に之を囓《けつ》と謂う。黍蓬《しょほう》は即ち茭《こう》の実を結ばないもので、惟、薦《こも》を作るのに適している。故に之を薦《せん》と謂うとの文を、悪く心得てそのようにいうのだろうが、菰《こも》は和漢ともに右の二種を通わしていう名で、実の有無にはよらず、いずれも薦《こも》に編むべきことは明らかだろう。〔割註…又花がつみを、専ら田字草ということ、東万呂より起こり、続万葉論、古今集打聞等みなその説を用いているが、受け入れ難い事もあり、万葉略解では異物を説いているが、それはもっと定かではない物なので、これらの説はすべて取らないこととする〕

○角黍《ちまき》に菰の葉を用いるのは古製である。田舎では今もこれを用いる、然るにもとは茅《ち》をもって裹《つつ》んだ故に茅巻《ちまき》と名付いた。他の草を用いるのは後であるというのは好ましくない。和名抄に、風土記を引いていわく、糉《そう》は菰葉で米を裹む云々とあり、これをチマキと訓読みすれば、もとは茅を用いていなかったことを知るだろう。茅《ち》の葉、又、篠《ささ》の葉など用いるのは後の事である。按ずるに、ちまきはもと千巻で、多く巻くことなのであろう。ただし神代紀に、茅纏之矟《ちまきのほこ》とあるのは、茅で矛の柄を巻くことだろう。又これもその言の元は猶、千巻であるのかわからない。それはともあれ糉《ちまき》はもと茅を用いたのではない。もしその形が茅纏《ちまき》の矟《ほこ》に似ている故に、名づいたというのには理がある。無名抄に、業平の家のことをいう所に、家の柱も粽《ちまき》の柱なのでというのも、形が似ていることから名づけたものである。今、交趾焼《こうじやき》の壺の、本末《もとすえ》細く、中ふくらかなものを花瓶《はないけ》に用いる。これを飴ちまきという。ちまきには種々あり、其の内、飴ちまきは、もと大和の国箸中《はしなか》の郷よりはじめて製り出したという。今は其の辺りでも絶えてしまったものではあるが、只、京師烏丸の川端道喜の家に伝わるものがある。
○例の古図を写し出して証とする。

飴ちまき売り
三十二番職人歌合の図

かの茅纏之矟というものは、どのようなものかは知らないが、後三年の軍の古画巻などに見える薙刀

の柄はこのようなものである。

これらはちまきの矟の名残ともいうべきなのだろうか。又按ずるに、今の刀剣の鞘などに、せんだん巻というのは、もと鞘巻という。盛衰記、平家物語等に見える。鞘を糸などで巻きたたむように作るものである。七十一番の職人尽に、さや巻きがある。

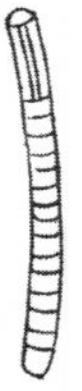

其の鞘巻の形、図のようである。これまたちまきより出たものか、今千段巻ということ、おのずから千巻《ちまき》の意味に叶う。

薦《こも》の子

著聞集に、左京太夫顕輔卿《さきょうだいぶあきすけきょう》のもとに盃酌《はいしゃく》が有ったので、畳目の薦の子をさかなにしていた云々とある。和訓栞にいわく、和名抄に海蓴《かいじゅん》（注…海草こあまも）をどのようなものかを注釈している。小藻《こも》の意味である。著問にいうのは、これを子にしたのであろう。庭訓に薦の子と書くのは如何かというと、却って誤ることになる。このこは、菰より出る春の若芽であり、漢名、茭筍《こうじゅん》ともいう。菜であって喰うものである。和訓栞は、海蓴をどのようなものとも知らないで注釈している。海蓴は即ち石蓴《せきじゅん》である。今、これをあおさという。これも賤民の食料ではあるが、粉にすることといかが。本草和名に茭弱《こうじゃく》を薦の子と訓じれば、いよいよ薦の子は茭筍であること疑いない。庭訓に薦の子とあるのもこれにかなう。〔割註…薦はもと菰で編む故にこもと名づいた。それより稲草《わら》などで編む物をもこもという故にそれに別けて菰をまこもと云う〕但し、茭弱の弱の字は筍の字と形似ているので若しくは茭筍の誤りだろうかと思えど、猶、そうではなく、蒲《がま》の芽出しを蒲蒻《ほじゃく》というので弱は蒻と同じであろう。されど茭筍を茭弱ということは本草には

見えない。

菰は、実も根も若芽もみな食料になること、もろもろの本草書に出ている。

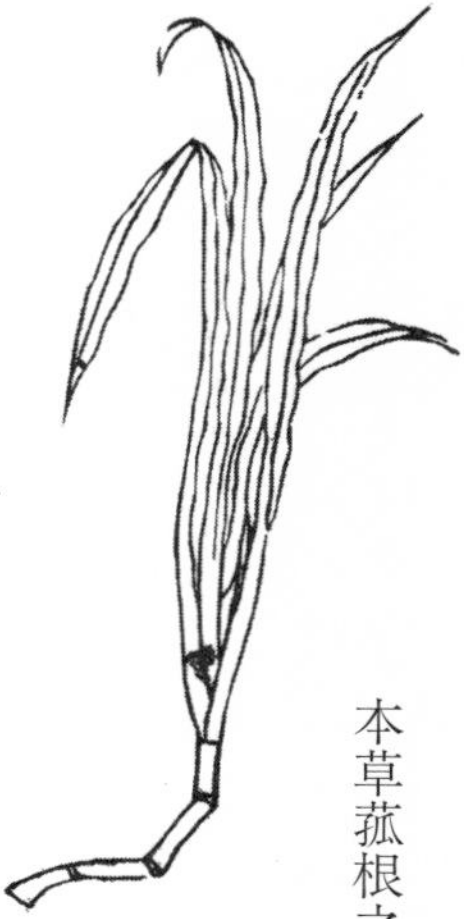

本草菰根之図

又、著聞に、五月の頃、円位上人が熊野へ参る道の宿りに、あやめをふかないでかつみをふいているのを見て詠んだ、「かつみふく熊野詣での屋どりにをばこもくろめとぞいうべかりけれ」とある。按ずるに、此のこもくろめは、菰ずみである。本草和名に茭欝《こううつ》をこもつらと訓読みし、和名抄に菰首《こしゅ》をこもふつろ、又こもづのと訓じた。ともに同じ物である。こもふとは、あわふ、まめふ、浅茅生《あさじふ》、蓬生《よもぎふ》などの例で知ること。つらは、かつらの略言で、あまづら、ほどつらなどなど同じ。綱目にも、江南の人、菰《こ》を呼んで茭《こう》と為す、其の根が交結するを以て也。というように、相結び生えるもの故に、かづらというのももっともである。こもづのは、秋に至って芽を出す。その形は角のようである。今これをがんづるというのも右の諸名を訛ったものである。秋の芽は春のように伸びること叶わず、立ち枯れとなる。その心欝《しんむし》て黒い灰のような物となる。これを真菰すみと云う。また筑後ではこれをこもくらという。即ち著聞に、こもくろめとあることから、菰黒の意味である。件の歌も熊というより黒きことにもよせたのである。只、薦にくるまるという意のみではないのだろう。

菰首《こもづの》、生なところ

同乾かしたところ

よく乾して皮を去り、中のすみを取り、婦人髪の禿げた処にぬるものである。

河竹《かわたけ》

かわたけの流れの身など歌によめる遊女の事である。このかわたけには諸説あるが、菰なりというのが穏やかに聞こえる。王氏農書に、葑《ほう》は即ち菰根《ここん》である。根がよく繁れば、善く糾結《きゅうけつ》する。土泥を上に著《つけ》、其の蔓を刈り去れば、すなわち耕種《こうしゅ》（注…作付け）すること云々、其の田、水に随《したが》って上下西東する、とあるのは、菰の根は延蔓《えんまん》するが、年を経ておのずから水の上に浮かび出ること。葑田《ほうでん》といって田に作ることである。このこと綱目にも出ているが委しくない。さて、それが水のまにまにとさまよう様に行きめぐらうのは、かの所定めぬ流れの身というのによく似ている。又、遊女が居るあたり、〔割註…古の遊び多くは水辺に住んでいた〕菰はたくさん有るもの。

○かわたけ、河竹と書くのは普通である。謡曲拾葉抄《しゅようしょう》には、伊呂波字類抄を引くと皮菌《かわたけ》とも書くという。〔割註…私が見た字類抄には、河竹苦竹などは見えたが、皮菌はなかった〕其の芽出しを菰筍といえば、そのようにも書けるのだろうか。

白女《しろめ　**白人《しろと》**　**黒人《くろと》**

謡曲拾葉抄の江口《えぐち》の注に、しろめと云うのは遊女の総名と聞く。かたちをつくろわず器量がよいといえる意味で、白女というようだ。今の世で白人と云うのもこの意味にとらえるのは誤りである。白拍子などは、彼の白拍子舞を一般的にいう名であるが、白女は遊女のすべての名ではない。もし白女といえるが総名であるならば、古今集に名を書かずにただ白女とのみあるのはどうしてだろうか。そのうえ大和物語に、うかれめ（注…遊女）に、しろめと云うもの召してとあり、既にうかれめという下にしろめとくれば、白女は名であること明らかである。又朝野群載遊女記《ちょうやぐんさいゆうじょき》にも、江口は、則ち観音を祖と為す。中の君、小馬、白女、〔割註…みな遊女の名である〕というのを思うに、いにしえに名高かった遊女の名をついで、後々も白女といわれるものがいる。

○また今の世で白人《はくじん》というのは、もと歌曲などの芸もない遊女を、白人《しろと》と訓に称《とな》えていたのを後に字音に呼びかえたのである。それを古の白女の意味によるなどといえるはずもない。この白人のようなもの、すべて昔は宿《よね》といった。それは夜寝《よね》の意味であろう。〔割註…麦飯という売色がいる。これは宿を米に似通わせて、その品が劣るになぞらえて、名付けたのだろうと思っていたが、はたして物類称呼というものに、旅宿の酌とり女のことをいうのであって、相州小田原辺ではばくという。遊女をよねというので、米に対して麦《ばく》という〕今の俗《よ》では売色の女を黒人《くろと》といい、それに対して尋常の女を白女というのは、その髪と裏表《うらうえ》の違いであるが、ここは艶色の道になれたを黒人というのであって、白人黒人という言の意にたがうことはない。

まず、白人は漢書鄒陽伝《すうようがでん》に、白徒家を殴《う》つ、師古が注にいわく、白徒《はくと》（注…新兵）は素《もと》より軍旅の人ではない人を言う、白丁《はくてい》（注…無位無官の人）と言うが若《ごとし》、というのがこれである。また黒人は漢の楊雄《ようゆう》が太玄経《たいげんきょう》（注…哲学書）を著わした時、人がこれを誚《そし》ったので解嘲《かいとう》（注…嘲《あざけ》りを弁解する）という文を作り、文選の対問類に載せた。その序に曰く、云々、時に雄、方《まさ》に太玄を草創して以て自ら守ること、泊如《はくじょ》（注…

心静かに居る）すること有り。人は雄を嘲るに玄《げん》（注…無）の尚、白きを以てすることが有る。而して、雄はこれを解くを名付けて解嘲という、といった。玄は物の妙なること、又黒である、とも注せる字なればかくいった。これが黒人の出所であろう。明の人、林良がすみ絵を書いた上に、自ら題をつけた詩句がある。図の如し。

昔年、鈴木芙蓉翁に古画を数ふく見せたところ、翁ことに此の画をほめてたたえた。

紙にいささかその図をうつされたのを、こい得て秘めおいたが、幸いに画幅も小さくてここに収まり、配置もよいのでそのままに写し出した。

芙蓉縮図

〔割註…原《もと》は大幅なので、書は真跡のまま写したが、画は翁の縮図をとり、載せた〕絵はここに必要無いけれども写し出さなければその題意はどんなであろうと疑わしいので載せた。楊雄《ようゆう》の太玄経画《たいげんけいえ》のことには関わらないが、玄が黒いことを墨絵に思いよせた、ざれことである。詩句の意は、誰か知らむ楊子雲《ようしうん》が著《あらわ》せる太玄経によりて千載《せんざい》（注…千年）の後迄も人をしてかく黒からしむといえるなるべし。玄妙ならしむ、という心を黒からかしむと云うのは、彼《か》の玄なお白しということを、打ちかえした言葉でおもしろい。

誰知楊子雲千載令人黒　林良

白拍子《しらびょうし》　芸子《げいこ》

徒然草に、通憲入道（少納言信西）舞の型の中の興味あるものをえらび、磯の禅師（静の母）という女に教えて舞わせた。白い水干に鞘巻《さやまき》（注…腰刀）をささせ、烏帽子を被せて踊らせれば、男舞と云ったという。禅師の娘《むすめ》の静《しずか》というものが此の芸をついだ。これが白拍子の根源である。〔割註…源平盛衰記には、島《しま》の千歳《せんざい》、若《わか》の前《まえ》（注…和歌の前とも）の二人にはじまるといわれている〕とあり、この男舞は漢土の剣器の類である。天禄識餘《てんろくしきよ》に、剣器は古舞の曲名、其の舞は女伎《じょぎ》を用いる。雄装空手《ゆうそうくうしゅ》にして舞う。文献通考舞の部に見える。杜子美《としみ》の公孫大娘《こうそんだいじょう》（注…舞姫）が剣器を舞う。歌は武舞を指して云う也。或いは剣器をして刀剣とするは誤り也。などというのに似ている。白拍子というのはもと拍子の名である。長門本平家物語に、白拍子を数えてなど、という。〔割註…今も春日の若宮社の神楽舞の歌に、シラ拍子、ラン拍子などいうことあり〕続古事伝にいわく、妙音院相国いわく、舞を見、歌を聞いて国の治乱を知る。権家の常のならいである。

ところが世間には白拍子という舞がある。其の曲を聞けば五音《いん》（注…宮・商・角・徴・羽の五種の音）の中《うち》には商の音。この音は亡国の音である。舞の姿を見れば、立ち廻り空をあおいで立つ、其の姿はものを思う姿である。詠曲、身体ともに不快の舞であると、おっしゃった、と見える。これにて其の舞のさまを思うこと。この者、酒宴の相手に招かれるのであれば、今の芸子という者の類である。今の芸子を漢土では楽工ともいう。北里志にいわく、楽工有り。其の側《かたわら》に聚《あつま》り居る。これを呼び召すものあれば立ちどころに来る。飲を卒《はる》毎に三鍰《かん》となる。燭《しょく》を継ぐときはこれを倍する。という。これは、ろうそく一挺つ間に、芸子の身の代は三鍰となる。鍰の字は康熙《こうき》字典に、黄鉄の重さ六両といわれている。黄鉄は銅である。六両というのも時代により様々ではあるが、この北里志は唐の代の人、孫棨《そんけい》という人の作であるので、開元銭であろう。開元銭十文で重さ一両である。ゆえに三鍰は百八十銭であろう。若し、先のろうそくが立ち終り、又新たに継げば、その価一倍になること、今の芸者の直しということに似たり。

遊女の粧《よそおい》

ある人、昔の風俗はすべて威儀正しいものであったといい、又、遊女が常に打掛を着るなどは、往昔の威儀の名残であろうがよくは知らない。そういうが、古より絶えず打掛は着ていたようである。其の間に変革があった事に気づかないのはなぜか。ここは常の学者ではなく、主にかかる筋に興味をもち、細かな事を知る人がいうには、古の江口神崎などの遊女は皆小袿《こうちぎ》（注…一枚の上着）着ると見えるが、後世の遊女はそうではない。岩佐又兵衛の画、その後は菱川師宣《ひしかわもろのぶ》、英一蝶《はなぶさいっちょう》の画にも猶、遊女が打掛を着ているものはない。それらの絵にも稀には打掛姿を書いたものも見るが、皆、内に居る姿である。外に出るときは必ず上に帯を締める。そこで思うに、遊女が小袖を打ちかけて着るのは、褻《け》（注…普段）のことで、晴（注…特別）には着ない。今、武家の婦人の打掛のように礼服としたのは、ほぼ僭上《せんじょう》（注…贅沢）の儀のた

名画苑巻二
土佐光茂（光信の子也）筆
遊女の図

画史会要巻四

本朝画史を考えるに、光益は光信の裔《えい》也とあり、或人いわく、土佐家にはなき人也と、孰《いず》れが是なるかを未だ知らず。

菱川師宣がかける図の模写なり

辻たちのけん物

あけやかえり道中

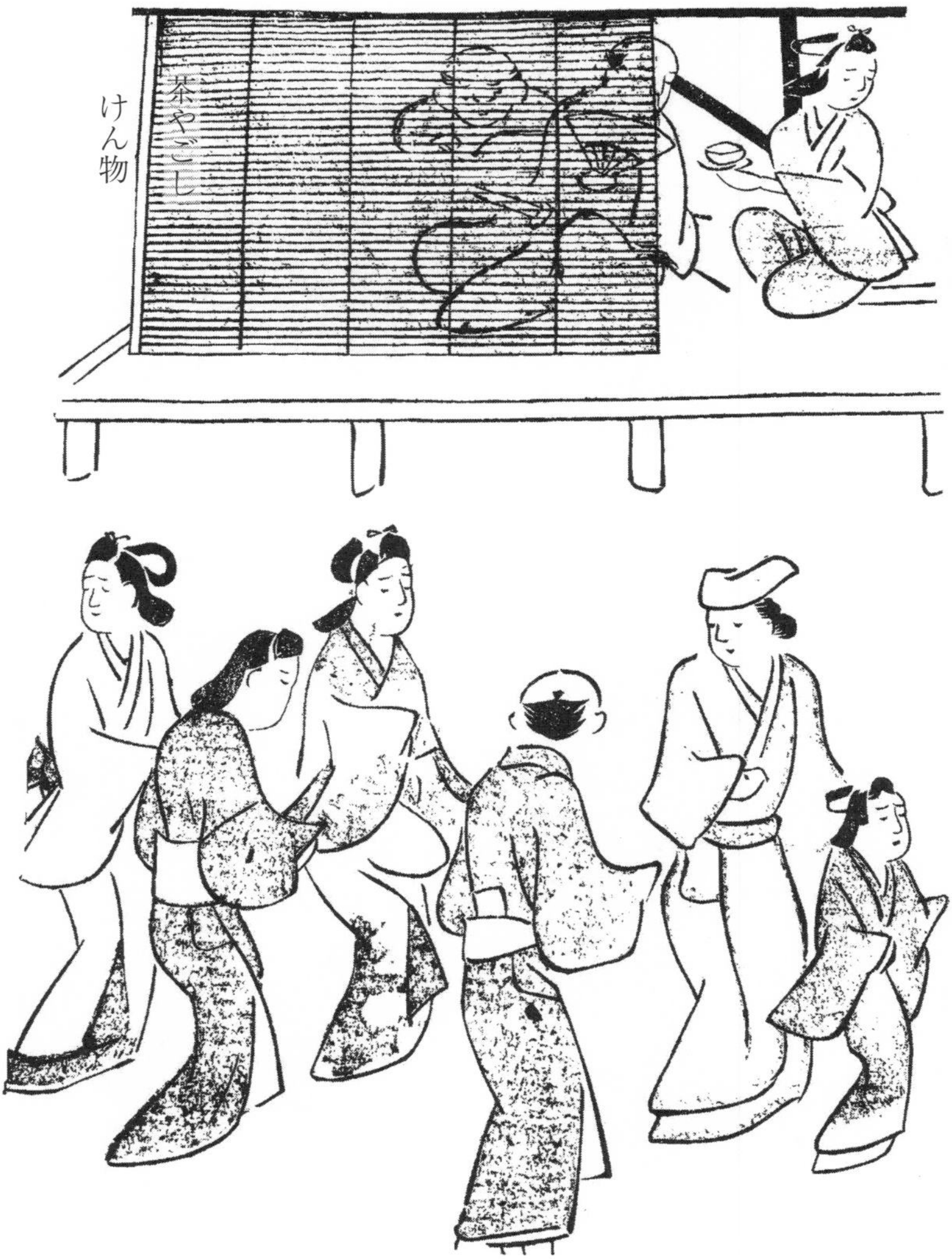
茶やごし
けん物

めとかいう。又昔々物語という書に、昔は常の女、縫箔《ぬいはく》(注…刺繍と金銀の箔)が光る小袖を着る故、遊女は無地もの、縞の類を着ていた。常の女とは風俗が異なっていたからである。又、帯をするのも異なれるためといえる。これもまた証となるであろう。

○ついでにいわく、享保の頃まで婦人は、顔の粧に頬紅として、紅と白粉《おしろい》を和《まぜ》て頬にぬっていたが、元文の初め頃より、貴賤ともに頬紅を止めて白粉ばかりぬり、或いは塗らないものもいた。これは遊女の粧を学んだからとか。壷石文介婦訓《つぼのいしぶみかいふのおしえ》という段に、当世は生地をよろこび化粧を嫌う、大いにはしたない事である。生地を見せて悦ぶは傾城《けいせい》(注…美人)の事である云々とある。漢土にも似た事がある。隣幾雑志《りんきざつし》に、婦人は寛袴《かんこ》(注…袴の一種)を服せず、襜製旋裙《せんせいせんくん》(注…前垂れ・袴)を服する。必ず前後に開くのは驢《ろ》(注…ろば)に乗るときに便利なためである。其の装いは、都下の妓女に始まった。そうして士大夫の家にも及び、これを慕うようになった。ついぞ恥辱《ちじょく》を知らないかのようだという。〔割註…按ずるに、風俗通に、趙王大眉を好む、人間半額、楚王広領を好む、国人領を没す、斉王細腰を好む、後宮に餓死者有、とある。この言、戯語であるが戒めとすること。上にあるものを好み願うことは、必ず下にもすぐれて好むものが出来るのは理であるが、まれには下の風は上に移らないこともあるだろう〕また遊女が紅粉《こうふん》を嫌ったことは、吉原雑記〔割註…原富作とある。この人、元文の頃七十を過ぎた老人と思われる〕というものに、女郎の風俗も、昔は紅粉おしろいというものをむさくるしいとし、揚屋女郎の薄化粧でも、揚げ屋風とはいいながら、いやしき事といいつくろい、髪は兵庫髷に引き結び、粗櫛《あらぐし》で梳きあげ、つまべに(注…マニキュア)つまがくし(注…つめがかくれる)の草履、地女と違ってきれいであることを女郎とするに、今の風は、髪は油固め、櫛は足駄《あしだ》の歯のようなのを二、三枚さし、かんざしも色々の模様をしたものを七、八本さしちらし、云々〔割註…この本人と問答の体《てい》で書いている。右の答の内に〕髪の結

可笑記巻五　万治二年印本

やっこざえもん、
ある人島原かよい、
たいこもち、
八千代むかいおる、
島原三浦格子

女用鑑巻之三　貞享四年印本

けいせいの
けいせいめか
ぬはせかいの
すてもの云々

い方、風俗は賤しいといえども、三浦の格子女郎、和歌うら巻の尾などというのは、そのころ京嶋田という髪の風がはやり、油ずくめにして島田に結っていた。昔も油ずくめがあったと思われる。これらは挙げなくてもよいことであるが、聊《いささ》か風俗の沿革を見る。

○また按ずるに、古は女の服もゆきは短く、帯の幅は狭かったが、貞享の頃よりゆきも長く、帯もやや広くった。されど振袖はなお短い。〔割註…天和の頃までは一尺五寸であるものを六尺袖といった。思うに駕籠かきを六尺という。それが着る物の袖の大きさと似ているのであれば、その振袖を六尺袖というのではなかろうか。春台の独語（注…太宰春台の随筆）に、男子も女子も十四、五迄は長い袖を着たが、昔はくじら尺の一尺七八寸を極まりとしていたが、貞享の頃より二尺ばかりになり云々、という〕英一蝶が四季絵跋文《しきのえばつぶん》に、今の世の有様にくらべれば、髪のつと（注…髱）襟をこえず、振袖大地《おおじ》をすらず、ただ遠く離れた田舎女の姿絵とも思うだろう。云々〔割註…これは一蝶が其の昔に書いた絵を、二十年ほど経て見た時の自跋である〕というのを、ましてそれよりも先の絵にかいた風俗を、今の時代から見れば、都人も他国の人物かと思うのも理がある。又いわく、遊女が上着を打ち掛けず、上に帯を締めること、享保の初め迄そういうこともありと見えて、其のさまを書いたものも多い。そういうことであるから、今の定めにないものでも大いに近い事なのである。

○前の条にいった白人ということを、唐の元稹《げんしん》が雑思の詩の白人を証として、美人の意味と思えるものがある。それは誤りである。そもそもこの詩は宋の王銍《おうせん》が会真記の跋に、僕の家に微之《びし》が作った元氏古艶詩《げんしえんのし》百餘篇が有る。その中に春詩二首が有り云々、及び自ら鶯々《おうおう》の詩、離思の詩、雑憶の詩が有る。伝奇に載せる所とともに、なお一家の説のごとくである。又古決絶詞《こけつぜつのことば》、夢游春詞《むゆうしゅんのことば》有り、云々という。しかれば雑思の詩とあるのは離思の詩の誤りであろう。この跋文と件の詩ども若干首《そこばくしゅ》、金聖歎《きんせいたん》が六才子書西廂記《せいそうき》の巻首に載せている。さて、この詩の意は、会真記を按ずるに、〔割註…この記は人が知っていることであるが、今その詩を解くには、ほぼその事を言わざるを得ない〕張生というもの〔割註…元稹が自らの事を記したならば、仮に設けて作った名である〕鶯々《おうおう》という美人に通ったが遂げられず、女も他人の婦となり、男も外に妻をもった。かくて後男、前の女の家を過ぎて尋ねたが、女は隠れて出てこなかった。右の詩はこのことを作れる。その詩にいわく、尋常百種花齋発《ひとしくひら》く、ひとえに梨花を摘んで白人に与えた。この二句の意は、様々多くの花の中に、あたら梨花を白人に与うることよと惜しむ心を含んでいる。梨花は美人にたとえ、白人は結婚した鶯々の夫を指す、西廂記に鄭恒《ていごう》と作名した人はこれなり。白の字はもとより多義ではあるが、白人を美人のごとくいうことはまだ見及ばなかった。かつこの白人を異人と見るには、詩意を解すべき様なく、伝奇にも合うことがない。この白の字も白徒、白民などの意味で、無能不才は美人を配偶すべきではないことをいう。今日江頭《こうとう》（注…河辺）の両三樹、憐れむべし、葉底に残春を渡る、この転結の二句はあれほどうるわしかった花もあらぬもののために、摘み取られたが、他の青葉の底に隠れた花は、空しく残り少ない春をすごしている。これはかの中絶えし後、男が訪ねてきたが、女は出逢わなかった事に近づけて作ったのであろう。かくとき明かすこと、大きく違わないと思えるのは、同じ人の古決絶の詞に、〔割註…これも同じ事を作った詞である〕まして、桃李《とうり》の春に当たり、衆人の攀折《はんせつ》（注…引き折る）を競う、我自ら悠々として雲の若《ごとき》を顧《かえり》みる、又どうして能く君が皚々《がいがい》（注…雪一面が真っ白）として雪のごときを保つことができようか。破鏡の分明を感じ、涙痕《るいこん》の余血を観る、幸いに他人の既に我より先ならず、又どうして能く他人をして終《つい》に我を奪われないようにすることができようか。云々というのを引き合わせて思うこと。又中臣《なかとみ》の祓いに白人古久美《こくみ》とあるのは、三代実録貞観八年七月、紀伊国言《もうす》、伊都郡《いつごおり》の人、六人部由貴継《むとべゆきつぐ》が白人男女二人を生めり云々、身挙《こぞって》純白なこと雪のような子であったが、暗夜を見ることは得たが、白日に向かうこと能わず、と思える白人と同じであるが、今でいうしら子であろう。文字が同じなのでついでにいう。

瓦礫雑考巻　終

文化十五年戊寅四月
江戸書林　日本橋瀬戸物町　須原屋善五郎
京橋銀座二丁目　松屋要助　梓

料理本

魚類精進早見献立帳

東籬亭主人編

天保五（一八三四）年刊

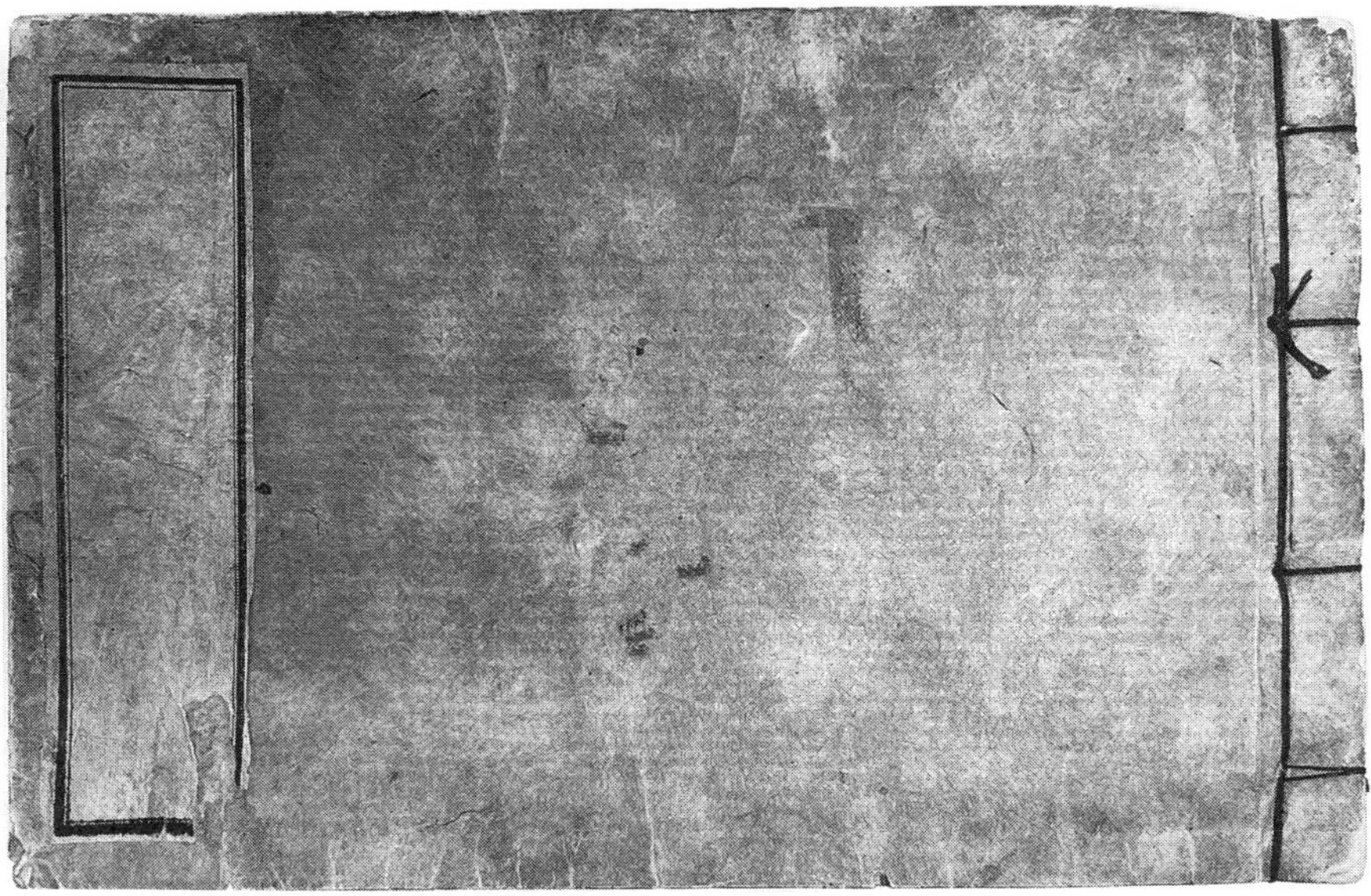

魚類精進早見献立帳

料理のことについて書いた文書は、世にたくさんあるだろうが、その一わたりに印をつけて三つに分けたとき、折曲げに備えた文書は、たぐいがないと思える。そういうことをいうのはおこがましいが、これは向松堂の主人の需《もとめ》により物為す故なのである。さて、本書の名に早見の文字をつけたのもこれが理由なのである。

東籬亭主人　誌

客、主《あるじ》並びに諸役《しょやく》方座席の図

配膳人は、起居《たちい》物静かにして、これまた座敷の様子をいちいち座敷奉行に報告してその指示をうけること。

座敷奉行は、次の間に座して座敷の模様を伺い、飯汁の盛替、引き物、酒肴《しゅこう》など遅速ないよう配膳人に指示して初、中、後に心を配ること。

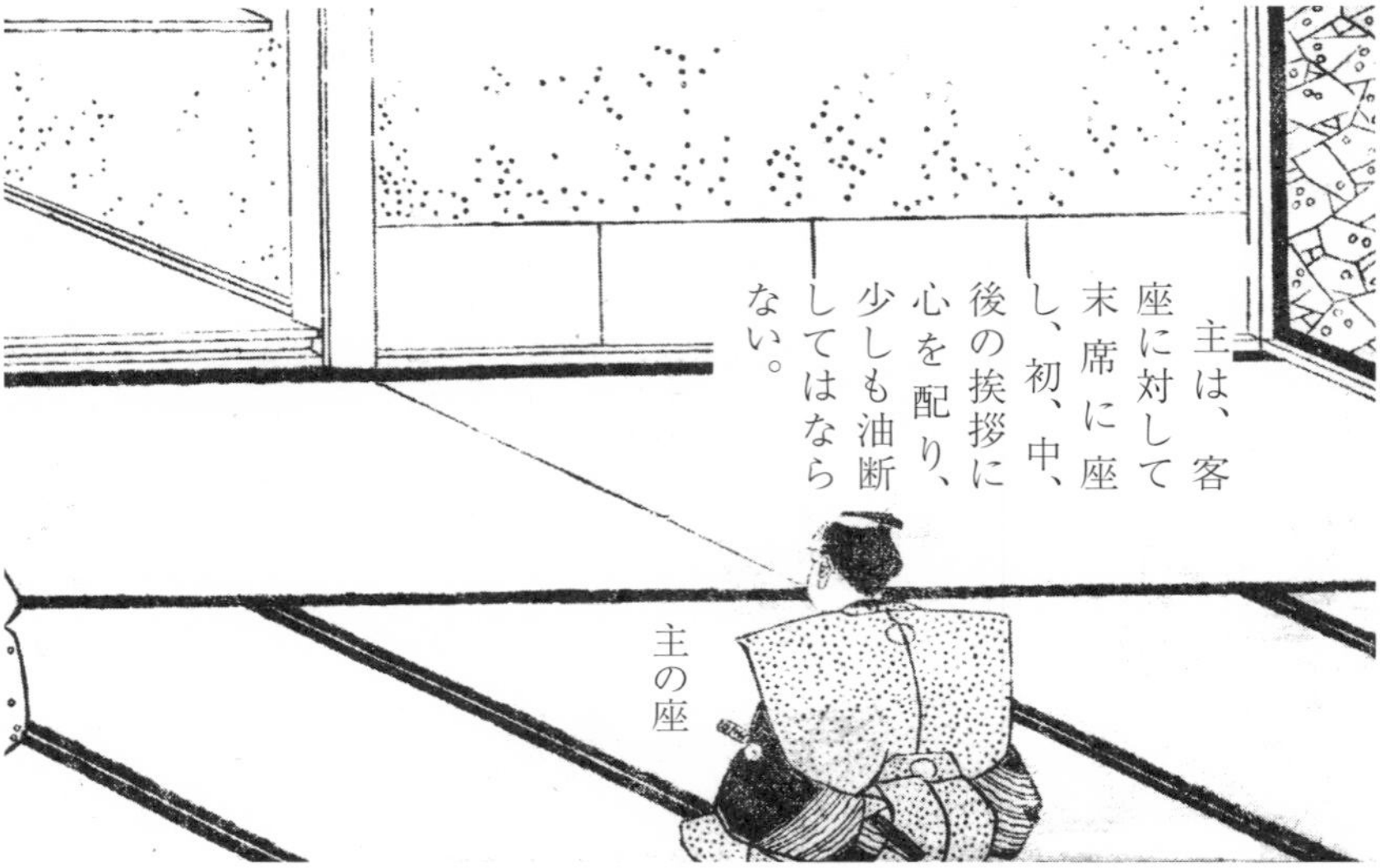
主は、客座に対して末席に座し、初、中、後の挨拶に心を配り、少しも油断してはならない。
主の座

二客
上客
二の膳据える様
引きもの据える様

四季寒暖に従い、それぞれの加減は煮方の巧拙《こうせつ》にある。どれほど山海の珍味を尽くしても加減が悪いものは不馳走というものである。

家々には流儀があり、等しくいうべきではないが、しかしあまり巧みに料理すれば、自然の美味を失うことがあるので注意すべきである。

献方《こんかた》

献方は、饗応の惣奉行であり、少しの間も席を退くことなく、居ながら座敷の模様を考え、料理、煮方の怠りを正し、給仕配膳に粗忽《そこつ》ないように配慮することが必要で、その事に馴れていない人は勤めるべきではない。

魚類精進早見献立帳

凡例

一　そもそも貴人、高位の御館には包丁料理の家元がおり、御慶賀の軽重により五々三七五まで或いは高盛、平盛などそれぞれ古例法式があり、皆、家元の秘伝であって素人の倣得《なしう》る事ではない。この早見献立帳は、畢竟《ひっきょう》民間の遊宴《ゆうえん》または仏事などにおける素人の手料理を集めたものなので、識者においてはその式法がないことを咎《とが》めないでもらいたい。

一　寒中二汁七菜の献立を記すとはいうものの、㊄㊂の印をつけて五菜、三菜を分ける。㊄の印のみを集めるときは一汁五菜となる。三菜もこれに準じている。

一　四季十二段に分けてその献立をつくる。とはいうものの年々《としどし》の寒暖によっては河海の魚などはもとより山野の果物、野菜にいたるまで成熟の遅速がありうるゆえ、月々の料理に書かれていても前後を見合わせ用捨《ようしゃ》すること。もっともその地の陰陽に従い、産物にしたりしなかったりする所がある。あるいは同じ品でもただ賞翫するのみの所もあり、かえって馳走にならないこともある。地方においてはその所の風土にならい適切に取り計らうこと。

目録

○正月　魚類二組　精進二組
○二月　同　二組　同　一組
○三月　同右
○春三月同　三組　同　二組
○四月　同　二組　同　一組
○五月　同右
○六月　同右
○夏三月同三組ずつ
○七月　同　二組　同　二組
○八月　同右
○九月　同右
○秋三月同　二組　同　三組
○十月　同　二組　同　二組
○十一月同右
○十二月同右
○冬三月同　二組　同　三組
台引重引
料理心得

以上

二汁七菜椀数《わんかず》の事並びに書方

献立

生盛《いけもり》　汁　坪皿《つぼさら》　飯　香の物

二の膳

刺身《さしみ》　猪口《ちょく》付　二の汁

引テ

大猪口　平皿《ひらさら》　吸物《すいもの》　茶碗　菓子

以上

この献立は二汁香《こう》七菜という。香というのは香の物も菜の数に入るからである。本七菜というときは、杉焼あるいは中皿など香の物を数に入れず、七菜をいう。五菜三菜もこれに同じ。

今の世には坪皿は不流行ではあるが、本料理には必ず用いるものである。三菜、五菜には菓子椀にしても引くこと。

一汁本五菜（本文に㊄の印をつける）

献立

㊄刺身　汁　飯　香の物

引テ

㊄大猪口　㊄平皿　㊄菓子椀（坪皿を用いないときは菓子椀にしてここへ出す）　㊄茶碗

吸物　菓子

以上

一汁三菜（同じく㊂の印をつける）

献立

㊂猪口　汁　飯　香の物

引テ

㊂平皿　㊂菓子椀（坪皿を用いるときは菓子椀はなし）　吸物　菓子

以上

正月　魚類　二汁香七菜　㊄一汁本五菜　㊂一汁本三菜

献立

生盛《いけもり》　**煮返し酢**　赤貝せん　烏賊《いか》のせん　うど　**鯖紫蘇《さばしそ》の実付き**　浅葱《あさつき》

汁　袱紗《ふくさ》　角真薯《しんじょ》　つぶ椎茸《しいたけ》　菜細々《こまごま》

㊄㊂坪皿　濃漿《こくしょう》　鱧《はも》焼目付き　麸《ふ》　銀杏《ぎんなん》（平皿にも）

飯　香の物

二の膳

刺身　**鯛へぎ作り**　かぶら骨　防風《ぼうふう》　山葵《わさび》

二の汁　すまし　結びきすご　糸三つ葉

小猪口　煎り酒

引テ

㊄㊂猪口　車海老　土筆《つくつくし》　葱味噌

吸物　潮《うしお》　**あわ雪玉子**　蕗《ふき》の薹《とう》

㊄㊂平皿　せんば　**鴨身たたき**　松露《しょうろ》　穂俵《ほだわら》

㊄茶碗　敷味噌　蒸し牡蠣　岩茸《いわたけ》　せり　生姜《しょうが》

菓子

以上

○生鯖をつくり、紫蘇の実を付ける。

○鴨の身ばかりを叩き、丸める。

○鯛を三枚におろし、肉ばかりを味噌に一夜漬ける。

○煮返し酢は、酢一升、酒四合、塩一合を一緒に煮返し、よく冷まして用いる。何の肴を漬けるにもこの調合がよい。

○あわ雪玉子は、玉子の白身ばかりを茶筅《ちゃせん》で振りたて、適量ずつ椀に入れるとよい。

同魚類　二汁香七菜　一汁本五菜　一汁三菜

鱠《なます》　生酢　鯛　紅くらげ　うど白髪《しらが》

汁　すまし　うす塩鴨　松露　なず菜

㊄坪　濃漿《こくしょう》　あんこう　肝かわ　擂り山椒《さんしょう》（平皿にも）

飯　香の物

二の膳

㊄㊂刺身　**鯉《こい》細づくり**　子付き海そうめん

小猪口　岩茸　山葵

汁　煎り酒

引テ

潮　鯛　青昆布　胡椒《こしょう》

㊄大猪口　黒胡麻《ごま》酢味噌　車海老　蕗《ふき》

㊄㊂平皿　串海鼠《くしこ》　さき松茸　**寄せ玉子**

薄葛《うすくず》　擂り生姜

吸物　すまし　白魚《しらうお》　柚《ゆ》

㊂㊄茶碗　鱧《はも》　うど　山椒味噌敷

菓子

台引　**小板かまぼこ**　さけ

以上

○鯉細づくりは鮒鱠《ふななます》と同じ。

○寄せ玉子は、まず玉子を割り、黄身だけをすくい取り、別に黄身ばかりを溶き、白身の片脇へ流し入れて蒸す。但し、両方とも醤油を少し加えること。蒸し上がった後、適量をすくっておかいれ。

○小板かまぼこは、すり身を薄い杉板へ移して焼く。じきに焼ける。但し、板の寸法はどのようにでも切ること。

同精進　二汁香七菜　一汁本五菜　一汁三菜

生盛　芥子《けし》酢　白髪うど　蓮根《れんこん》　獅子茸《ししたけ》　防風　生姜

汁　白味噌　つみ入り豆腐　新わかめ

㊄坪　**名古屋味噌**　**濃奨**　いりこ麩　焼栗《やきぐり》

銀杏　山椒

香の物　飯

二の膳

㊄刺身　葛切り　糸こんにゃく　揚げ金冠麩《きんかん》

汁　すまし　つけ松茸　焼き海苔

小猪口　煎り酒

引テ
㊄㊂猪口　しき梅肉　**白髪人参**　すいせん
㊄㊂平皿　せんば　揚げ湯葉《ゆば》　孟宗《もうそう》　大椎
茸
吸い口柚
吸物　すまし　じゅんさい　小梅干
㊄㊂茶碗　**あんかけ　丸ゆり根　浅草海苔**
蒸し
菓子
台引　祇園坊《ぎおんぼう》　田楽　ひじき
以上

○白髪人参は、まず皮をとり、一寸ばかりに切り、縦に薄く刻み、また縦に細々と刻み、水へ下ろし、上げてさっと湯煮《ゆに》すること。
○丸ゆり根をよく蒸しあげ、浅草海苔を火とり、細かくもみ、ゆり根の上へかけ、葛あんをかける。
○名古屋濃奨は、味噌を酒で溶き、昆布出汁にて加減すること。但し、白味噌を少し混ぜるとよい。

同精進　同断
生盛　三倍酢　あわ蒸し　岩茸　うど　蓮根
汁　白味噌　松露　白文豆《ぶんどう》
㊄坪　敷胡椒味噌　**松前豆腐**　丸むきうど
飯　香の物
二の膳
㊄刺身　紅ようかん　松菜《まつな》　衣かけ胡桃《くるみ》　平
あらめ　海そうめん
汁　すまし　水前寺海苔　銀杏
小猪口　煎り酒　山葵
引テ
㊄㊂猪口　あげ麩　せり白和え　**ふり矢生姜《はじかみ》**

吸物　赤味噌　へぎゆり根
㊄㊂平皿　せんば　**小倉湯葉**　椎茸　焼き目芋
台引
㊄㊂茶碗　あんかけ　太ぜんまい　焼栗　生姜
以上

○松前豆腐は、豆腐をよく擂り、昆布を細かく切り、豆腐に混ぜ、布巾の上へ厚さ六、七分ほどにのばして蒸すこと。但し、もずく昆布を入れるのもよい。
○小倉湯葉は、湯葉にする湯に、小豆を炊いたものを入れて蒸すこと。但し、葛を少し入れる。
○ふり矢生姜は、二分ばかりのあられに切り、猪口に盛った後、ばらばらとふりかけること。

二月　魚類　二汁七菜　一汁五菜　一汁三菜
生盛　生酢　さより糸づくり　白髪うど　岩茸　栗生姜
汁　袱紗　伊勢海老小口切り　青海苔割山椒
㊄㊂坪　濃漿　平貝《たいらぎ》　きくらげ　銀杏　干し山椒
飯　香の物
二の膳
㊄刺身　**霜ふり鯛**　みる貝　**山葵の茎**（割って）
汁　すまし　しお雁《がん》　榎《えのき》茸　吸い口柚
小猪口　煎り酒
引テ
㊄㊂猪口　二倍酢　**鯉**　嫁菜《よめな》
㊄㊂平皿　せんば　塩引き鮭《さけ》　葉付きかぶら　大焼栗
吸物　薄すまし　むき蛤《はまぐり》　土筆　胡椒
㊄焼物　かけ汁　大石かれい
台引　焼鯛切り身　唐辛子醤油色付き

菓子

以上

○霜ふり鯛は、鯛をどのような形にでもつくる。別に玉子を煮ぬいておき、白身だけをよく擂り、かな水のうにのせ、指で擂る。細かくなって落ちた白身をつくった鯛につける。

○山葵のじくを一寸ばかりに切り、縦にふたつに割り、酢にしばらく浸け置けば薄赤くなる。

○猪口の鯉は平づくりがよい。

同魚類　同

鱠　三倍酢　鯛（平づくりにして切り重ね）

黒くわい　うど

汁　袱紗　鮎　焼き麩

㊄㊂坪　練味噌　生貝やわらか煮　岩茸

山椒の粉

飯　香の物

二の膳

㊄刺身　**鯉戸川作り**　九年母《くねんぼ》　山葵

汁　すまし　雁　白髪葱《ねぎ》

小猪口　煎り酒

引テ

㊄㊂猪口　肉和え　きんこ　土筆　干しかぶら

㊄㊂平皿　せんば　鯛　ごぼう小口切り　椎茸　めうど

吸物　塩仕立て　真薯《しんじょ》　梅干

焼物　**小鯛塩釜焼**

菓子

台引　車海老

以上

○鯉戸川づくりは、三枚におろした身をまた何枚にも手際次第にへぎ、鯉の子をさっと湯煮し、よく冷やし、へぎした身の裏表へつけて、くるくると巻き、木口より薄く切る。渦巻のようになる。但し、切小口へ子がつかないようにすること。
○塩釜焼は、塩に水を少し入れ、鍋の底に敷いてその上に小鯛を並べて炊くこと。

同精進　二汁七菜　一汁五菜　一汁三菜
盛分　ためいりざけ　葛そうめん　かいふん
　海苔　銀杏衣かけ　紅ようかん　川茸
汁　袱紗　ちょろぎ　つぶ椎茸　菜細々
㊄坪　濃漿　つと麩　獅子茸　焼栗　割山椒
飯　香の物
　二の膳
㊄㊂猪口　塩に長芋　岩茸　紅生姜
汁　すまし　たんぽぽ　めうど
　引テ
㊄㊂平皿　せんば　寄せ湯葉　**白髪芋**　つけ
　松茸　吸い口柚
長皿《ながさら》　花あげ昆布　黒くわい
㊄㊂茶碗　薄葛に松露たくさん　むき胡桃《くるみ》
　山葵
吸物　すまし　わらび　焼き海苔　擂り生姜
台引　**小倉はす**　わかめ
重引　黒胡麻味噌　近江かぶら
　以上

○小倉はすは、小豆を皮の切れぬように炊き、はすを生でおろし、うどん粉、砂糖を入れ、小豆と混ぜ、丸めて蒸す。但し、竿ものにして切ってもよい。菓子椀、茶碗の具にも使うとよい。
○白髪芋は、白髪人参と同じく縦に細かく切り、また薄く切り、水へ下ろし、湯煮しておか入れ。

三月　魚類　二汁香七菜　一汁五菜　一汁三
菜
生盛　生酢　**かれい**　赤貝　白髪大根　生姜
汁　袱紗　焼たいらぎ　つぶ椎茸　嫁菜
㊄㊂坪　せんば　鯛　筍《たけのこ》　糸昆布
飯　香の物
二の膳
㊄刺身　**海老さき身**　かき　うぐいす菜
汁　潮煮　すずき背切り　土筆　木の芽
引テ
㊄㊂猪口　盛分　数の子白和え　烏賊木の芽
和え
㊄㊂平皿　玉子とじ　**小鳥**　生貝　わらび
くわい　花柚
吸物　すまし　まな鰹《かつお》　はり山葵
焼物　大鯵《あじ》　かけ塩　すり生姜
台引　しお煮　車海老　かまぼこ
菓子
以上

○さき海老は、皮を取り、いかにも細く身を裂き、長いものはむしり、たいてい一寸四、五分ほどにする。
○生盛のかれいは、皮をひき、身をそぎ、糸つくりがよい。
○小鳥は、腸《わた》をよく取り、骨とともにたたきにする。またものにより焼き鳥にしてもよい。

同魚類　同
酒浸《さかびたし》　塩引き鮭　はま塩鯛　一夜塩あわび
花柚
汁　袱紗　むき蛤　ちさ（野菜）
飯　香の物
二の膳
㊄刺身　鯉糸つくり　木うり　山葵

汁　潮　**あわ雪はんぺい**　割蕗《ふき》　めうど
小猪口　煎り酒
　引テ
㊄㊂大猪口　**酢赤貝**　生姜せん　おろし大根
　　しぼり汁
㊄㊂平皿　葛たまり　**鰻**《うなぎ》　生椎茸　もやし
吸物　すまし　みる貝　枸杞《くこ》
㊄㊂茶碗　濃奨　**寄せ海老**　岩茸
菓子
菓子椀　せんば　あんこう　塩茄子《なすび》
　以上

○あわ雪はんぺいは、すり身へ玉子の白身をたくさん入れて酒、塩を少し入れ、水でゆるめ、よくよく擂り、茶筅でふり立て泡になったものをすくい、煮る。
○酢赤貝は、貝を離してよく洗い、そのまま酢に浸けおく。凡そ半日、酢を度々替えること。その後、心任せに切ること。
○鰻は、一度醤油でつけ焼きにすること。
○海老の頭、皮をとり、いずれも包丁の棟で叩きよせ、また適度に切り、湯煮すること。

同精進　二汁七菜　一汁五菜　一汁三菜
生盛　白髪長芋　いと山蕗湯葉　あげ麩せん
　芽紫蘇　つり生姜
汁　蕗　**薄焼き豆腐**　皮ごぼう　菜の茎
㊂坪　まるむきうど　さか麩　はり生姜
飯　香の物
　二の膳
㊄刺身　花芋　塩煮はす　**泡蒸し岩茸**
汁　すまし　水前寺海苔　銀杏　茗荷茸《みょうがたけ》
小猪口　辛子酢味噌
　引テ

㊄㊂猪口　筍煎り出汁　おろし醤油
㊄茶碗　薄葛　**苞蕗**《つとふき》　素麺《そうめん》　松露
吸物　すまし　つけしめじ　浅草海苔
㊄㊂平皿　せんば　けんちん湯葉　椎茸
台引
中皿　へぎ山芋　胡椒醤油色付き
以上

○薄焼きは、豆腐をしぼり、よく擂り、うどん粉を少し入れて蒸し、薄々と切り、玉子鍋で両面に焼き目をつくる。
○泡蒸しは、岩茸をよく洗い、よく味をつけ、泡を混ぜ、竹の皮にのせ蒸すこと。
○苞蕗は、蕗をよい加減に切り、細く割り、両端をずいきで括り、藁苞《わらつと》のようにして中へ梅干を入れ煮込む。

春三ヶ月献立　魚類　同
㊂生盛　二倍酢　伊勢海老　小あい（鮎）背越
しうど　川ちさ　みしま
汁　赤貝　根芋
㊄坪　練り味噌　あんこう　擂り山椒　水前寺短冊
飯　香の物
二の膳
㊄刺身　鯉細作り　海そうめん　香茸《こうたけ》
汁　赤味噌　結びきすご
小猪口　煎り酒
引テ
杉箱　**すずき色紙**　干しかぶら　松露　木の芽敷味噌
㊄㊂平皿　せんば　鯛　孟宗《もうそう》　太ひじき
吸物　すまし　こち　なめ茸
㊄㊂茶碗　あんかけ芋　**炒り鴨**　長芋　栗

中皿　椎茸　きくらげ　生姜
台引　鱧《はも》骨切　矢生姜
以上　さわら色付け　わかめ

○炒り鴨は、鴨を骨付きで一寸四分ほどに切り、胡麻の油で炒り、かやくを入れ、水、酒、醤油で汁気がなくなるまで煮て、別に葛を引いておき、かけて出す。生姜、長芋は生のまま入れること。

○すずきの色紙は、すずきを四方につくって蒸し、その上に玉子の黄身をかけて蒸す。

同　魚類　同
生盛　二倍酢　鯔《ぼら》　烏賊細切り　松菜《まつな》　茗荷《みょうが》
小口切り　**ほどき数の子**
汁　袱紗　塩鴨　せり
㊄坪　せんば　きんこ　小鳥たたき　ゆり
飯　香の物　きくらげ　結蕗
二の膳
㊄刺身　鮒《ふな》　うど　芽紫蘇《めしそ》
汁　すまし　土筆　玉子しめ
小猪口　煎り酒
引テ
㊄㊂猪口　赤貝　ちょろぎ梅肉和え
草
㊄茶碗　あんかけ　**鱧　かやく真薯《しんじょ》**　くわん
吸物　へぎ貝　初茄子
㊂菓子椀　鯛　岩茸　木の芽敷味噌
㊄㊂平皿　せんば　伊勢海老　松茸　松菜
以上

○鱧をよくおろし、擂り、かやくはくるみ、ごぼうのささがき、きくらげなどを入れ、杉箱に入れて蒸し、冷めて後よきほどに切り、煮込む。
○ほどき数の子、新数の子をよくよく水に浸け置き、擂鉢に入れて突くこと。さて、離れた子をまたよく洗い、水に浸け置き、ものしなに摘み入れるとよい。但し塩もみすること。

同魚類　同

生盛　生酢　鯉　白髪大根　岩茸
汁　赤だし　鮒　干し山椒
㊄㊂坪　濃漿　**和煮《やわらか》蛸**　鞘そら豆(平皿にも)
飯　香の物
　二の膳
㊄刺身　**生鯖《さば》**　**玉子黄身付き**　しろくらげ
海　　そうめん
汁　潮鯛　木の芽
　引テ
㊄㊂猪口　おろし大根　なまこ
㊄茶碗　せんば　たたき小鳥　松露　かいわり菜
吸物　**鱒《ます》くずし色紙**　わらび
㊄㊂菓子椀　酒仕立て　赤貝ふくら煮　うど
台引　烏賊　かまぼこ
　以上

○玉子を煮ぬきにし、黄身だけを水のうで擂り、鯖のつくり身につける。
○鱒をおろし、葛を少し入れ、色紙形に切って玉子鍋で焼き目をつけ、おか入れ。
○蛸の和煮は、蛸をよくよく水洗いして、小口に切り、大根でいかにも丁寧にたたき、煮込むこと。

同精進　同

生盛　木酢　紅ずいせん　金冠麩　赤大根し

しか　柿青み

汁　白味噌　つらら寒天　つぶ椎茸　辛子

㊄㊂坪　せんば　**皮ごぼう葛たたき**　つけ松茸　銀杏（平皿にも）

飯　香の物

二の膳

㊄刺身　白藻《しらも》　木うり　土筆衣かけ　天もんどう　角切ようかん

汁　**よる巻きうど**　ほうれん草

猪口　煎り酒

引テ

㊄㊂猪口　**胡桃かけ**　蓮根　豆くわい青和え

㊄㊂茶碗　**黄檗《おうばく》湯葉**　わらび

吸物　なめ竹

中皿　筍　青昆布巻き

菓子

台引

以上

○胡桃かけは、胡桃を細かく賽の目に切り、青和えを盛立てた後、はらりと撒きかける。

○よる巻きうどは、平打ちにしてちくに巻き、水に入れる。

○ごぼう葛たたきは、ごぼうを湯煮して皮をむき、少しばかりたたき、葛を溶き付けて、又煮ること。

○黄檗湯葉は、湯葉屋へあつらえること。

同精進　同

生盛　**干瓢《かんぴょう》のりまき**　縮緬麩

汁　袱紗　根芋　あつき辛子

㊄坪　せんば　うずまき麩　筍　椎茸

飯　香の物

二の膳

㊄刺身　いとこんにゃく　みる　**花形人参**

小松茸重ね切り
汁　つけしめじ
小猪口　煎り酒
引テ
㊄㊂大猪口　せんうど　豆くわい　きくらげ
㊄㊂茶碗　酒仕立て　蓮根　しきしぶ　きささげ　山椒
吸物　ゆりね　松露
㊄㊂菓子椀　いりだし　**茄子**　すり柚おろし
菓子
台引　奥にしるす
以上

○海苔巻きは、干瓢に味をつけ、よく汁気をしぼりとり、椎茸　青み　糸湯葉など入れて巻きずしのように巻くこと。
○人参を何の花の形にでもむき、小口切りにして、胡麻の油で揚げる。
○茄子を小口切りにし、四方を落として色紙形に切ること。さて、胡麻の油はよくよく熱し、よく揚げるほどよい。

四月　魚類　二汁　香　七菜　一汁五菜　一汁三菜
生盛　生酢　鱸《すずき》　岩茸　紫蘇　栗
汁　袱紗　焼き鮎　根芋　青山椒
㊄坪　薄葛だまり　**小鳥あんへい**　ゆりね（平にも）
飯　香の物
二の膳
㊄刺身　鯔《ぼら》細作り　**むしりえび**　おし瓜山葵

汁　すまし　ふぐ干皮《ひかわ》　**団扇《うちわ》茄子**

猪口　煎り酒

㊄㊂茶碗　味噌煮　**鱧てんぷら**　ごぼうさか
き

引テ

㊂猪口　うに和え　生節《なまぶし》　茗荷

吸物　潮　結びきすご　みる

㊄㊂春寒《しゅんかん》　鯛　赤貝　筍　わらび　梅干

菓子

焼物　鱒《ます》　あんかけ

以上

○鱧を骨切りにし、薄醤油で一ぺん付け焼きにし、胡麻の油でさっと揚げるとよい。

○むしりえびは、さっと湯煮してむしるとよい。また生でむしってもよい。

○小鳥あんへいは、身をたたいたものをよく擂り、葛を入れて蒸すこと。

○団扇茄子は、小茄子を縦に軸とも切ること。形が団扇のようになるのをいう。

同魚類　同

山吹膾《やまぶきなます》　生酢　鯛　**こし玉子くるみ**　渋皮付
き栗　紫蘇

汁　袱紗　さざえ　割蕗《わりふき》

香の物　飯

二の膳

㊄刺身　鰹　木うり　**自然薯《じねんじょ》**　醤油

汁　すまし　塩鯨《くじら》短冊　茗荷《みょうが》

引テ

㊄㊂猪口　烏賊　銀杏　ひじき　白和え

吸物　塩仕立て　五位鷺《さぎ》　たたき菜

㊄㊂平皿　**鱧葛たたき**　麩の焼き玉子　岩茸
花柚《はなゆ》

㊄㊂茶碗　鱸　丸茄子　新ごぼうせん

焼物　酢煮　焼き鮎

菓子

重引　**やわらか煮蛸**

以上

○こし玉子は、煮ぬきにして黄身だけを水のうで擂り、つくり身にくるむ。

○自然薯を擂り、醤油で溶く。

○鱧の葛たたきは、鱧の骨切りに葛の粉をかけ、切り目に薄刃の棟で叩きこみ、煮込むこと。

○やわらか煮の蛸は、前に詳しくのっている。よく見ること。

同精進　同

生盛　青酢　白髪大根　きくらげせん　きうり

汁　白味噌　海そうめん　銀杏　辛子

㊄刺身　葛切り　くるみトケ　**奈良漬瓜**　山葵

飯　香の物

猪口　煎り酒

二の膳

㊄㊂大猪口　きくらげ　ちょろき　おろし大根

汁　すまし　天麩羅《てんふら》　**かきこんにゃく**　ささがき牛蒡　三つ葉柚

引テ

㊄㊂平皿　せんば　いわ湯葉　きんし菜　椎茸　山椒

㊄**春寒**（煮冷ましともいう）　縮緬麩　筍　椎茸　さからめ　長芋

吸物　つらら芋　芽うど

㊄㊂茶碗　**寄せくわい**　あんかけ生姜

菓子
中皿　蓮根　唐辛子味噌焼き
　以上

○奈良漬の瓜は塩出しして細切りにすること。
○かきこんにゃくは、さっと味をつけ、小口に爪でかき、胡麻の油で揚げる。
○春寒は煮冷ましである。夏の料理。時節がまだ寒いときは、冷まさずに菓子椀に盛るとよい。
○寄せくわいは、くわいをおろし、葛の粉、砂糖を少し加え、どのような形にでもして、蒸すこと。

五月　魚類　二汁七菜　一汁五菜　一汁三菜
生盛　木酢《きず》　鯛　白くらげ　白うり　岩茸
　葉つき青梅
汁　袱紗　焼きもろこ　丸むきうど
㊄坪　**濃奨　鯔《ぼら》切り身焼目付き　木茸**
飯　香の物
　二の膳
㊄刺身　鱸《すずき》なけ作り　みる
汁　すまし　青鷺　早松茸　柚
小猪口　蓼《たで》酢味噌
　引テ
㊄㊂猪口　烏賊　青ささげ　山椒醤油
㊄㊂平皿　せんば　鯛　筍　みる
吸物　薄すまし　鱧　じゅんさい
㊄㊂茶碗　**やわらか煮蛸**　茗荷の子
菓子
焼物　**鯛味噌漬け　玉子かやく蝋《ろう》焼き**
　以上

○鯔の切り身に焼き目を付けて後、濃奨にする。きくらげは前に入れてよい。

○やわらか煮の蛸は、前に詳しくのっている。見ることと。

○鯛味噌漬けは、一夜前より味噌に浸け置き、よく焼いた後、玉子を溶き、胡桃あるいは胡麻、おの実（麻の実）などをかき混ぜかけて焼くこと。

同魚類　同

生盛　生鯵《なまあじ》　渋栗　蓼　紫蘇　青唐辛子
汁　袱紗　**鱸焼き目付**　穂俵《ほたわら》
㊄㊂平皿　葛かけ　ぼたんえび　川茸　花玉子
飯　香の物

二の膳

㊄刺身　洗い鯉　岩茸
汁　すまし　結びせいご　青昆布　胡椒
小猪口　煎り酒　山葵
引テ
㊄㊂猪口　あられ酒　**さし鯖むしりて**　蓼
㊄㊂煮冷《にさまし》　**細かまぼこ**　小さざえ　大椎茸
吸物　白髪葱　あひる
㊄茶碗　鰆《さわら》あんかけ　おとし生姜
菓子
台引　山椒味噌　ひばり付け焼き

以上

○さし鯖は、生鯖に塩を当て、強い重石《おもし》をかけて一夜置いて使うこと。また、熊野鯖ならば塩をするにはおよばない。重石は強くかけておくこと。

○細かまぼこは、前にもいったとおり、すり身を杉板に薄くつけて焼き、小口より細く切ること。

○鱸は、薄々と筒切りにして、焼き目を付けて煮込むこと。

同精進　同

生盛　塩漬け瓜（皮と分けて）　寒天　けんちん　干し大根　青梅

汁　袱紗　小芋　白小豆　芽うど

㊄㊂平皿　せんば　松前ごぼう　焼栗　大椎茸　柚

飯　香の物

二の膳

㊄刺身　**葛切り**　岩茸　上ケ胡桃　山葵

汁　とろろ　青海苔

猪口　煎り酒

引テ

㊄㊂猪口　金山寺味噌和え　ちょろき　新人参

㊄煮冷《にさまし》　寄せ湯葉　大椎茸　つけわらび　輪切り柚

吸物　薄すまし　結び長芋　茗荷茸

㊄㊂茶碗　竹輪《ちくわ》くわい　しめじ　ちょろぎ

湯葉じめ山葵

以上

○葛切りは、葛一合に水二合でよく溶き、毛水嚢《けずいの》で漉し、少し厚い紙で筒を巻き立て、尻を括り、上より葛を流し、この上の方も括り、湯煮し、水へおろし、紙をとる。色は紅くちなし、青葉菜などを水で溶き、その水で葛を溶くこと。

○湯葉じめは、湯葉屋で湯葉汁を求め、昆布だしに加減して混ぜ、鉢に入れて蒸し、かな杓子で掬《すく》い入れる。

六月　魚類　二汁七菜　一汁五菜　一汁三菜

㊄**水膾**　冷や水ため生貝　さより　おし瓜

山葵汁

汁　袱紗　鯒《こち》　みる
㊄坪　薄胡麻味噌　火どり赤えい　丸むき茄
　子　割山椒
飯　香の物
　二の膳
㊄㊂大猪口　桜煮《さくらに》蛸　梅酢漬け　茗荷の子小
　口切り
汁　潮煮　**花小鯛**　まつ菜　めうど
　引テ
㊄㊂大平　蒸し鰆《さわら》　きんこ　青豆　葛かけ
　擂り生姜
㊄㊂茶碗　薄すまし　すり身入り　やわらか
　麩　おとし柚
中皿　鮎　当座すし　蓼《たで》
吸物　すまし　味噌漬け　うずら　茗荷
　以上

○水膾は、取り合いの品々を塩酢で暫くいためないように置き、青茅《かや》の苞《つと》に包み、井戸に下げ置き、膳を出すとき皿に盛り、冷や水を貯めて出す。

○花小鯛は、頭を取り、尾はつけて三枚におろし、骨を取り、皮をうちにして尾を立て、竹串に巻き、直に潮煮の下地で煮る。椀へ移すとき竹串は抜き取る。

同　魚類　同

青ぬた　生貝小角　わた和え　栗　新唐辛子
汁　袱紗　**白玉ごぼう**　焼き湯葉　青海苔
飯　香の物
　二の膳
㊄刺身　子付鯛　塩わかめ　山葵
汁　冷すまし　**花海老**　大椎茸　大根しぼり
　汁

小猪口　煎り酒
　引テ
㊄㊂猪口　つばす（鰤《ぶり》）　白瓜　木の芽酢
㊄㊂平皿　鱧　ささがきごぼう　榎茸　柚
吸物　すまし　あひる　うど
㊄茶碗　あんかけ　赤えい　枝豆　辛子
㊄㊂菓子椀　山椒味噌　**背切り鯉煮こごり**
菓子
　以上

○白玉ごぼうは、ごぼうをざっと湯煮して水へ下ろし、上の皮をよく去り、中の真に包丁目を入れ、次に丸形に抜き、その中へすり身をよく詰め、湯煮をし、小口切りにする。
○花海老は、皮を取り、身を切り、はなれないように包丁目を入れて煮込む。
○夏の煮こごりは、葛を溶き入れて、冷やすこと。

同　精進　同
㊄和えまぜ　**胡桃酢**　おし瓜　きくらげ　潮
　煮はす　揚げ麩　茗荷の子
汁　袱紗　白ずいせん　つぶ椎茸　まつ菜
飯　香の物
　二の膳
㊄坪　山椒味噌敷　長芋　岩茸　白ささげ
汁　**結び豆腐**　浅草海苔
㊄㊂大猪口　炒り出汁　小茄子　黒豆　大根
　おろし　かけ醤油
　引テ
㊄㊂平皿　養老麩　椎茸　茗荷
吸物　すまし　水煎じ白藻《しらも》
㊄㊂茶碗　葛煮　**寄せくわい**　焼栗　青うど
　ん
菓子
中皿　白砂糖　ぼたんゆり　梅干

以上

○結び豆腐は、豆腐をくずし、よく擂り、布巾上にのべて煮湯に入れ、すぐに水に下ろし、水の中で結ぶこと。
○寄せくわいは、くわいを山葵おろしでおろし、葛を入れて、形は好きに変えて蒸すこと。
○胡桃酢は、胡桃を少し炒り、山葵おろしでおろし、酢で溶くこと。

夏三月　魚類　二汁本七菜　一汁五菜　一汁三菜

㊄生盛　生酢　あらい鯛　うど白髪　小紫蘇
汁　袱紗　赤貝　竹輪豆腐
㊄坪　鱸《すずき》　大椎茸　丸むきかも瓜
（五菜には平皿にすること）
飯　香の物

二の膳
刺身　藻魚《もうお》　夕顔　山葵
汁　すまし　鱧　まつ菜
猪口　煎り酒
㊄㊂大猪口　**鮑《あわび》蓮根わた和え**
㊄㊂茶碗　花海老　岩茸　おろし味噌
吸物　すまし　うずらたたき　干し山椒
㊄㊂菓子椀　鷺《さぎ》　**ごぼう銭切り**
菓子
中皿　きんこ　茄子

以上

○わた和えは、生貝をくるりをとり、薄醤油でさっと味をつけ、小角糸づくり、心任せに切る。さて、わたは、酒、塩、醤油でよく炊き、擂鉢で擂り、袋をとり、和える。
○ごぼうの銭切りは、湯煮して小刀で真の過ぎたところを小口よりくり抜き、薄々と小口に切る。

同　魚類　同

生盛　生酢　あらいがれ　白瓜　三島色海苔
汁　すまし　鷺　うどささがき
㊄坪　濃漿　鱸　早松茸　茄子
飯　香の物
㊄刺身　むしり鯛　岩茸　紫蘇
汁　袱紗　瀬戸がき　じゅんさい
小猪口　煎り酒
　引テ
㊄㊂大猪口　きんこ　**鱧の皮白焼き**　ゆりね
　山葵味噌
㊄㊂菓子椀　**玉子わら煮**　なめ茸　割山椒
吸物　すまし　鳥すり身　結び昆布
㊄㊂茶碗　葛だまり　結びきすご　真薯《しんじょ》　金冠麩
菓子
中皿　鱧　**うに焼き**　柚醤《ゆびしお》
以上

○玉子わら煮は、かき玉子を割り、そこにたくさんの花鰹を入れ、醤油をほどよい加減にしてよくかき混ぜ、そのまま鍋に入れて遠火で炊き、火がとおったとき、かな杓子で掬っておか入れ。
○うに焼きは、うにに水を少し加え、酒塩《さかしお》でよく溶き、骨切りにかけて出すこと。
○はもの皮、白焼きにして小口より細かく刻むとよい。但し、みりん酒に暫く浸けておくこと。

同　魚類　二汁香七菜　一汁本五菜　一汁本三菜

生盛　生酢　鱸細づくり　平あらめ

汁　袱紗　赤貝　ちらし葱
㊄坪　しき葛あん　真薯　きくらげ　焼栗
（五菜には菓子椀）
飯　香の物
二の膳
㊄刺身　あらい鯉　うど
汁　すまし　**花海老**　すいぜんじ
小猪口　煎り酒
引テ
㊄㊂大猪口　**金山寺和え**　きんこ　銀杏
吸物　赤だし　鮒《ふな》
㊄㊂平皿　せんば　塩鶴　ごぼうささがき
割山椒
㊄㊂茶碗　**味噌に生貝　白瓜そぼろ　山葵**
（菓子椀にも）
以上

○花海老は皮をとり、頭を離し、生肉が切れ離れないように包丁を入れてさっと湯煮するとよい。
○金山寺味噌和えは、水でも、昆布だしでも少しゆるめ、砂糖を少し入れること。
○生貝は小角がよい。白瓜そぼろ切り、又は縦四つ切りにして小口切りにするのもよい。味噌に胡椒、山椒、または砂糖味噌もよい。

同　精進　同
生盛　胡麻酢　大根　椎茸　揚げ麩　栗　青み
汁　袱紗　かも瓜溶き辛子
㊄坪　葛あんかけ　湯葉　さまつ　そら豆
（五菜には菓子椀）
飯　香の物
二の膳

㊄刺身　水せん　白髪そうめん　仏手柑《ぶしゅかん》　けんちん　まつ菜
小猪口　煎り酒
汁　すまし　芋まき　松露
引テ
㊄㊂大猪口　**しきしらす**　**角煮梅**　筍　そぼろまき
吸物　すまし　なめ茸　柚
㊄㊂平皿　せんば　かやく麩　新ごぼう
㊄㊂茶碗　薄葛　**あげ芋**　糸こんにゃく　岩茸
以上

○しらすは、豆腐をしぼり、白胡麻が焦げないように炒り、豆腐と擂り交ぜ、酢でのばし、水のうで漉して白砂糖を少し入れる。
○角煮梅は、煮梅の肉ばかりを漉し、寒天に水を少し入れて炊き、溶けたところに先ほどの梅肉を入れ、重箱の深皿に入れて冷やし、冷めたころ切ること。
○揚げ芋は、つくね芋をよく擂り、葛の粉を入れて適当に丸め、胡麻の油で揚げて煮込む。

同　精進　二汁本七菜　一汁五菜　一汁三菜
生盛　胡桃酢　海そうめん　揚げ麩　岩茸
汁　すまし　**結び豆腐**　じゅんさい
㊄坪　濃漿　玉子湯葉　椎茸　緑蕗《みどりふき》
飯　香の物
二の膳
㊄刺身　**銭切りごぼう**　ひじき　糸瓜
汁　赤味噌　かいわり菜
小猪口　煎り酒　山葵
引テ
㊄㊂大猪口　肉和え　蓮根　銀杏　茗荷

㊄㊂平皿　せんば　かぜ湯葉　早松《さまつ》　**小茄子**
吸物　**若ゆりね**　みる　生姜
茶碗　しき味噌　かも瓜　新さつま芋　むき
豆
㊄㊂菓子椀　**葛に小芋**　きくらげ　ごぼう
以上

○結び豆腐は、六月の献立に詳しく出ている。
○銭切りごぼうは、三月の献立に詳しく出ている。
○若ゆりねは、小さいものを二つ切りにしてもよく、またへぎてもよい。
○小茄子は、櫛目《くしめ》をいれるとよい。またはへたを残して縦に切り、重ねてもよい。
○小芋は、八角に皮をむくとよい。

同　精進　同
㊄刺身　海そうめん　ゆうかん　もやしぶん
どう　岩茸　金冠麩　山葵煎り酒
汁　白味噌　太もぞく　辛子
坪　濃漿　木の芽味噌　胡麻豆腐　ごぼう
飯　香の物
二の膳
㊄㊂**大猪口**　ちょろぎ　祇園坊《ぎおんぼう》　おろし大根
和え
汁　すまし　水せんじ　玉あられ　はり生姜
引テ
㊄平皿　せんば　寄せ湯葉　きんし菜　椎茸
㊄㊂菓子椀　かも瓜　ちりめん麩　しき味噌
吸物　白湯《さゆ》仕立て　**さくら海苔**　砂糖漬け生
姜
㊄㊂茶碗　葛あんかけ　小芋　つけ松茸　山
葵
小皿　**おろし大根**　**かるめら豆腐**
以上

○かるめらは、豆腐一丁を四つに切り、胡麻の油で揚げ、ぐるりの皮を切る。また、薄醤油にて炊き、からみ大根おろしをかけて出す。

○さくら海苔は乾物屋にある。水によく浸け、そのままおか入れ、生姜もそのまま入れる。

○大猪口は、ちょろき、祇園坊を盛っておき、膳を出すとき大根おろし、醤油をかけて出すこと。

七月　魚類　同

生盛　二倍酢　小鱧　うど　きくらげ

汁　袱紗　みしじみ　竹輪

㊄坪　濃漿　**生貝**　むかご　干し山椒

飯　香の物

　二の膳

㊄刺身　あらい　**鱸平づくり**　茗荷のせん

汁　すまし　こち　じゅんさい

小猪口　辛子酢味噌

　引テ

㊄㊂猪口　**干し鱈《たら》**　黒くらげ　おろし大根

㊄㊂平皿　せんば　**結び刀魚《たちうお》**　早松茸

吸物　すまし　炒り牡蠣《かき》　胡椒

㊄㊂茶碗　葛あんかけ　雨の魚（琵琶鱒《びわます》）　青海苔かけ

小皿　生干《なまび》大鮎

以上

○鱸を大平づくりにして汲みたての水をかけ、よく絞って盛る。

○結び刀魚は、三枚におろし、小骨をよく抜き、縦に二つ三つに切り、きすごのように結ぶこと。

○濃漿の生貝は小角がよい。平づくりもよい。

○干し鱈はよく揉んでさばくとよい。

同　魚類　同

㊂和物《あえもの》　盛分け　**蛸黒胡麻和え**　みしじみ青　胡椒
　和え　松茸白和え

汁　袱紗　すり身　根芋

坪　濃奨　むすび瓜　鯛　岩茸

飯　香の物
　二の膳

㊄刺身　さき海老　色白藻　山葵

汁　薄すまし　**よせ麩**　輪柚

小猪口　煎り酒
　引テ

水和《みずあえ》　煮返し酢　烏賊　ささいせん　蓮根
　蓼紫蘇細々《たでしそこまごま》

㊄㊂平皿　鴫骨ともたたき　細かまぼこ　**焼**
　き豆腐短冊　刀豆《なたまめ》　芽うど

吸物　赤だし　鯉

㊄㊂菓子椀　へぎ生貝　きくらげ　玉子とじ

菓子

㊄茶碗　あんへい
　以上

○蛸黒和えは、蛸を水と酒とでよくやわらかくなるまで煮て、醤油を少し加えてさらに煮て、つぶつぶ切りにして黒胡麻に醤油を少し入れ、酒と酢を加え、酢めあるほどにしてよく擂りこして和える。

○寄せ麩は、生麩一升にすり身を五合ばかり、玉子五つ、山の芋をおろして少し入れ、酒、塩を少し加え、よく擂り合わせ、恰好はどのようにしてもよい。さっと湯煮し、おか入れ。

○焼き豆腐短冊は、豆腐を五厘ほどの厚みに切り、鍋でさっと焼き、色紙、短冊、心任せに切る。

同　精進　同

合交《あえまぜ》　胡麻酢和え　ずいき　枝豆すり込　栗

　生姜　紫蘇

汁　白味噌　わり根芋　辛子

坪　すまし　さからめ　金冠麩　梅干　山葵

飯　香の物

　二の膳

㊄刺身　けんちん　生椎茸　もやし　紫蘇

　白髪うど

汁　薄すまし　**おとし芋**　とき海苔　胡椒

猪口　辛子酢味噌

　引テ

㊄㊂猪口　**いんげん豆細く切る　くるみ擂り**

　て醤油山椒

㊄㊂平皿　せんば　大巻湯葉　初茸　ぼたん

　ゆりね　柚

吸物　すまし　ちょろぎ　もぞく

㊄㊂茶碗　**ひら麩　炒り出汁　梅酒かけ**

菓子

㊄菓子椀　あんかけ　かも瓜　新くわい

　以上

○ひら麩は、さっと胡麻の油で揚げて、梅酒は小梅に溶き砂糖を少し加え、酒に入れ、よくかきたて、布で漉してかけ、出すこと。

○落とし芋は、山の芋をよく擂り、箸でよくかきたて箸先で少しずつはさみ切り、おか入れにすること。

○いんげん豆のわかいものをよく茹でて小口より細々と刻み、胡桃をさっと炒って突き砕き、よく和えて山椒醤油をかけること。

同　精進　同

生盛　白髪大根　とかさのり（海藻）　大徳寺麩

汁 袱紗 初茸 **薄焼き豆腐** 葉付きかぶら
坪 寄せ銀杏 白糸
飯 香の物
二の膳
㊄刺身 海そうめん 紅なし 白藻 香茸
新矢生姜
汁 すまし もずく 生姜
猪口 煎り酒
引テ
㊄㊂猪口 辛子酢 太ぜんまい
㊄㊂平皿 せんば **雪ごぼう** 椎茸 千枚大根
吸物 すまし **へぎ芋** みる
㊄㊂茶碗 おろし山葵 胡麻豆腐 しめじ うど
㊄菓子椀 葛煮 うどん 玉子湯葉 焼栗
以上

○雪ごぼうは、ごぼうをよく煮て葛を溶き、ごぼうを転がし、そのままさっと湯煮してよい頃合いで煮込む。
○へぎ芋は、山の芋を薄く切り、そのまま生でおか入れ。
○薄焼き豆腐は、豆腐を薄々に切り、玉子鍋で焼き目を付けること。但し、はじめに水を垂らして置くこと。

八月 魚類 二汁香七菜 一汁五菜 一汁三菜
生盛 生酢 さより ささがき大根 渋栗 葉生姜 ほうずき
汁 袱紗 竹輪 かまぼこ 小かぶら
飯 香の物
二の膳
㊄刺身 **葛引き鯛平作り** さから和布 久年《くねん》

母《ぼ》　山葵
猪口　煎り酒
汁　すまし　鷭《ばん》　いとう大根　塩筍せん　芽
うど
㊄坪　濃奨　雨の魚　丸むきうど　割山椒
引テ
㊄㊂猪口　薄濁り酒　からすみ
吸物　すまし　むき蛤　青昆布大短冊
㊄㊂平皿　鰒《ふぐ》干し皮　**うどん　半へい**　初茸
柚
菓子
㊄㊂菓子椀　鯛　長芋　胡麻味噌かけ
以上

○葛引き鯛は、刺身に作るようにして葛の粉によく包み、さっと湯をくぐらせ水に浸け、つくる。

○うどん半へいは、すり身に山の芋をおろして、また、よく擂り混ぜ、飯のとり湯を混ぜて、又よく混ぜ、塩を少し加え湯煮し、饂飩《うんどん》のように切る。但し、固いのはよくない。しかし　柔ら過ぎれば切り目が乱れる。いかにもふっくりとして豆腐の少し固いものほどにすること。

同　魚類　同
ぬた和え　鯛薄身　**もみ大根　たたみ栗**　青
唐辛子
汁　三年味噌　えい　根芋
飯　香の物
二の膳
㊄刺身　生鯖　くらげ　まつ菜
汁　すまし　へき貝　胡椒
猪口　煎り酒
引テ

㊄㊂大猪口　鱒　当座寿司　蓼の穂
㊄㊂平皿　せんば　鱧　手長海老　岩茸
　じゅんさい　むかご　芽うど
吸物　潮煮　**月見玉子**　紫蘇　蓼
㊄㊂茶碗　すまし　鯉　青昆布　梅干
㊄菓子椀　葛かけ　あんへい　山葵
　以上

○月見玉子は、とりたての新しい玉子を赤かね杓子で受け、そのまま煮え湯の上へ浸し、杓子の湯へ入らぬようにして固まるまで手に持って煮上げる。周りが白く中が黄色になる。
○もみ大根は、薄く短冊に刻み、鱠のように酢でもむこと。
○たたみ栗は切り重ねの事である。

同　精進　二汁本七菜　一汁五菜　一汁三菜

㊄膾　煎り酒浸し　大根　ぶどう　青なし短冊　きくらげ　針生姜兼金冠
汁　袱紗　焼きくわい　春菊　芽うど
坪　薄葛煮　焼栗　ゆりね　小梅干　割山椒
飯　香の物
　二の膳
㊄茶碗　衣かづき芋　胡椒味噌かけ
汁　すまし　さき松茸　青かい海苔
㊄㊂猪口　醤《びしお》　青唐辛子輪切り
中皿　**一口茄子炒り出し　四つに裂いたけし**
　引テ
㊄㊂平　せんば　寄せ湯葉　塩わらび　ちぎり麩さっと揚げ　柚
吸物　榎茸　紫蘇
㊄㊂菓子椀　葛に水ことり　しめじ　**長芋結びで**
　以上

○長芋を薄く切り、塩水に浸け置いてやわらかくなったとき、どのような形にでも結ぶこと。結んだ後は水に浸けておけば戻る。
○一口茄子は、へたともにさっと油で揚げ、へたに切れ目を入れて四つに手際よく裂き、けしをふりかけて出すこと。但し、揚げたとき薄醤油で味付けること。

同　精進　同
生盛　しらす　**赤大根白髪　いちごくわい**
　ようかん
汁　なれ味噌　丸むきかぶら　つぶ椎茸　青
　海苔
坪　ひきちゃ味噌敷　白糸形長芋　小松茸
飯　香の物
　二の膳
㊄刺身　そうめん　岩茸　すいせん
汁　すまし　水せんし　うれしの
　引テ
猪口　胡麻醤油　ぜんまい　小梅干
㊄㊂平皿　せんば　**かるめら豆腐**　椎茸　盃
　宗　芽うど
吸物　すまし　松露　雪海苔
㊄㊂菓子椀　**小豆《あずき》煮　ごぼう　砂糖**
中皿　赤味噌かけ自然薯
㊄茶碗　あんかけ　かも瓜　焼栗　山葵
　以上

○赤大根は、皮も刻み、水に浸けておく。盛り付ける前に酢にしばらく浸けておくと色がよく出る。
○いちごくわいは、くわいをおろし、いちごの大きさに丸め、さっと油で揚げること。
○かるめらは、丸揚げ豆腐の皮を取り、薄醤油で味をつけ、おか入れ。

○ごぼう小豆煮は、ごぼうをよく炊き、ほかに小豆のこしあんに味噌を少し、砂糖も入れて炊いておき、ごぼうにかけて出す。

九月　魚類　同

生盛　炒り酢　鯛　塩煮蓮《はす》　嫁菜　山葵はり
汁　袱紗　藻魚　こまごま菜
坪皿　すまし　蓮　**崩し豆腐**　擂り柚
飯　香の物
　二の膳
㊄刺身　むき蛤　川ちさ
汁　醤　鯛　青昆布
猪口　唐辛子酢味噌
　引テ
㊄㊂猪口　鰹たたき茅小口切り
㊄㊂平皿　せんば　鴨　松茸　柚
吸物　すまし　鱚《きす》　水せんじ
㊄㊂菓子椀　すまし　**葛たたき鱧**　大根　春菊
㊄茶碗　**鮭あんかけ**　擂り茗荷
　以上

○崩し豆腐は、すり身を擂り混ぜるとよい。葛を少し入れること。
○葛たたき鱧は、骨切りを常のごとくにし、葛の粉を骨切にかけ、包丁の棟にて叩きこむこと。そうして煮込むとよい。
○鮭は昆布出汁で湯煮し、あんかけにすること。

同　魚類　同

深皿　煮返し酢　**金太ら鰯《いわし》**　小茄子一夜漬け
汁　すまし　かき　五ぶせり
㊄坪皿　せんば　鮭　大蛤　初茸　柚

飯　香の物
　二の膳
㊄刺身　鱧細作り　平茸
汁　すまし　雁《かり》　団扇茄子　茗荷
小猪口　三倍酢
　引テ
㊄㊂猪口　たづくり　きくらげ白和え
㊄㊂茶碗　**山吹豆腐角切り**　山椒味噌かけ
吸物　すまし　小鳥たたき　ささがきごぼう
㊄㊂菓子椀　**さざえわた煮**　胡椒
中皿　焼き鮎　柚醤《ゆびし》
　以上

○山吹豆腐は、豆腐をどのような形にでも切り、串にさし、焼きながら玉子の黄身に少し醤油を混ぜ、豆腐に塗り付けつつ焼く。
○さざえのわたを溶いて醤油を加減してそのまま煮る。
○鰯は、少し塩出しすること。もし金太らがないときは生鰯に少し塩をすること。

同　精進　同
水和《みずあえ》　早煎り酒　人参のせん　蓮根　梨短冊
　みかん　茗荷
汁　袱紗　ゆりね　小豆落とし辛子
坪皿　胡椒敷味噌　かしゆ芋　銀杏　くろか
　わ（老茸）
飯　香の物
　二の膳
㊄刺身　衣かけ椎茸　湯引き冬瓜　わか和布《わふ》
汁　すまし　松茸
小猪口　辛子味噌
　引テ
㊄㊂猪口　胡桃醤油　**さき焼き茄子**

㊄㊂平皿　せんば　糸こんにゃく（さっとあげ）三つ葉　松露
吸物　すまし　**ぶどう**　突き栗　胡椒
㊄茶碗　あんかけ胡麻豆腐　長芋擂り生姜
菓子
㊄㊂菓子椀　**小豆煮ごぼう**
　以上

○小豆煮ごぼうは、八月の部に詳しくのっている。
○ぶどうは、皮をむいておか入れにすること。
○さき茄子は、へたのところに大小により裂くべきほど切りかけをしておき、丸焼きにし、膳を出す前に引き裂き、そのまま盛付けること。
○吸物のぶどうは、皮をむき、へぎ栗とともにおか入れにすること。

同　精進　同
生盛　しらす　かいふん海苔　びしゅかん　蓮根
汁　白味噌　かも瓜　椎茸　辛子
坪　濃奨　**松前麩**　ごぼう　岩茸
飯　香の物
　二の膳
㊄刺身　すいせん　けんちん　香茸山葵
汁　すまし　太もずく　生姜
小猪口　煎り酒
　引テ
㊄㊂猪口　肉和え　ゆりね　小松茸
㊄㊂平皿　せんば　湯葉　**泡蒸し栗**　平茸　胡椒
吸物　すまし　松露　山葵
㊄㊂菓子椀　葛に平うどん　椎茸　青み
㊄茶碗蒸し　**かぶら蒸しあんかけ**　しめじ

とうろぎ　きくらげ　揚げ麩
くわい

以上

○松前麩は、昆布を混ぜた麩である。
○泡蒸しの栗は、栗の皮取り、溶いた葛をつけ、泡をたてて蒸すこと。おか入れ。
○かぶら蒸しは、かやくを入れ、上へかぶらのおろしをたくさん入れて蒸し、葛あんをかけて出す。但し、葛あんは少し辛めにすること。

秋三月　魚類　同

生盛　生酢　鯛　きうり　岩茸
汁　袱紗　**つまみ鱧**　五分せり
坪皿　濃奨　**伊勢海老**　しめじ　銀杏
飯　香の物

二の膳
㊄刺身　塩引き鮭　まつ菜
汁　すまし　鯛　孟宗《もうそう》
小猪口　煎り酒
引テ
㊄㊂猪口　青和え　鳥貝《とりがい》　大根
㊄㊂平皿　せんば　雨の魚　大椎茸　せり
吸物　すまし　へぎ貝　生姜のせん
㊄茶碗　あんかけ　きんこ　初茸
菓子
㊄㊂菓子椀　薄葛引き　鱧　平うどん

以上

○つまみ鱧は、鱧をよく擂り、葛の粉、酒を少し加えて指先で摘み、煮込むこと。
○伊勢海老は、皮を取り、小口切りにして小口に少し包丁目を縦横に入れて煮ること。またたたきにして葛で寄せるのもよい。

同　魚類　同

生盛　生酢　熊野鯖　岩茸　大根おろし
汁　赤だし　鯉　干し山椒
㊄坪皿　葛煮　まな鰹《かつお》　雪子椎茸
飯　香の物

二の膳

㊄刺身　結びきすご　大根　きくらげ
汁　すまし　さざえ　なめ茸
猪口　煎り酒　山葵

引テ

㊄㊂猪口　もろみ和え　**きんこ**　**かぶら角切り**
㊄㊂茶碗　敷味噌　**鯛焼き目付き**　松露
吸物　**背に切り鱧**　みる
㊄㊂菓子椀　せんば　**鱧すり身**　しめじ
菓子
中皿　焼き松茸

以上

○背に切りは、細い鱧を丸切りに薄く作ったものをいう。
○焼き目付は、鯛の切り身をさっと湯煮し、焼き目をつけること。
○猪口のかぶらは、小角切りにするとよい。きんこは小口切りがよい。
○菓子椀すり身は、つまみ鱧にしてもよい。

同　精進　同

生盛　生酢　白髪大根　椎茸　せんべい麩
　栗　芽うど
汁　袱紗　かも瓜　竹輪豆腐　辛子
㊄㊂平皿　せんば　大玉子湯葉　しめじ　青
　昆布

飯　香の物
㊄刺身　けんちん　岩茸　水せん
汁　赤味噌　つまみ菜　唐辛子
猪口　煎り酒
　引テ
㊄㊂猪口　白和え　蓮根　ささぎ
㊄茶碗　葛煮　**青蕎麦《そば》**　**長芋**　焼栗
吸物　すまし　しめじ又はなめ茸にても
㊄中皿　鮭に香茸　矢生姜
菓子
㊄㊂菓子椀　胡椒味噌敷　**かぼちゃ**　錦麩
　岩茸
以上

○青蕎麦は、蕎麦屋にあつらえ、水のうに入れて、熱い湯をかけ、おか入れすること。
○長芋は、蒸籠《せいろう》で蒸し、皮を取り葛煮。加減して程よい頃に煮込むこと。格別よい。
○かぼちゃも適当に切り、酒、塩でよく煮返して、醤油加減に注意して味をつけること。

同　精進　同
生盛　胡麻酢　白髪ごぼう　岩茸　小角麩
汁　白味噌　むかご　小かふな　浅草海苔
㊄坪　薄葛　はんぺい麩　しめじ　青ささげ
飯　香の物
　二の膳
㊄刺身　おろし大根　揚げ麩　海そうめん
汁　すまし　結び豆腐　せりちらし
小猪口　煎り酒
　引テ
㊄㊂猪口　**紅砂糖**　煮梅
㊄㊂茶碗　青味噌敷　ごぼう泡蒸し　長芋
　梅干麩

吸物　越後味噌　松露

㊄㊂菓子椀　薄葛煮　**小飛竜頭**《ひりうず》　松茸　**かも瓜**　山葵

菓子

中皿　**糸瓜田楽**

以上

○糸瓜は、ふたつに割り、田楽にすること。但し、唐辛子味噌とする。

○紅砂糖は、雪白砂糖に紅を溶いて染めること。

○小飛竜頭は、豆腐をよく擂って胡桃、かやを入れ、摘まんで胡麻の油で揚げること。

○かも瓜は、うどんのように細切りにすること。

同　精進　同

生盛　しらす　かぼちゃせん　揚げ麩　椎茸せん

汁　袱紗　じゅんさい　小芋おちこ　辛子

㊄坪　薄葛　**ぜんまい湯葉**　辛子芋　きくらげ

飯　香の物

二の膳

㊄刺身　すいせん　蓮根　大根

汁　すまし　しめじ　青昆布

小猪口　三倍酢

引テ

㊄㊂金山寺和え　**小角栗**　糸きくらげ

㊄㊂茶碗　酒仕立て　もろこし麩　平茸　おろし山葵

吸物　すまし　へぎゆりね　小梅干

㊄㊂菓子椀　薄葛かけ　青うどん　**かも瓜**　焼栗

菓子

中皿　山椒味噌　**ごぼう田楽**

以上

○ぜんまい湯葉は、ぜんまいを巻き、入れたものである。湯葉屋へあつらえること。

○小角栗は、栗の渋皮をとり、小角に切り、さっと湯煮する。きくらげを細々と刻んで共に和えるとよい。

○中太のごぼう三本、または五本ほどを並べ、串にさして焼くこと。

○菓子椀のかも瓜は、別によく味をつけておか入れ。

十月　魚類　同

生盛　**鮭　薄身細切**　短冊大根　栗生姜　金冠

汁　袱紗　赤貝　嫁菜

㊄坪皿　味噌煮　**小花えび**　きくらげ　白さ

さげ　割山椒

飯　香の物

二の膳

㊄刺身　**烏賊細作り**　細魚《さより》細作り　山葵

汁　潮鯛　蕗の薹

小猪口　煎り酒

引テ

㊄㊂猪口　**でんぶ和え　鯛　紅生姜**

㊄㊂平皿　せんば　雁　ささがきごぼう　松露

吸物　玉子　白魚

㊄㊂茶碗　**あんかけ鱧　新漬松茸**

菓子

中皿　うなぎ　長芋（焼いて小口切り）

以上

○でんぶ和えは、鯛のつくり落としをそのままでんぶで和える。紅生姜は切り重ねるのがよい。
○花海老は、前に同じ。
○鮭の薄身の骨をよく取り、細切りにすること。
○刺身烏賊も細魚も同じ細切りにして盛分け、出すこと。
○茶碗鱧も松茸も一緒に蒸すこと。

同　魚類　同

生盛　生酢　鯛　串海鼠《くしこ》　白髪大根
汁　袱紗　柿　ねぎ白根
飯　香の物
　二の膳
㊄坪　山葵味噌かけ　白魚蒸して　**紅玉子**
　とうろき
汁　すまし　へぎ貝
㊄㊂猪口　湯引き鰹　おろし大根酢醤油かけ
　引テ
㊄㊂平皿　せんば　鴨　なめ茸　葉付きかぶら
㊄茶碗　**鯛天麩羅**　かけ醤油唐辛子
吸物　すまし　結びきすご　海苔
㊄㊂菓子椀　せんば　甘鯛　青昆布
菓子
中皿　**蒸し雉（裂いてあんかけ）**
　以上

○紅玉子は、生臙脂《しょうえんじ》という絵具に紅を少し混ぜ、玉子を煮抜きにして染めること。染め上げて縦に二つ割や四つ割にして盛合すこと。
○天麩羅は、切り身をうどん粉または葛の粉にまぶして胡麻の油で揚げること。
○雉は、肉をよく蒸して適当に引き裂き、葛あんをかけるとよい。

同　精進　二汁香七菜　一汁五菜　一汁三菜

㊄**盛分**　胡麻酢　白髪大根　三島海苔　岩茸
　紅すいせん　栗生姜
汁　袱紗　竹輪豆腐　松露　青海苔
飯　香の物
　二の膳
㊄㊂坪　あんかけ　近江かぶら（蒸して）　焼
　栗
汁　すまし　鼠茸《ねずみたけ》
㊄㊂猪口　梨　蓮根　黒胡麻味噌和え
　引テ
㊄㊂平皿　せんば　寄せ湯葉　**大くわい**　せ
　り　柚
吸物　すまし　すいせんじ　小梅干
㊄茶碗　**酒仕立て**　**丸揚げ豆腐**　**大根おろし**
菓子
中皿　蒸し芋　わかめ

以上

○丸揚げ豆腐を四つ切りにし、酒、塩でよくよくたきしめ、醤油をさして加減を見て、大根おろしをたっぷり乗せて出すこと。
○盛分けは、具をいずれも盛分けて後、胡麻酢を流し入れること。
○大くわいまるむき、あるいは錦にするとよい。

同　精進　二汁本七菜　一汁五菜　一汁三菜

㊄生盛　生酢　**岩茸**　けんちん　白髪大根
　紅すいせん
汁　袱紗　蓮芋　黒胡麻あん
坪　葛あんかけ　新漬け松茸　かぶら
飯　香の物
㊄㊂猪口　白和え　蓮根　新銀杏
汁　すまし　孟宗筍薄焼き

引テ
㊄㊂平皿　せんば　松前麩　管《くだ》ごぼう　**房《ふさ》大根**
㊄茶碗　挽き茶味噌敷　胡麻豆腐　長芋　栗
吸物　すまし　なめ茸　生姜せん
㊄㊂菓子椀　**砂糖葛かけ　かも瓜大角切小梅干**
菓子
中皿　辛子酢味噌　老茸《くろたけ》　白藻
以上

○岩茸を平湯葉で巻きあげる。但し、岩茸には味をつけて置くこと。
○房大根は、弐寸ばかりに切り、元を残し、縦に細かく刻み、また横にして刻み、水に浸け置き煮込む。
○かも瓜は、味を付けておく。小梅干も水に浸けておく。砂糖と水を入れよく煮返す。葛を溶いてあんにしてかけて出すこと。

霜月　魚類　同
膾　二倍酢　生海鼠《いりこ》　大根おろし　金冠
汁　袱紗　**火取鯛切り身**　輪切り大根
坪　あんかけ　蒸し牡蠣　辛子
飯　香の物
二の膳
㊄刺身　難波酢　赤貝　ひじき　せり
汁　すまし　まて貝　浅草海苔
引テ
㊄㊂猪口　玉子味噌和え　白魚
㊄㊂平皿　せんば　生貝細作り　**寄せ麩**　椎茸
吸物　すまし　川雑魚　干榎のたけ
㊄㊂菓子椀　葛かけ　**浜焼き鯛**

菓子

㊄茶碗　**玉子とじ**　鴨　鰆　きくらげ

以上

○火取鯛は、切り身を串にさし、焼き目をつけて汁に入れ、煮あげてさしこむ。

○寄せ麩は、麩に魚のすり身を入れて煮る。

○浜焼き鯛は、ほうろくに塩を入れ、その上に青葉を敷いて切り身を乗せ、蓋をして火にかけること。

○茶碗卵とじ、または焼栗、くわいを入れて茶碗蒸しもよい。

同　魚類　二汁香七菜　一汁五菜　一汁三菜

㊄大猪口　煎り酒ため生鱈《たら》平作　くらげ　山葵花鰹かけ

汁　薄納豆汁　竹輪かばぼこ　こまごま菜

小皿　唐辛子　ちんひ　割ねぎ　辛子

飯　香の物

二の膳

㊄刺身　鮒　岩茸

汁　塩仕立て　炒り牡蠣　五部せり

猪口　生酢

引テ

㊄㊂平皿　薄葛　**鳥味噌たたき**　銀杏　きくらげ　わらび

㊄茶碗　**敷味噌　鮗《このしろ》瀬越し**　大かぶら

㊄㊂菓子椀　せんば　鴨　なめ茸　とうろき

吸物　すまし　**甘鯛**　土筆

以上

○鳥味噌たたきは、小鳥のたたきに白味噌をたたき交ぜ、大きく丸めて煮込む。

○鮗は、かぶらとともに蒸すこと。味噌は胡椒又は唐辛子味噌、山椒味噌がよい。

○茶碗を菓子椀にふりかえて茶碗蒸しにしてもよい。
○甘鯛は、すべて鱗を拭き、小角に切ること。

同　精進　同

盛分　煎り酒　岩茸　けんちん　短冊大根
汁　黒豆　**竹輪芋**　白小豆　落とし辛子
㊄坪　丸湯葉　相良《さがら》麩（さっと油揚げ）山椒味噌かけ
飯　香の物
　二の膳
㊄刺身　根芋　青昆布　きうり
汁　すまし　土筆　せり
猪口　二倍酢
　引テ
㊄㊂猪口　浸し蕗の薹　木口かや
㊄㊂平皿　せんば　**しあん麩**　焼栗　椎茸

吸物　平茸　生姜せん
㊄㊂茶碗　葛煮　**松露　胡桃かけ生姜**
焼き物　長芋　色付き柚味噌
　以上

○竹輪芋は、長芋の皮をむき、さっと湯煮し、小口切りにしてその真ん中を小刀でくり抜くこと。
○しあん麩は、麩一升に豆腐小半丁、山の芋を少し落として塩を少し入れ、よく擂り混ぜ、湯煮して用いること。
○松露を葛でよく煮て、胡桃を火取り（炙り）、小細に刻み、ふりかけ生姜を乗せ出すこと。

同　精進　同

㊄刺身　白髪うど　揚げ麩　天もんと
汁　袱紗　むかご　わりめ
猪口　煎り酒

坪皿　白小豆いとこ煮　**白糸芋**　**しめ豆腐**
くわい
飯　香の物
二の膳
㊄㊂猪口　肉和え　銀杏　香茸　干瓢《かんぴょう》
汁　赤味噌　かいわり菜
引テ
㊄㊂平皿　せんば　寄せ湯葉　椎茸　海府海苔
㊄茶碗蒸し　豆腐じめ　平茸　錦麩　ゆりね　焼栗　きくらげ
㊄菓子椀　薄葛　**小倉蓮**　かわごぼう　糸こんにゃく
吸物　すまし　孟宗　小煮梅
以上
○しめ豆腐は、豆腐を五つほどに切り、紙にひとつずつ包み、灰の中へ入れておくこと。
○小倉蓮は、蓮根を擂りおろしてうどんの粉を入れ、適度に丸めて蒸すこと。
○白糸芋は、長芋を丸むきにし、小刀でしんこの形に刻みをいれたものである。

十二月　**魚類**　同
生盛　**うに酢**　鯔《ぼら》　くらげ　大根
汁　かぶらおろし汁　かき　五部せり
㊄坪　濃漿　藻魚皮引背切り　割山椒
飯　香の物
二の膳
㊄刺身　鮭　**さばき海老**　うど
汁　薄塩　鱈切り身　若和布　胡椒
猪口　煎り酒
引テ

㊄㊂大猪口　烏賊　香茸　青和え
吸物　すまし　鴨　土筆
㊄㊂平皿　**薄粕煮**　雁　さき葱　きくらげ
㊄㊂菓子椀　せんば　鯛　はりごぼう　松露

以上

○さばき海老は、湯煮し、皮を取り、身を一寸ばかりに切り、またそれを細かく引き裂くこと。
○薄粕煮は、酒の粕を水で溶き出し、加減して炊くこと。
○うに酢は、きすに少し酒を混ぜて溶くこと。

同　魚類　二汁本七菜　一汁五菜　一汁三菜
角皿　**生海鼠《なまこ》小たたみ**　山葵　生酢
汁　小鳥たたき　干葉《ひば》
㊄刺身　生鯛　生鰹

小猪口　おろし醤油
飯　香の物
二の膳
貝焼　鰆《さわら》　生貝　玉子　小くわい　せり
汁　潮煮　白魚　松露　めうど
㊄㊂猪口　ひしき漬け　あさつき　引テ
㊄㊂平皿　せんば　鯒《こち》火取筒切り　平茸　青み
吸物　結びきす
㊄㊂菓子椀　**ふろふき大根　鴨味噌かけ**　唐辛子
㊄茶碗　酒煮　丹後鰤《ぶり》　鯆鰹《ほかつお》

以上

○鴨味噌は、鴨の身を小さく切り、酒でよく煮あげ、少し煎つけ、冷し味噌並びに魚のすり身を少し加え、擂り混ぜる。ただし、固いのはよくない。適度に水、だし汁でのばし、また煮返してかける。

○一大根も鰹の水出汁に水半分ほど混ぜてよく煮ること。

○生海鼠は、切り重ねにして生酢をかけて出すこと。

同　精進　同

㊄あたため　**けし酢和え　大根　椎茸　えだ柿　栗生姜　金冠むきかけ**

汁　薄納豆　榎茸　ざくざく豆腐　こまごま菜

中皿　粉唐辛子　辛子　しおり葱

飯　香の物

二の膳

㊄㊂坪　味噌煮　**小倉麩**　くわい　きくらげ　胡桃包

汁　すまし　さんぎ豆腐　油揚げ　大根いとう

引テ

㊄㊂猪口　煮梅　氷おろし

㊄㊂平皿　せんば　平干瓢(さっとあげて)　ごぼう　銀杏　青昆布　長芋

吸物　すまし　里芋輪切り　三つ葉五分切

㊄茶碗　**湯葉締め**　かも瓜　なめ茸　くわい

中皿　人参ふと煮　青海苔

以上

○温め生和えは、右の取り合わせをけし酢で和え、膳を出すとき、そのまま温めて盛り付けすること。

○小倉麩は、厚いものをよく炊き、包むこと。

○湯葉締めは、湯葉の汁と出し汁とでよい加減にし、鉢に入れて蒸し茶碗の取り合いよく煮て盛り、右の湯葉を金杓子で掬い、入れること。

同　精進　同
生盛　煎り酒　赤菜《あかな》白髪　岩茸　梅干し麩
　葉付き金冠
汁　袱紗　竹輪豆腐　ちさ
坪　**大ごぼう　山椒　味噌**
飯　香の物
　二の膳
㊄刺身　すいせん　祇園坊　黒くわい
汁　すまし　土筆　十六島《うっぷるい》（海苔）
猪口　生酢
　引テ
猪口　金山寺和え　天王寺かぶら　きくらげ
　ちょろぎ
㊄㊂平皿　せんば　安平麩《あんぺい》　椎茸　畑菜
吸物　すまし　平茸薄焼き
㊄茶碗　**こしあん寒晒し　長芋　焼栗**
㊄菓子椀　葛引き　ゆりね　うど

以上

○ごぼうは、白水に浸けておき、ぬかをたくさん入れて湯煮すること。早く煮えるので水に入れてよく糠を落とし、また酒でよく煮る。荒味噌の白味噌を入れてよく煮ること。山椒の粉は盛りしなに入れてよく混ぜるとよい。
○寒晒しをよく溶き、大小好みにまかせていれること。
○長芋は、よく味付けておくこと。
○こしあんには砂糖を入れること。

冬三月　魚類　同香七菜　同五菜　同三菜
㊄㊂　膾　生酢　鴨細作り湯引き　**かぶら茎**
　輪切り　金冠
汁　袱紗　白魚　松露
坪　越後味噌に鱧すり身　牡蠣　岩茸

飯　香の物
　二の膳
㊄刺身　鮒　川茸　栗せん
汁　すまし　鱒　なめ　胡椒
猪口　煎り酒
　引テ
㊄㊂猪口　**蛸糸づくり**　大根切り重ね　唐辛子味噌ため
㊄㊂平皿　せんば　結びきすご　きんこ　ゆりね
㊄茶碗　あんかけ　鯛　**うどんかも瓜**　山葵
吸物　すまし　鴨　なめ
　以上

○かぶら茎は、新若づくりの茎である。但し、小さいものがよい。
○蛸糸づくりは、足の皮をむき、大はつに薄々とつくり、小口よりさらに薄々とつくること。
○かも瓜は、厚さ一分ぐらいに剥き、又小口より刻むこと。但し、しばらく水に浸けておきさっと煮込む。

同　魚類　同本七菜　同五菜　同三菜
㊂生盛　酢醤油　えそ（魚）　玉子せん　おろし
汁　赤だし　藻魚《もうお》　割葱
坪　味噌煮　生貝　ごぼう
飯　香の物
㊄刺身　さき海老　鯉平づくり　みる
汁　袱紗　まて貝　浅草海苔
猪口　煎り酒
　引テ
㊄㊂大猪口　胡麻和え　烏賊　梨
㊄㊂平皿　せんば　小鳥たたき　漬けしめじ

銀杏
吸物　薄味噌　あんこ切り込み　蕗の薹
㊄茶碗　葛あんかけ　**塩釜蒸し鯛**　生姜
菓子
㊄菓子椀　**こち火取筒切り**　平茸　畑菜
以上

○浜焼き鯛は、ほうろくに塩を厚さ七八分ぐらいの厚さに敷き、その上に青葉を敷き、その上に鯛の切り身を並べ、上に蓋をして火にかけ、蒸すこと。但し、葛あんはかなり薄くすること。辛いのはよくない。

○こちは、筒切りにして串に挿し、少し火取焦がすこと。但し、少し胡麻の油を塗り、火取るのもよい。

同　精進　同

㊂生盛　煎り酒　けんちん　白すいせん　み
る
汁　白味噌　大根輪切り　小豆　辛子
㊄坪　濃漿　饅頭麩《まんじゅう》　大椎茸　ゆりね
飯　香の物
二の膳
㊄刺身　三輪そうめん　岩茸　もやしぶんど
う
汁　潮　**生乾《なまび》氷豆腐**
猪口　三杯酢山葵
引テ
㊄㊂猪口　もろみ和え　黒くわい　うど
干しかぶら
㊄茶碗　薄葛　結び湯葉　じくごぼう　松
露
㊄㊂菓子椀　せんば　糸こんにゃく　焼栗
梅干
吸物　すまし　孟宗竹の子　青昆布

菓子
以上

○生乾氷豆腐は、明日客を招こうと思う前の夜、豆腐を五つ六つに切り、煮え湯に入れて煮て、安い篭に藁を少し敷き、その上に並べ、物干しの先、または高く竹を立ててその先へ引き上げて置くこと。寒夜にはよく凍る。但し、凍るほどの寒夜でなければしめ豆腐にしてもよい。しめ豆腐は、豆腐を三つ四つに切り、紙に包み、灰に埋めること。

同　精進　同

㊂生盛　しらす　土筆　揚げ麩　大根　栗
生姜

汁　白味噌　松露　葉付きかぶら　辛子

㊄坪　山椒味噌煮　**松前豆腐**　**小原木ごぼう**

飯　香の物

二の膳

㊄刺身　蓮芋　葛切り　岩茸

汁　すまし　小梅干　青昆布

猪口　煎り酒

引テ

㊄猪口　青味噌　黒豆　ゆりね

㊄㊂茶碗　葛煮　平うどん　丸むきかぶら
焼栗

㊄㊂菓子椀　せんば　**つかみ飛竜頭《ひりゅうず》**　漬け松
茸　**押しくわい**

吸い物　すまし　初わらび　生姜せん

菓子
以上

○松前豆腐は、昆布を入れた豆腐である。

○小原木ごぼうは、ごぼうを細く割り、束ねたもの。

○つかみ飛竜頭は、常の飛竜のようにかやくを入れて手で掴み、そのまま揚げる。

○押しくわいは、よい加減に炊き上げ、布巾に包み、押しつぶしておか入れ。

同精進　同

㊂生盛　三杯酢　すいせん　岩茸　みる

汁　白味噌　小かぶら　小豆辛子

㊄坪　薄葛　**しきし麩五枚**　松露

飯　香の物

二の膳

㊄刺身　祇園坊　青昆布　きくらげ　栗

汁　すまし　**狸《たぬき》汁**

猪口　煎り酒

引テ

㊄大猪口　柚味噌和え　**土筆**　香茸

㊄㊂茶碗　豆腐締め　平茸　焼栗　麩　ゆりね

㊄㊂菓子椀　せんば　**漬け筍**　寄せ湯葉　椎茸

吸物　すまし　なめ茸

菓子

以上

○狸汁は、こんにゃくを詰め煮てかき、胡麻の油でさっと揚げる。ただし五分せりを散らす。

○しきし麩は、麩屋へあつらえ、色がわりにすること。

○大猪口、土筆は、よく茹でて灰汁出しすること。もし土筆が少なくて寂しければ、銀杏を入れ三色するとよい。

○漬け筍は、よく塩出しをすること。

四季　台引（注…土産物）

春 小板かまぼこ 仙台子籠鮭《こごもりさけ》	生貝色付煮 焼き小鳥	鯛切り身 唐辛子醤油色付き	鯛切り身 粕御汁火取わかめ	精進 山の芋 胡椒醤油つけ焼き
海老 鱒色付き	ひばり 山椒醤油つけ焼き	鱒色付き もろこ小串	きすご色付き いり付きごぼう	同 祇園坊唐辛子 味噌つけ焼き

夏 ぼたん海老 生貝山椒味噌田楽	蛸やわらか煮 たいらぎ塩焼き	烏賊 色付焼き	鱒 粕漬け	精進 長湯葉 唐辛子色付	同 ささぎ 結び天麩羅
焼き鮎 酢煎り	せいご色付き 塩引鮭おき合	鯵塩焼き 蓼酢	鴫《しぎ》 色付け焼き	同 かぼちゃ 唐辛子味噌田楽	同 浅草海苔 薄醤油重ね付け焼

秋 伊勢海老 蕗味噌田楽	鰆《さわら》 色付焼き	鮭 あんかけ 擂り生姜	鮎 山椒味噌田楽	精進 平茸 唐辛子味噌田楽	同 房大根 天麩羅紅塩かけ
鯔《いな》　頭落として 山椒味噌田楽	車海老 からすみ	花海老 塩焼き	平目 胡麻醤油色付	同 小茄子 田楽	同 浅草海苔 衣かけ天麩羅

冬 山鳥 蕗味噌田楽	結び細魚《さより》 塩ふり焼き	鰻《うなぎ》 天麩羅焼き塩	小鮒 すずめ焼き	精進 ゆりね 衣かけ	同 から巻きすし 矢生姜《はじかみ》
甘鯛 味噌醤油付け	鮎粕漬け 房煮山椒	きすご 塩入り	赤えい 山椒味噌田楽	同 ごぼう 蕗味噌田楽	同 自然薯 塩蒸し砂糖

四季　重引（注…お重）並びに小皿引

春 鰆 あんかけ生姜	生貝 葛煮	むきみ大蛤 ふき味噌煮	精進 近江かぶら 葛引き	同 糸こんにゃく葛煮 浅草海苔
鱧すり身 玉子蒸し	あんこう 塩茄子味噌煮	鱒 雪小椎茸葛煮	同 蓮根 味噌煮胡椒	同 葛かけ 押しくわい辛子

夏 床ぶし やわらか煮胡椒	鱧せにぎり じゅんさい 葛煮	赤えい 山椒味噌煮	海老はん平 葛煮	精進 筍炒り出し 大根おろし	同 角九年母あんかけ 生姜おろし
鯉背切り 山椒味噌 煮こごり	真丈《しんじょう》葛煮 ふり葱	海老 具足煮割山椒	いりこ 小芋味噌煮	同 茄子田楽	同 管ごぼう 浅草海苔

秋 鰹くずし 五分ねぎ葛引	やわら半平 柚のせん葛かけ	塩鴨 ささがきごぼう	鰻 卵とじ	精進 根芋 葛煮辛子	椎茸 空蒸しきくらげ
へぎ生貝 玉子とじ胡椒	さざえ わた煮胡椒	焼き目烏賊 薄葛煮胡椒	蛤《はまぐり》 鱧じめ	同 かも瓜 砂糖かけ	銀杏 きくらげ葛引

冬 山鳥 蕗味噌かけ	白魚 玉子蒸し あんかけ	小鮒 青昆布巻	飯蛸 炒り付け	精進 茶筅松茸 新くわい薄葛引	新かぶら 胡麻あんかけ
蒸し雉 裂いて あんかけ辛子	口塩鱈 もやしうど 薄葛煮	玉子 そうめん 葛かけ	こち すっぽん煮 ふり葱	同 蒸し梨 あんかけ生姜はり	松露 からみ大根葛引

同 柚しめじ かけ醤油擂り柚	同 長芋 砂糖赤味噌	同 塩焼き豆腐 蓼酢かけ	同 かも瓜 うどん切葛に山葵	同 うどん麩 葛引おろし大根
同 蒸し煮梅 太白《さとう》かけ	同 青み大根 太ごぼう生姜味噌	同 小柚釜	同 大松露 からみ大根葛引	同 すくい湯葉 葛あんかけ

以上

料理の心得

一　料理は、塩梅はもちろん取合、盛方、心得が第一である。まず取合は、青、黄、赤、白、黒を主とする。又、盛方は円　方（角）　長　短を考え、山水を形取れるなどのセンスが必要である。どれほど厚味《こうみ》、佳品《かひん》であったとしても取合、盛方が悪ければ不馳走になってしまうと心得ること。

一　加減が第一である。尤も、辛口好きの人、甘口好きの人がいて、数人の好みにいちいち口に合うようにすることはできるものではない。しかし、鰹出汁《かつおだし》、昆布出汁に限らず、第一に出汁の加減を至極丁寧に行っておけば、たとえ客によっては加減が少し叶わなかったとしても塩梅によってうまさを覚え、数人の口に叶うものである。たとえ加減はよくとも旨くないのは塩梅が足らないからである。であるから塩梅は原《もと》、加減は後と心得ること。大方の人は、塩梅も加減も同じでひとつ事と思うのは大いなる誤りである。

一　初物は馳走であると主が認識して出せば客人も馳走として味わう。しかし、初物はどのような食材においても至極吟味して用いなければならない。特に茸の類は猶更《なおさら》である。たとえ早松茸といえどもその年の季候《きこう》により出来を吟味し判断することが必要である。尤も河海の初物はよいが山陸の初物はよく吟味すべきである。魚の初物は膏《あぶら》がうすく軽いので風味は格別美である。菓菜《このみな》の走りは自然えぐみがあったり脂が強いものと知ること。

一　遠来の珍物を求め得て料理として出せば、それのみで馳走と心得、その他の魚菜に心配りをしなければ客は大いに興覚《きょうざ》めするものである。

又、会席料理などにおいて唯風変わりな取合を美と勘違いし、殊に盛合せがほんのわずかな量で三箸に足らず、その上味がこってりしておいしい料理は胃もたれするなどと理由をつけ、一菜も旨い物がなければ客に対して失礼なことであり、よくよく肝に銘じなければならない。真の会席ならば、そうした格別な馳走を出してはならない。

或る宗匠《そうしょう》の雑話に、どれほど風雅な面白い取合料理でもおいしい一菜がなくては茶も旨く飲めない、といわれたとか、茶道に於いてもかくのごとしである。況《いわん》や饗饌《きょうせん》に於いてはいうまでもないことであろう。

一　料理の煮方には四季それぞれの心得がある。まず春冬は、いかにもふっさりと見えるように包丁さばきを心得ておくこと。夏秋は、いかにも清々しく見えるように盛ること。そうはいっても料理が淋しく少ないのはよくない。たとえば魚菜とも平たく盛れば賑やかに見える。また立てて盛れば清冷に見える。こうした工夫が必要である。ただ、立ててとか平らにとかという見た目だけではなく、煮物や暖かい料理は当然のごとく暖かにし、冷たい料理はしっかりと冷たくすることが大切である。たとえ夏日であったとしても煮物の冷めたものは甚だ不馳走となる。冬の日もまたこれと同じである。

一　料理の器物は清浄でなければならない。異様な品は用いてはならない。ここに一つの話がある。

或る豪家の商人、兼ねてより珍器を好んで収集していたが、あるとき出入りの道具屋が長さ四尺ばかり、巾一尺六、七寸もある広蓋《ひろぶた》のような器で、中央の左右に銀の環を打ったもので、いかなる器なのか知らなかったが、揔梨子地《そうなしぢ》で蓋の内が高蒔絵《たかまきえ》の豪華な環、並びに座など誠に手を尽くした器物であったので買い求め、珍客が来たときに用いようと秘蔵していた。

元より諸侯方が館入りする家格であったが、何かの折に、去る諸侯の方がここへ来られた。此の時とばかりにその器を大硯蓋《おおすずりぶた》として組み、肴を山のように積み重ねて御前へ出した。その立派な事、目を見張るばかりであった。亭主も心中ではこのような器物は諸侯方であっても持ってはいないであろう。定めて褒詞《ほうし》を下さるだろうと思っていた。太守も御覧になっていたが何の御沙汰もなく、却ってその器に盛った魚菜には手を付けず、やがて近臣に命じて下座の方へ押しやらせてしまった。何となく不興の体に見えた。亭主も思惑が外れ、その上、太守の御不興に驚き、近臣を密かに招いてその所以《ゆえ》を聞いてみた。しかし近臣もその理由がわからなかったので太守に亭主の心配を言上したところ、太守は微笑みながら、亭主の心得を申し聞かせた。

鷹を餝《かざ》るのに鉾かざりという方式がある。鉾を横たえ、その中央に鷹を据え、その鷹の左右の鉾より緒をさげ、この器物の環にかけて鷹の真下に釣るのである。これは鷹の糞《ふん》を受ける器物であり、不浄の品であるので取除けさせたと宣《のたま》われた。

又予の知己である医師何某《なにがし》が、唐書画は勿論、唐器をも愛していた。道具屋が唐製の古い壷を持って来たが、此の医師は一目見るなり手にも取らずして復《かえ》した。その後、病家に数奇者《すきしゃ》（風流人）がいて、茶事に招かれ行ったところ、餝り付けてある水指、以前に見たことのある壷によく似ていたのでその出処を尋ねた。すると、最近道具屋より買い求めたと誇らしげに説明してきた。医師はさすがに、これは不浄の器ですよともいいかね、俄《にわ》かに腹痛になったと偽り、茶を喫せずに帰ったという。

この陶器は唾器《だき》といって、唐土《もろこし》では病者の嘔吐を受ける器だったのである。こうしたことは変わった器を好むがゆえのことであり、使い方を間違えると却《かえ》って恥辱を受けることになるのである。

一　飯《はん》は、これまた心を砕くべき料理の第一である。どれほどの馳走であっても飯の加減が　悪かったときは馳走とはならない。とりわけ冬の日の熱飯は一種の馳走と心得ること。たとえ三汁十一菜の饗応であったとしても第一に飯、第二に本汁、第三に平皿、この三種は特に気を配ること。三種がよろしければ自ずから料理は進むものである。

一　素人は、包丁、盛方などはじめはいかにも心楽しく丁寧であるが、切り刻むことが数多《あまた》になると自然と退屈して粗略になるものである。とかく初め、中、後とも同じ手際で行うことが重要である。さて又、総じて魚、鳥、山野の産物などは水洗いを丁寧に行うこと。たとえ一遍でよいことも二度三度ずつ洗うこと。家具や鉢、皿の類も同じである。

一　精進料理はとりわけ塩梅《あんばい》の加減を心得ること。魚類は少し塩梅加減が悪くても魚、鳥の膏《あぶら》で物紛れするが、精進は昆布、干瓢の出汁ばかりなのでなおさら念を入れることが必要である。

一　膳、椀、鉢、皿そのほか器物はよくふき、拭《ぬぐ》うことに心掛けること。膳立てを早くから済ませそのまま出すと膳や椀に埃が積もってしまう、あるいは香の物が干からびるなど甚だ不馳走となる。よって膳を出すときは一つ一つ改めること。又箸に気を配って一本一本よくあらためて置くこと。その他いささかな事でも内外《うちと》の召使い又は料理人に任せ、自然不行き届きがあったときは亭主一人に帰すものであり、のがれることはできない。

右の条々は、みな古人が戒めとしていたことであるので、決して疎かにはできないと肝に銘じること。この他、亭主の席上の気配り、配膳の心得、あるいは客の入室、退出の送迎、又玄関先、書院、庭先などの設《しつらえ》、昼夜の心得など様々あるが、献立にかかわることではないのでここでは述べない。

編者　東籬亭主人　誌

錦絵

近世水滸伝

金看板伽羅五郎　松本錦舛

文久二（一八六二）年

近世水滸伝
金看板伽羅五郎
伽羅五郎ハ武藏國の出生にして竹芝の里汐留といへる地ニ住居。
専ら男を磨くを業とし義の為ニ命を惜まず他人の難を身に負て
更ニ憂とせず貧きを見て施しに金銀を芥の如くし。
高貴と虽非あまれバ恐れず卑賤と虽理にあれバ服せ。
故ニ遠國他郷の浮浪士義名を慕て當家に
身を寄食客となれる者幾個といふ數を
不知世の人渠を称して金招牌伽羅が
長兄と号。或時遠州無宿鰻小僧半二と
いへる盗賊密に金看板が家に問来り伽羅
五郎ニ對面して素性をなのりし。僕昨日
召捕れて番小家に繋れたるが故郷ニ一個の
老母あり。僕罪ニ服せし後ハ誰有て養者なし依て
聊貯へたる金子を母にをくりそれより攻て此世の
名残を告再び訴へ出んと思ふを官府の守擊
厳しければ漸忽ニ旅路を踏更へたし侠客と
見こみて頼の一義ハ長兄僕が帰路迄此身ニ
代て官府ニ出獄舎に繋れたびあへしと思ひ込で
頼の詞元来義ニ富伽羅五郎盗賊ながら半二が孝志を
感ドて即時に是を諾ひ則ち巨細を官ニ訴へ鰻が代りと
なりて獄中ニ日を經る程ニ半二ハ母の手當をなして當地ニ
立帰り訴出て恩人金看板と入替り白ハつゞバ罪科ニ所せられ
けるにぞ是よりして伽羅五郎が義名普く海内にそゞろきわたりける
畧傳史
假名垣魯文暗記
豊国画
彫工小金

錦絵　近世水滸伝《きんせいすいこでん》　金看板伽羅五郎《きんかんばんきゃらごろう》　松本錦舛《きんしょう》

伽羅五郎は武蔵国の出生、竹芝の里・汐留《しおどめ》という地に住居し、専ら男を磨くことを業とし、義のためには命を惜しまず、他人の難を身に負い、それを憂いとはしない。

貧しい人を見ては金銀を芥《あくた》のごとく施し、高貴な者といえども非がなければ恐れず、卑賤の者といえども理があれば服す。

ゆえに遠国、他郷の浮浪士が義名を便りにこの家に身を寄せた。食客となった者が幾人いたのか数はわからない。世の人は渠《かれ》を称して金招牌（注…金看板）伽羅の長兄《あにい》とよぶ。

或る時、遠州無宿鼯《むささび》小僧半二という盗賊が密かに金看板の家を訪ねてきた。

伽羅五郎に対面して素性を明かし、僕《やつがれ》（注…わたくしめ）、昨日召捕られ番小屋に繋《つな》がれていたが、故郷に老母がひとりおり、僕、罪に伏した後は誰ひとりとして養う者がいない。よって鼯が蓄えた金子を母に取らせたうえ、せめてこの世の名残を告げ、再び訴え出ようと思うが、官府《かんふ》の詮索が厳しいので粗忽《そこつ》に旅路を踏むことは難しい。侠客《おとこだて》と見込んで頼みの一義は、長兄、僕が帰路までこの身に代わり官府に出で、獄舎《ごくや》に繋がれてくれねえか。

思い込んで頼みの詞。元来、義に富む伽羅五郎、盗賊ながら半二の孝志《こうし》に感じ入って即時に是を諾《うべな》い（注…承知）、即ち巨細《こさい》（注…委細）を官に訴え、鼯の代わりとなって獄中に繋がれる。日を経るほどに、半二は母の手当てをなしはて、当地に立ち帰り訴え出でたが、恩人金看板と入れ替われることはなく伽羅五郎は罪科に処せられてしまった。これにより伽羅五郎の義名は、あまねく海内に轟《とどろき》わたっていった。

略伝史　仮名垣魯文《かながきろぶん》　暗記

錦絵

近世水滸伝

銚子の五郎造　片岡仁左衛門

文久二（一八六二）年

銚子の五郎造
片岡仁左衛門
五郎造ハ下總國海上郡銚子村の漁父の
子なり身材六尺ニ餘り力量衆ニぬきんで
其頃有名の侠客たり然れども平常温順
柔和にして假ニも他人と物争ひ
をバ莫遮義ハ富理ニさとく
頼まるゝ事とらバ親踈を不論
身ニ引受事ニ臨て退くと
なし 其上神佛の敬拜ハ厚く
同村ニ安置せし救世観世音を
信仰せしかバ冥慮ニや五郎造が侠名
遠近ニ廣き子分ニ属もの數百人中にも
近世名誉の徒ハ白濵の濤次。梅澤由造生魚の長吉。
算筆の德兵衛。長指の權太。羅漢の銀藏。摶の兵三畔道牛左門。
一寸熊など此餘腕まへのすぐれたる者枚挙するに暇あらざれバ一歳
雲水の俳士何某このや銚子ニ杖をやすめ此五郎造を讃称しける
銚子海上玉 名誉傳天下
畧傳史 假名垣魯文暗記
彫工小金
豊国画

錦絵　近世水滸伝　銚子の五郎造　片岡仁左衛門《にざえもん》

五郎造は下総国海上郡《みなかみごうり》銚子村の漁父《ぎょふ》の子である。身の丈《たけ》は六尺に余り、力量は衆に抜きんで、その頃有名な侠客《きょうかく》であった。

然れども平常《へいせい》、温順柔和にして、仮にも他人と物争いなどはしない。しかし義に富み、理に賢く、頼まれ事といえば親疎《しんそ》を論ずることなく、引受け事に臨み、身を退くことはない。その上、神仏の敬拝厚く、同村に安置する救世観音《くぜかんのん》を信仰している。その冥慮《みょうりょ》であろうか、五郎造の侠名は遠近に轟き、子分に属する者、数百人。

中にも近世名誉《なうて》の徒は、白浜《しらはま》の涛次《とうじ》、梅沢吉造《うめざわよしぞう》、生魚《なまうお》の長吉《ちょうきち》、算筆《さんぴつ》の徳兵衛《とくべえ》、長指《ながざし》の権太《ごんた》、羅漢《らかん》の銀蔵《ぎんぞう》、樽《たる》の兵三《ひょうざ》、畔道牛右衛門《あぜみちぎゅうえもん》、一寸熊《くま》などこの余、腕前のすぐれたる者、枚挙《まいきょ》するに暇《いとま》がない。一歳《ひとくせ》雲水《うんすい》の俳士《はいし》、何某とかや、銚子に杖《つえ》を休め、この五郎造を賛称して、

銚子海上の玉　名誉《ほまれ》天下に伝う
稲妻の雲にはなれぬ月夜かな

略伝史　仮名垣魯文《かながきろぶん》　暗記

広告チラシ

登龍丸　売薬

文政頃

天下一方

登龍《りう》丸《ぐわん》

食物さし合なし

だんせきこりういん一粒ニたちまちなほる大めう薬

一粒入一包　代百文

七粒入一巡り　代六百五十文

此《この》登龍丸ハ天下《てんか》一方我家《がか》之秘法《ひほう》にして痰咳《たんせき》留飲《りういん》一通《ひととほ》り之妙薬《めうやく》之候ニ付十年二十年痰咳《たんせき》まで四五日上気痛《なかねく》ミ立居《たちゐ》難儀《なんぎ》ニ及又留飲《りういん》ニて気《き》をふさぎ一統《いつとう》痛幾《いく》夜《よ》も寝《ね》られぬ程之難儀之者も軽き症ハ壱粒《いちりう》重《おも》き症ハ一巡《まハ》り数《すう》年来《ねんらい》の難病《なんびやう》三巡《まハ》りも用《もち》ゆる時《とき》ハ忘《わす》れ去《さ》るごとく痰《たん》を治《ぢ》し咳《せき》をとめ留飲《りういん》もよく開《ひら》き病《やまひ》全《まつた》く癒《いゆ》るのミならず是《これ》に因《よつ》て心気《しんき》の疲《つか》れを補《おぎな》ひ気《き》血《けつ》よく巡《めぐ》り脾胃《ひゐ》を潤《うるほ》し気力《きりよく》をまし声《こゑ》を立所《しそ》に根絶《こんぜつ》さるとやうに美《び》音《おん》を発《はつ》し無病《むびやう》延命《えんめい》とも云べし幾万人《まんにん》用《もち》ひ来《きた》りて其功《こう》の大《おほい》なる事古今《ここん》無双《ぶさう》希代《きだい》不思議《ふしぎ》の妙薬《めうやく》なり其功《そのこう》左《さ》ニ志るす

一 十年《ねん》廿年喘息《ぜんそく》
一 引風《ひきかぜ》の咳《せき》
一 咽喉《のんど》せりつき
一 痰《たん》に血《ち》交《まじ》り
一 動気《どうき》はげしく痞《ひ》悸《さはぎ》
一 婦人《ふじん》産前《さんぜん》産後《さんご》の咳《せき》
一 喘飲《うんいん》すゝみて気《き》をふさぎ
一 喘息《ぜんせい》と患《わづら》ふ人《ひと》時々《とき〳〵》用《もち》ゆる時《とき》はいか程《ほど》の喘《ぜん》も止《とま》ること奇妙《きめう》也

一 労症《らうしやう》の咳《せき》
一 かしらせまる
一 痰飲《えんいん》ごりつかへ胸《むね》いたむ
一 痰飲《えんいん》上《じやう》ても出《いで》ず
一 小児《せうに》百日咳《せき》
一 喘飲《かういん》まくもやく痛《いた》み
一 洪升痰咳《えんせき》喘飲《かういん》より起《おこ》る病《やまひ》一切《いつさい》によし

挊 痰咳《えんがい》は気《き》よりの病《やまひ》の出物《でもの》をもはやく薬《くすり》を廃《やめ》ても不知《しらず》に消《きえ》て乱《みだ》れ
痰咳《えんせき》は気《き》にあつまりて胸痛《むねいたみ》やくまでも速《すみや》かに弥《いよ〳〵》はるゝこととし喘《ぜん》も痰咳《えんせき》
喘飲《うんいん》の病《やまひ》といづれも治《ぢ》しがたきものゝ病《やまひ》に洪升羅丸は第一也しかも痰咳喘《りう》

然して医療《いれう》手《て》をつくし百薬《ひやくやく》をもちゆるといへども治《ち》しがたき難症《なんしやう》にても
速《すみやか》に治《ち》する薬《くすり》ハ希《まれ》なり名法《めいはう》にて万人《まんにん》を救《すく》ふてこゝろみるに一人として
治《ち》せざるハなし依《よつ》て天下《てん》無双《ぶさう》の一奇薬《きやく》を純《いく》におもむきしなから
其切《そのつかうのうすまぬ》迷ふといへども下し薬《くすり》にハ無之《これなく》婦人《ふじん》産前《さんぜん》産後《さんで》に用《もち》ひ害《がい》なし
きゝをしるべし能《よく》もちひて偽《いつはり》なき名法《めいはう》なる事をしるべし尚《なほ》委《くは》しく効能《かうのう》
委《くは》しくは包紙《つゝみがみ》に記《しるす》吟味《きんみ》して求《もと》め給ふべし

東叡山
御用
御書物所
江戸下谷御成道
青雲堂英文蔵製

了
取次所
書林
江戸本石町十軒店
萬笈堂英《えいぶさ》大助
同 平吉

天下一方　**登龍丸《とりゅうがん》**

たん、せき、りゅういん、一夜になおる大妙薬、食物さし合せなし

一粒入一包　代百文、七粒入一巡り　代六百五十文

この登龍丸は天下一方、我家の秘法にして痰、咳、溜飲一通りの妙薬です。譬《たとえ》ば十年、二十年痰、咳にて込上げ、胸痛み、立居成難く、又、溜飲にて気をふさぎ、胸痛み、幾夜も寝むれないときなど、症状が軽い場合は壱粒、重い場合は一巡り、数年来の難症は三巡りも用いれば忘れたように痰を治し、咳を止め、溜飲は胸を開き、病全く治癒する事疑いなく、これによって心気の疲れを補い、気血を巡らし、脾胃を整え気力を増し、声を立て、云舌さわやかに美音を発し、無病延命する事、数万人用い、試みてその功の大なる事、古今無双、希代不思議の妙薬です。その功を左に記す。

一　十年二十年喘息　　一　労症の咳
一　引風の咳　　一　から咳
一　咽喉ぜりつき　　一　痰飲とりつめ声が出ず
一　痰に血交じり　　一　痰飲吐いても出ず
一　動悸強く胸騒ぎ　　一　小児百日咳
一　夫人産前産後の咳　　一　溜飲にて胸痛み
一　溜飲にて気ふさがり　この外痰咳溜飲より起こる病一切によし

一　音声を使う人、時々用いる時は声ともに得ること奇妙なり

そもそも痰咳之薬は、昔より諸々の書物も多く、売薬も所々に有り、引き札に痰、咳は云うに及ばず頭痛、しゃくまでも速やかに治るなどとうたっているが、痰、咳、溜飲の一病といえども治し難いものである。然るにこの登龍丸は年久しき痰、咳、溜飲にて医療手を尽くし百薬を用いるといえども治し難き難症でも速やかに治ります。薬は予が家の名法で、万人を救うおうと心得、一人として治らなかったことは無いのです。依って天下無双の一奇薬にて他に類はないのです。しかしながらその功能速やかなるといえども、くだし薬ではありませんので、婦人産前産後に用いても害はありません。よくよく用いて偽りなき名法であることを知ってもらいたいのです。もっともますます紛らわしい薬も多いので包紙など御吟味の上、御求めて下さいませ。

東叡山御用　御書物所　江戸下谷御成道　青雲堂英文藏製
取次所　書林　江戸本石町十軒店　萬笈堂　英大助　同平吉

広告チラシ

曲亭馬琴著　雅俗要文

文政頃

著《ちよ》作《さく》堂《だう》新《しん》編《ぺん》雅《が》俗《ぞく》要《えう》文《ぶん》

曲亭馬琴著

中形本佳紙百餘頁

此書《このしよ》ハ凡《およそ》二十余年《ねんらい》以来世《よ》に雷名《らいめい》して四方《よも》の諸君《しよくん》の知《し》らせ給《たま》ふ作者《さくしや》瀧澤《たきざは》翁《おう》馬琴《ばきん》先生《せんせい》の著《あらは》されたる稗書《はいしよ》あまた出しを世《せ》に云《え》ふ其故《そのゆゑ》求《もと》むれバ和文章《わぶんしやう》とハ事《こと》かハり雅《が》俗《ぞく》の為《ため》に問《じん》奇文《きぶん》の應答《おうたふ》風流《りう》なるの道ハ滑稽《こつけい》の笑句《しやうく》何くれバ俗用《ぞくちう》に雅《が》をすゝめ雅言《がげん》千俗《ぞく》なる通用《つうよう》を専《もつぱ》らとし俗人《ぞくじん》より文人《ぶんじん》墨客《ぼつかく》の輩《ともがら》文通《ぶんつう》をせらるゝすらも此文章《ぶんしやう》に倣《ならひ》てこれを用《もちひ》となしまさバ博識《はくしき》の人《ひと》に對《たい》して差《さし》る事《こと》なし且《かつ》巻中《くわんちう》何《いづ》れも妙文《めうぶん》の中《うち》にして武家《ぶけ》方《がた》にも役《やく》立《だつ》披露《ひろう》文《ぶん》図《づ》返《へん》事《じ》も心得《こゝろえ》て条々《でう／＼》孝子《かうし》を賞《しやう》る文《ぶん》云《うん》先祖《せんぞ》の法事《ほうじ》を営《いとな》む文《ぶん》家相《かさう》の吉凶《きつきよう》を論《ろん》ずる書《かき》きハ古人《こじん》未發《みはつ》の要文《えうぶん》あまた載《きう》

かくもあり才智《さいち》を磨《みが》く階《かいてい》もあるべし雅言《がげん》章句《しやうく》の雅《げ》しく
ごくれをバ巻《まき》の末《すゑ》に志るく文字《もんじ》の義理《ぎり》と古事《こじ》の来由《らいゆ》を委《くは》しく
記《しる》し注《ちゆう》を加《くは》ふれバ面白《おもしろ》き事柄《ことがら》しきるの跡《あと》なくて雑談《ざつだん》を置《おき》
のうく為《ため》の日《ひ》の徒然《つれづれ》をなぐさめ或《あるひ》ハ小説《せうせつ》戯作《げさく》俳文《はいぶん》なども綴《つゞ》り出《で》る
一助《いちじよ》ともなり実《じつ》に幼童《えうどう》初学《しよがく》の人《ひと》をして感発《かんぱつ》せしむる奇《き》く妙《めう》く
古今《ここん》に稀《まれ》なる文章《ぶんしやう》の冠《くわん》たる物《もの》なく是《これ》に増用文《ますようぶん》なし尤《もつとも》手習《てならひ》の
文法《ぶんぽふ》のこゝろハかのだく文字《もじ》を御家流《おいへりう》にて認《したゝ》めたれバ手習手本《てならふてほん》と
なり師《し》を求《もと》むるよりやすらかに手跡《しゆせき》を覚《おぼ》ゆる大幸《たいかう》あり殊《かつく》く
諸方《しよはう》の本屋《かうや》へさし出《ぞく》し置《おき》ぬれバ御近《かん》所《も》の本屋《ほんや》にて御求《もと》め
被成候様《さう》ニ奉願上候

江戸下谷新門前道 書肆 青雲堂英文蔵發市

著作堂新編 雅俗要文《がぞくようぶん》

曲亭馬琴著　中杉本　佳紙　百餘員

この書は凡そ五十年此の方、世に雷名して四方の諸君に知られた作者、滝沢翁馬琴先生の著された珎書《ちんしょ》で、これまで世間で取扱いして来た用文章とは異なり、雅俗の尋問、奇文の応答、風流なものもあれば滑稽の笑句もあります。それゆえ俗中に雅を交え、雅言に俗でも通用するように工夫し、俗人より文人墨客の許へ文通するのにも、この文章に倣い、その用を記せば、物知りの人に対しても恥じる事はないでしょう。且、巻中何れも妙文の中にして武家方御役替え、披露の文、同返事、心得の条々、孝子を誉める文言、先祖の法事を告げる文段、家相の吉凶の論については古人未発の要文であり、教訓ともなり、才智を磨く鑑ともなりましょう。猶、雅云章句は難解であるため、巻の末にことごとく文字の義理と古事由来を委しく記し、注を加えてるので珍しい事限りなく、面白く読んでいただけます。常に座右に置かれて、雨の日の徒然をなぐさめ、或いは小説、戯作、俳文などを綴り習う一助にもなり、実に幼童初学の人を感発させる奇々妙々、古今に類無き文章の冠たる書物で、是に増す用文はないでしょう。もっとも手簡《てがみ》の文法のみではありません。文字を御家流も認めているので手習の手本となり、師を求めるよりやすらかに手蹟《しゅせき》を覚えられる大幸があります。なお、なお、諸方の本屋へさし出し置《いだ》きいただければ御最寄りの本屋にて御求め頂けますので宜しくお願いいたします。

江戸下谷御成道　書肆青雲堂　英文藏　発売

かわら版
文政の大火

文政十二(一八二九)年

文政十二丑の年三月廿一日
筋違御門
和泉橋
新橋
柳橋
両國橋
本所
新大橋
永代橋
深川
一石橋
日本橋
東
御救小屋場所
筋違橋御門外
江戸橋廣小路
幸橋御門外
数寄屋橋御門外
神田橋御門外
常盤橋御門外
松屋橋川岸
築地門跡前
都合八ケ所
△ 一ケ所

のふ付りかざ本石町辺残らず焼失して
與平橋河岸まで焼亡し又日本橋北焼落し
通り町中橋より小舟町の橋々焼落し堀江町三十間堀
尾張町竹川町新橋より内幸町芝口橋本芝少く焼たり
又京橋川まで八丁堀町ともに焼け霊岸島町辺
すまでもあるまじ町辺まで焼ぬきて大きに焼て
ちかきに火やすくも大廣がりて見るかのたとへにこの
難する比より火の内大雨しきりに東北風はげしく
も京風ちりに家の風もゆきひるかたちまち
あのかへんへいえのもるのみかもおもふべからず
東西南北のちまたに老若男女の騒ぎ
道具を頼みて捨く者たの後人に散乱して
親は子を捨て親は子を忘れて
ろうて道をふさげばこれがため
騒動を起しての焼死する者其
地にみちて実に煉獄の責にも
あるまじきものなり
かかる諸侯も初め町々のおはなり
まさる熾の焼落しも数多く
やむをえず其身を全のがれ
あるいは一回の火にて
謂ひでめて天焼死する町々の
一時に焼くし一部の焼土となる
困窮せしを見るも多く
まちまちの原中へ御救小屋を建させられ
そのほかに御介の合物を下され
すくひをあたへ
未曾有の変なりけり　君恩の有難さ

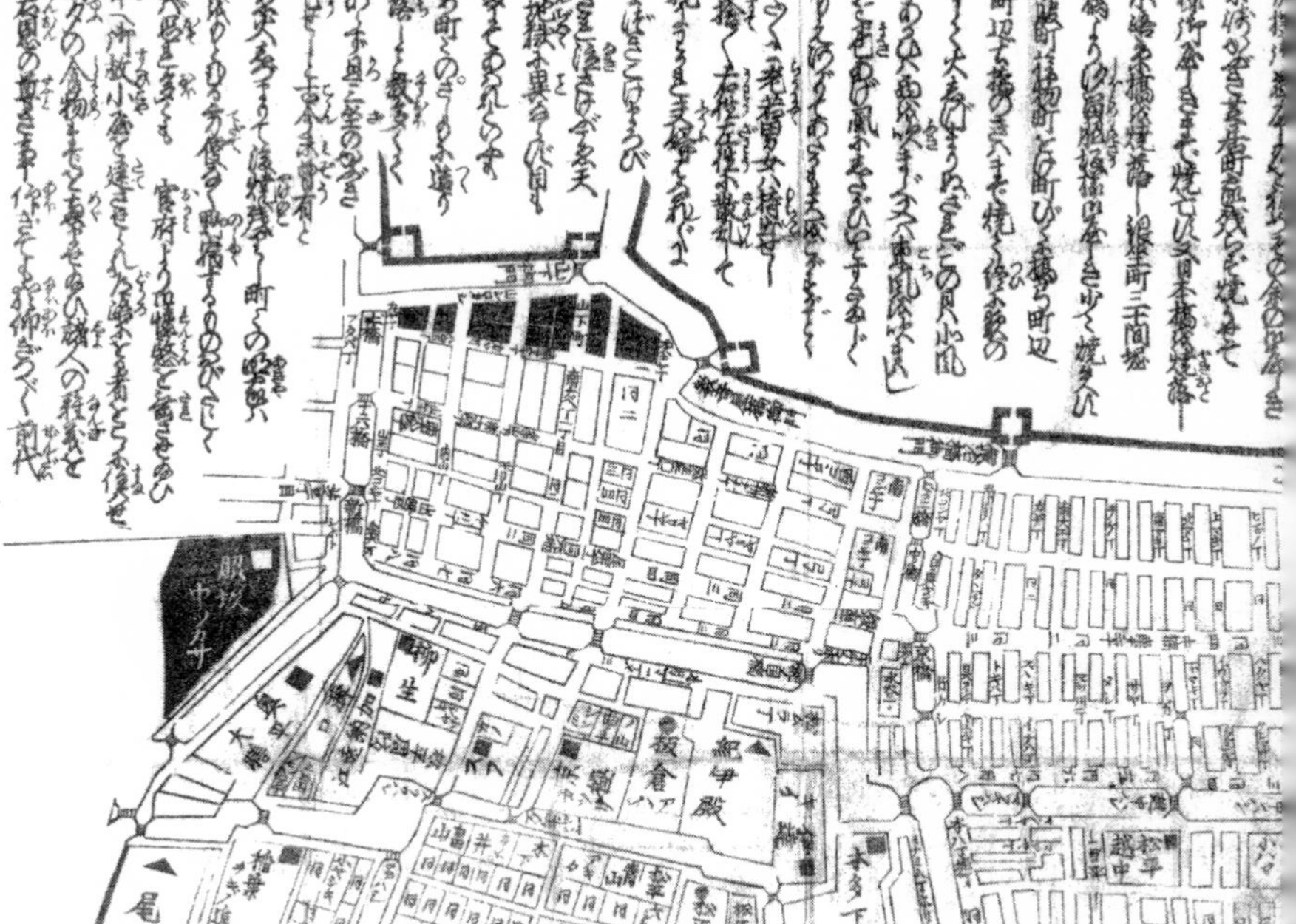

文政の大火

文政十二丑の年三月二十一日、朝四ッ時頃より、外神田佐久間町二丁目、材木小屋より出火し、折しも北風はげしく、柳原土手下へ飛火し、御もみ蔵一ヶ所焼落ち、それより火の手一面につよく、小伝馬町牢屋大門通りへ焼出し、大丸呉服店、その外大商人の家々、土蔵又近辺を焼き払い、葺屋町、堺町かぶき人形芝居とも焼失する。

東は御郡代屋敷辺、馬喰町、横山町、橘町辺、又、柳橋、両国広小路辺へ焼け広がり、矢の倉、御大名方御屋敷、浜町、永久橋、永代橋際まで焼き払い、箱崎、新川、新堀、霊岸島へ移り越前様御屋敷を初め、町家残りなく焼け、佃島へ飛火して島の内ことごとく焼き尽くした。

又筋違より須田町辺、三河町辺、鍋町、鍛冶町、立閑橋辺、今川橋辺、銀町、石町、本町辺、駿河町越後屋両店を初め、室町辺の大商人軒をならべて焼失せ、小田原町、瀬戸物町、伊勢町辺、日本橋、江戸橋、四日市、荒布橋《あらめ》、小松町、照降町《てりふり》、小網町辺、本材木町通り、海賊橋、茅場町辺より北八丁堀、南八丁堀、鉄砲洲辺、築地門跡寺中残さず。

その外大小名屋敷、一ツ橋様、尾張様御蔵屋敷等数かぎりなく焼失し、又木挽町辺は紀州様御蔵屋敷を初め、その余の御屋敷、河原崎かぶき芝居町、家残らず焼失せて、奥平様御屋敷まで焼亡する。

又日本橋を焼落し、通り、町中、橋、広小路、京橋を焼落し、銀座町、三十間堀、尾張町、竹川町、新橋より汐留脇坂様御屋敷を少々焼失する。

又、一石橋川岸、呉服町、檜物町、桶町、比丘尼橋、弓町辺、数寄屋河岸、南鍋町辺、大橋の際まで焼け、終に夜の七ツ半頃ようやくにして火が鎮まった。

されば この日は、北風が殊に激しく、あるいは西を吹きまじえ、又は東風を吹きまわし、砂を飛ばし、塵を巻き上げ、風にしたがい、いと凄まじく炎は延々と燃え上がり、あたかも天を焦がすかのようで、東西南北の巷々に老若男女は持出した道具、衣類をうち捨て捨て、右往左往に散乱して、親は子を捨て、子は親に別れ、夫婦離れ離れになり、道具に躓き、こけまろび、踏み殺され、焼き殺され、泣き叫ぶ声が天地に震えて叫喚地獄に異ならない。目も当てられぬ有様にて、憐れというのも憚れる。

諸侯を初め、町々のあれほど造り立っていた土蔵は焼け落ちた数が多くて数えあげるのは大変である。且《かつ》、三座のかぶき芝居、皆一同に焼亡したこと古今未曾有といえるだろう。

それゆえ火が鎮まり、後に焼け残った町々の明家《あきや》は一時に借尽くし、家を求める方便がなく野宿するものおびただしく、困窮たとえがたければ、恐れ多くも官府より御憐愍《れんみん》を垂させ給い、ただちに所々の原中へ御救小屋を建てさせられ、道路にいる者をここに住まわせ、それのみならず朝夕の食物までを恵ませ給い、諸人の難儀を救わせ給う君恩の尊き事、仰ぎても猶仰ぎつくべく前代未聞の事であった。

佃島の湊の船について
この処の大舟はことごとく焼けた

御救小屋場所

筋違橋御門外　一ヶ所
江戸橋広小路　同
幸橋御門外　同
数寄屋橋御門外　同
神田橋御門外　同
常磐橋御門外　同
松屋橋御門外　同
築地門跡前　同
都合八ヶ所

合印
■　御上屋敷
▲　御中屋敷
●　御下屋敷

あとがき

江戸時代にベストセラーだった本の記事を目にする機会がありました。著名な戯作者の作品が多いのは当然ではありますが、他にも料理本や観光ガイドブック、ペット飼育、寺子屋の教科書、俳諧、画集、健康本など多様な種類の書物がランクインされていました。当時、庶民の知識欲が旺盛だったことが感じられます。

現代においては、多様なツールを通して様々な情報が瞬時かつ容易に得られるようになり、その結果、文字を読まなくなった、本が売れなくなったという声をよく聞きます。世情が目まぐるしく移り変わる激動の時代にあっては、情報の先取りに重きを置くことは仕方のないことでしょう。しかし、目から入る文字の情報を頭の中で咀嚼し、理解しようとする行為は想像力を掻き立て、読解力を育てて高め、自らの心を豊かにしてくれます。

江戸時代の庶民は、公の情報は高札や御触書から、その他の情報は書物やかわら版などから得ていました。少ない情報の中で二百六十有余年も争いのない平和な時代を築き上げたのも、文字を学び、多種多様の書物から情報を得て自らを高め、暮らしを豊かにして幸せな人生を送ろうと努力したからではないでしょうか。そうした意味で書物が果たした役割は大きかったものと考えます。

本書の企画・編集にあたり宮帯出版社の内舘朋生氏には大変お世話になりました。また、画像処理・編集や資料収集・整理にあたり、㈱ＮＡＩＴＯ企画の内藤由美氏にご協力いただきました。各位に感謝申し上げます。

令和五年　皐月

内藤 久男

〔訳者紹介〕
内藤 久男（ないとう ひさお）

1951年 東京都生まれ。
1975年 日本大学大学院卒業。
（一財）社会通信教育協会生涯学習2級インストラクター（古文書）
（公財）日本美術刀剣保存協会会員
著書：『江戸時代の生活便利帳』（幻冬舎 2014年）
『慶長以来新刀辨疑 現代語訳』（里文出版 2018年）
『現代語訳 本朝鍛冶考 上・下巻』（ミヤオビパブリッシング 2022年）

〈現代語訳12遍〉江戸っ子の読書事情

2023年11月20日 第1刷発行
訳　者 内藤久男
発行者 宮下玄覇
発行所 MPミヤオビパブリッシング
〒160-0008
東京都新宿区四谷三栄町11-4
電話（03）3355-5555
発売元 株式会社宮帯出版社
〒602-8157
京都市上京区小山町908-27
電話（075）366-6600
http://www.miyaobi.com/publishing/
振替口座 00960-7-279886
印刷所 モリモト印刷株式会社

 ISBN978-4-8016-0309-7 C0091